제36회 공인중개사 시험대비 **전면개정판** 　동영상강의 www.pmg.co.kr

박문각 공인중개사

브랜드만족
1위
박문각

근거자료
별면표기

2025

신정환
기출지문집

공인중개사법·중개실무 2차

신정환 편저

기출지문을 보면 시험문제가 보인다.

- 최신 개정법령 완벽 반영
- 빈출지문 완벽 분석·정리

박문각

CONTENTS

이 책의 **차례**

PART

01

공인중개사법령

1 총 설

「공인중개사법」의 목적 : 0.3문제

01 공인중개사의 업무 등에 관한 사항을 정한다.(17회, 20회)(   )

02 부동산중개업을 적절히 규율한다.(17회, 20회)(   )

03 개업공인중개사를 적절히 규율한다.(20회)(   )

04 개업공인중개사의 공신력을 제고한다.(20회)(   )

05 공인중개사의 전문성을 제고한다.(17회, 20회)(   )

06 이 법은 부동산중개업을 건전하게 지도·육성하고 부동산중개업무를 적절히 규율함을 목적으로 한다.
(21회)(   )

---

01) ○
02) × 이 법은 공인중개사의 업무 등에 관한 사항을 정하여 / 그 전문성을 제고하고 / 부동산중개업을 건전하게 육성하여 / 국민경제에 이바지함을 목적으로 한다.
03) × 위 참조
04) × 위 참조
05) ○
06) × 위 참조

01 중개는 중개대상물에 대하여 거래당사자 간의 매매 · 교환 · 임대차 그 밖의 권리의 득실변경에 관한 행위를 알선하는 것을 말한다.(29회, 33회)(   )

02 거래당사자 사이에 중개대상물에 관한 교환계약이 성립하도록 알선하는 행위도 중개에 해당한다.(25회)(   )

03 중개대상물을 거래당사자 간에 교환하는 행위는 '중개'에 해당한다.(34회)(   )

04 법정지상권을 양도하는 행위를 알선하는 것은 중개에 해당한다.(26회)(   )

05 거래당사자 간 지역권의 설정과 취득을 알선하는 행위는 중개에 해당한다.(30회)(   )

06 공인중개사자격증을 대여받은 자가 임대차의 중개를 의뢰한 자와 직접 거래당사자로서 임대차계약을 체결하는 것도 중개행위에 해당한다.(24회)(   )

07 "중개"의 정의에서 말하는 '그 밖의 권리'에 저당권은 포함되지 않는다.(26회)(   )

08 중개행위에는 개업공인중개사가 거래의 쌍방 당사자로부터 의뢰를 받아 중개하는 경우뿐만 아니라 거래의 일방 당사자의 의뢰에 의하여 중개하는 경우도 포함한다.(20회)(   )

09 중개행위는 거래당사자 간의 매매 등 법률행위가 용이하게 성립할 수 있도록 조력하고 주선하는 사실행위이다.(20회)(   )

10 중개업이라 함은 다른 사람의 의뢰에 의하여 일정한 보수를 받고 중개를 업으로 행하는 것을 말한다.(29회, 33회)(   )

---

01) ○
02) ○
03) × 중개대상물을 거래당사자 간에 교환하는 것은 교환계약을 체결하는 것이지 중개가 아니다.
04) ○
05) ○
06) × 개업공인중개사가 중개의뢰인과 직접 거래하는 것은 중개행위에는 해당되지 않는다.
07) × 저당권 등 담보물권도 포함된다.
08) ○
09) ○
10) ○

11 중개사무소의 개설등록을 하지 않은 자가 일정한 보수를 받고 중개를 업으로 행한 경우, 중개업에 해당하지 않는다.(25회)(   )

12 "중개업"은 다른 사람의 의뢰에 의하여 보수의 유무와 관계없이 중개를 업으로 행하는 것을 말한다.(28회)(   )

13 다른 사람의 의뢰에 의하여 중개를 하는 경우는 그에 대한 보수를 받지 않더라도 '중개업'에 해당한다.(34회)(   )

14 보수를 받고 오로지 토지만의 중개를 업으로 하는 경우, 중개업에 해당한다.(25회)(   )

15 부동산 컨설팅에 부수하여 반복적으로 이루어진 부동산 중개행위는 중개업에 해당하지 않는다.(24회)(   )

16 일정한 보수를 받고 부동산 중개행위를 부동산 컨설팅 행위에 부수하여 업으로 하는 경우, 중개업에 해당하지 않는다.(25회)(   )

17 우연한 기회에 단 1회 임대차계약의 중개를 하고 보수를 받은 사실만으로는 중개를 업으로 한 것이라고 볼 수 없다.(27회)(   )

18 반복, 계속성이나 영업성 없이 단 1회 건물매매계약의 중개를 하고 보수를 받은 경우 중개를 업으로 한 것으로 본다.(25회, 26회)(   )

19 중개사무소 개설등록을 하지 않고 부동산 거래를 중개한 자가 거래당사자들에게서 단지 보수를 받을 것을 약속하거나 요구하는 데 그친 경우라도 공인중개사법령상 처벌대상이 된다.(22회)(   )

20 타인의 의뢰에 의하여 일정한 보수를 받고 부동산에 대한 저당권설정 행위의 알선을 업으로 하는 경우, 그 행위의 알선이 금전소비대차의 알선에 부수하여 이루어졌다면 중개업에 해당하지 않는다.(25회)(   )

---

11) × 등록하지 않고 한 경우에도 중개업에 해당된다.
12) × 보수를 받아야지만 중개업에 해당될 수 있다.
13) × 보수를 받아야만 중개업에 해당될 수 있다.
14) ○
15) × 부동산 중개행위가 부동산 컨설팅 행위에 부수하여 이루어진 경우에도 중개업에 해당된다.
16) × 중개업에 해당된다.
17) ○
18) × 중개업에 해당되지 않는다.
19) × 현실적으로 받은 경우에만 중개업에 해당되고, 무등록 중개업자로서 처벌대상이 된다.
20) × 중개업에 해당된다.

21 공인중개사란 「공인중개사법」에 의한 공인중개사 자격을 취득한 자를 말한다.(25회, 29회)(　　　)

22 "공인중개사"에는 외국법에 따라 공인중개사 자격을 취득한 자도 포함된다.(26회, 28회)(　　　)

23 공인중개사 자격을 취득한 자는 중개사무소의 개설등록 여부와 관계없이 '공인중개사'에 해당한다.
(34회)(　　　)

24 개업공인중개사란 「공인중개사법」에 의하여 중개사무소의 개설등록을 한 자이다.(25회, 27회, 33회)
(　　　)

25 공인중개사 자격취득 후 중개사무소 개설등록을 하지 않은 자는 개업공인중개사가 아니다.(24회)
(　　　)

26 개업공인중개사라 함은 공인중개사 자격을 가지고 중개를 업으로 하는 자를 말한다.(29회)(　　　)

27 개업공인중개사는 이 법에 의하여 중개사무소의 개설등록을 한 공인중개사를 말한다.(22회)(　　　)

28 소속공인중개사라 함은 개업공인중개사에 소속된 공인중개사(개업공인중개사인 법인의 사원 또는 임원으로서 공인중개사인 자 포함)로서 중개업무를 수행하거나 개업공인중개사의 중개업무를 보조하는 자를 말한다.(29회)(　　　)

29 소속공인중개사란 법인인 개업공인중개사에 소속된 공인중개사만을 말한다.(26회)(　　　)

30 소속공인중개사에는 개업공인중개사인 법인의 사원 또는 임원으로서 중개업무를 수행하는 공인중개사인 자가 포함된다.(25회, 27회)(　　　)

31 개업공인중개사인 법인의 사원 또는 임원으로서 공인중개사인 자는 소속공인중개사에 해당하지 않는다.
(33회)(　　　)

---

21) ○
22) × "공인중개사"라 함은 이 법에 의한 공인중개사 자격을 취득한 자를 말한다.
23) ○
24) ○
25) ○
26) × "개업공인중개사"는 이 법에 의하여 중개사무소 개설등록한 자를 말한다.
27) × "개업공인중개사"는 이 법에 의하여 중개사무소 개설등록한 자를 말한다.
28) ○
29) × "소속공인중개사"라 함은 개업공인중개사에 소속된 공인중개사(개업공인중개사인 법인의 사원 또는 임원으로서 공인중개사인 자를 포함한다)로서 중개업무를 수행하거나 개업공인중개사의 중개업무를 보조하는 자를 말한다.
30) ○
31) × 개업공인중개사인 법인의 사원 또는 임원으로서 공인중개사인 자는 소속공인중개사이다.

32 개업공인중개사인 법인의 사원으로서 중개업무를 수행하는 공인중개사는 "소속공인중개사"가 아니다. (28회)( )

33 개업공인중개사인 법인의 사원으로서 중개업무를 수행하는 공인중개사는 소속공인중개사이다.(30회) ( )

34 개업공인중개사인 법인의 임원으로서 공인중개사인 자가 중개업무를 수행하는 경우에는 '개업공인중개사'에 해당한다.(34회)( )

35 소속공인중개사는 그 소속 개업공인중개사인 법인의 임원이 될 수 없다.(31회)( )

36 개업공인중개사에 소속된 공인중개사로서 중개업무를 수행하거나 개업공인중개사의 중개업무를 보조하는 자는 소속공인중개사이다.(30회)( )

37 공인중개사로서 개업공인중개사에 고용되어 그의 중개업무를 보조하는 자도 소속공인중개사이다.(27회) ( )

38 법인인 개업공인중개사의 소속공인중개사는 그 개업공인중개사의 중개업무를 보조할 수 있다.(24회) ( )

39 중개보조원은 공인중개사가 아닌 자로서 개업공인중개사에 소속되어 개업공인중개사의 중개업무와 관련된 단순한 업무를 보조하는 자를 말한다.(33회)( )

40 중개보조원이 개업공인중개사를 대신하여 특정 중개업무를 수행하였더라도 해당 거래계약서에 중개보조원을 개업공인중개사로 기재해서는 안 된다.(24회)( )

41 중개보조원이란 공인중개사가 아닌 자로서 중개업을 하는 자를 말한다.(25회)( )

---

32) × 소속공인중개사이다.
33) ○
34) × 개업공인중개사가 아니라 소속공인중개사이다.
35) × 법인의 사원이나 임원 중에서 공인중개사 자격이 있는 자는 소속공인중개사이다.
36) ○
37) ○
38) ○
39) ○
40) ○
41) × "중개보조원"이라 함은 공인중개사가 아닌 자로서 개업공인중개사에 소속되어 중개대상물에 대한 현장안내 및 일반 서무 등 개업공인중개사의 중개업무와 관련된 단순한 업무를 보조하는 자를 말한다.

42 중개보조원이란 공인중개사가 아닌 자로서 개업공인중개사에 소속되어 중개대상물에 대한 현장안내와 중개대상물의 확인 · 설명의무를 부담하는 자를 말한다.(26회)(   )

43 공인중개사가 개업공인중개사에 소속되어 개업공인중개사의 중개업무와 관련된 단순한 업무를 보조하는 경우에는 '중개보조원'에 해당한다.(34회)(   )

44 중개보조원은 중개대상물에 관한 확인 · 설명의무가 있다.(31회)(   )

45 "중개보조원"은 개업공인중개사에 소속된 공인중개사로서 개업공인중개사의 중개업무를 보조하는 자를 말한다.(28회)(   )

---

42) × 중개보조원이 확인 · 설명의무를 이행할 수는 없다.
43) × 공인중개사이므로 소속공인중개사이다.
44) × 중개보조원은 개업공인중개사의 중개업무를 보조만 해야지 확인 · 설명의무를 이행해서는 안 된다.
45) × 중개보조원은 공인중개사가 아닌 자만 될 수 있다.

01 국토교통부에 심의위원회를 둘 수 있다.(30회)(   )

02 공인중개사 정책심의위원회는 국무총리 소속으로 한다.(35회)(   )

03 공인중개사협회의 설립인가에 관한 의결은 정책심의위원회의 소관사항이다.(28회)(   )

04 부동산 중개업의 육성에 관한 사항은 공인중개사 정책심의위원회의 심의사항이다.(33회)(   )

05 손해배상책임의 보장 등에 관한 사항은 공인중개사 정책심의위원회의 심의사항이다.(33회, 35회)
(   )

06 심의위원에 대한 기피신청을 받아들일 것인지 여부에 관한 의결은 정책심의위원회의 소관사항이다.(28회)
(   )

07 국토교통부장관이 직접 공인중개사자격시험 문제를 출제할 것인지 여부에 관한 의결은 정책심의위원회의 소관사항이다.(28회)(   )

08 국토교통부장관이 직접 공인중개사자격시험을 시행하려는 경우에는 위원회의 의결을 미리 거쳐야 한다.(35회)(   )

09 부득이한 사정으로 당해 연도의 공인중개사자격시험을 시행하지 않을 것인지 여부에 관한 의결은 정책심의위원회의 소관사항이다.(28회)(   )

10 공인중개사의 시험 등 공인중개사의 자격취득에 관한 사항은 공인중개사 정책심의위원회의 심의사항이다.(33회)(   )

11 공인중개사 정책심의위원회에서 시험에 관한 사항을 정하는 경우에는 시·도지사는 이에 따라야 한다.(23회, 34회)(   )

---

01) ○
02) × 국토교통부에 공인중개사 정책심의위원회를 둘 수 있다.
03) × 공인중개사협회의 설립인가는 국토교통부장관이 하는 것이고, 정책심의위원회의 소관사항이 아니다.
04) ○
05) ○
06) ○
07) ○
08) ○
09) ○
10) ○
11) ○

12 중개보수 변경에 관한 사항은 공인중개사 정책심의위원회의 심의사항이다.(28회, 32회, 33회, 34회)
(   )

13 심의위원회에서 중개보수 변경에 관한 사항을 심의한 경우 시·도지사는 이에 따라야 한다.(27회, 35회)
(   )

14 위원장은 국토교통부 제1차관이 된다.(27회)(   )

15 위원장은 국토교통부장관이 된다.(32회)(   )

16 위원회는 위원장 1명을 포함하여 7명 이상 11명 이내의 위원으로 구성한다.(27회, 30회, 32회, 34회)
(   )

17 위원회의 위원은 위원장이 임명하거나 위촉한다.(34회)(   )

18 심의위원회 위원이 해당 안건에 대하여 연구, 용역 또는 감정을 한 경우 심의위원회의 심의·의결에서 제척된다.(27회)(   )

19 심의위원회의 위원이 해당 안건에 대하여 자문을 한 경우 심의위원회의 심의·의결에서 제척된다. (30회)
(   )

20 위원회의 위원이 속한 법인이 해당 안건의 당사자의 대리인이었던 경우 그 위원은 위원회의 심의·의결에서 제척된다.(34회)(   )

21 공인중개사 정책심의위원회 위원장은 위원이 제척사유에 해당하는 데에도 불구하고 회피하지 아니한 경우에는 해당 위원을 해촉할 수 있다.(35회)(   )

22 위원장이 부득이한 사유로 직무를 수행할 수 없을 때에는 위원장이 미리 지명한 위원이 그 직무를 대행한다.(27회)(   )

---

12) ○
13) × 공인중개사 시험 등 공인중개사 자격취득에 관한 사항을 결정한 경우에 따라야 한다.
14) ○
15) × 위원장은 국토교통부 제1차관이 된다.
16) ○
17) × 심의위원회 위원장은 국토교통부 제1차관이 되고, 위원은 다음 각 호의 어느 하나에 해당하는 사람 중에서 국토교통부장관이 임명하거나 위촉한다(영 제1조의2 제2항).
18) ○
19) ○
20) ○
21) × 위원장이 아니라 국토교통부장관이 해촉할 수 있다.
22) ○

23 심의위원회의 위원장이 부득이한 사유로 직무를 수행할 수 없을 때에는 부위원장이 그 직무를 대행한다. (30회)(   )

24 위원장이 부득이한 사유로 직무를 수행할 수 없을 때에는 위원 중에서 호선된 자가 그 직무를 대행한다. (32회)(   )

25 심의위원회의 회의는 재적위원 과반수의 출석으로 개의(開議)하고, 출석위원 과반수의 찬성으로 의결한다. (30회)(   )

---

23) ✕ 위원장은 심의위원회를 대표하고, 심의위원회의 업무를 총괄하며(영 제1조의4 제1항), 부득이한 사유로 직무를 수행할
  수 없을 때에는 위원장이 미리 지명한 위원이 그 직무를 대행한다(영 제1조의4 제2항).
24) ✕ 위원장이 부득이한 사유로 직무를 수행할 수 없을 때에는 위원장이 미리 지명한 위원이 그 직무를 대행한다.
25) ○

01 「입목에 관한 법률」에 따라 등기된 입목은 중개대상물에 해당한다.(26회, 34회)(   )

02 「공장 및 광업재단 저당법」에 따른 공장재단은 중개대상물이다.(31회)(   )

03 토지의 정착물인 미등기 건축물은 중개대상물이다.(31회)(   )

04 기둥과 지붕 그리고 주벽이 갖추어진 신축 중인 미등기상태의 건물은 중개대상물이다.(33회)(   )

05 20톤 이상의 선박은 중개대상물이다.(25회)(   )

06 미채굴광물은 중개대상물이다.(30회)(   )

07 토지에서 채굴되지 않은 광물은 중개대상물이다.(32회)(   )

08 온천수는 중개대상물이다.(30회)(   )

09 금전채권은 중개대상물이다.(30회)(   )

10 점유는 중개대상물이다.(30회)(   )

11 근저당권이 설정되어 있는 피담보채권은 중개대상물이다.(34회)(   )

12 영업용 건물의 영업시설·비품 등 유형물이나 거래처, 신용 등 무형의 재산적 가치는 중개대상물이다.(25회, 31회)(   )

13 영업용 건물의 비품은 중개대상물이다.(28회)(   )

---

01) ○
02) ○
03) ○
04) ○
05) × 선박은 중개대상물에 해당되지 않는다.
06) × 중개대상물에 해당되지 않는다.
07) × 미채굴광물은 국가소유로 중개대상물에 해당되지 않는다.
08) × 중개대상물에 해당되지 않는다.
09) × 중개대상물에 해당되지 않는다.
10) × 중개대상물에 해당되지 않는다.
11) × 중개대상물이 아니다.
12) × 영업용 건물의 영업시설·비품 등 유형물이나 거래처, 신용 등 무형의 재산적 가치는 중개대상물이 아니다.
13) × 영업권은 중개대상물에 해당되지 않는다.

14 거래처, 신용 또는 점포 위치에 따른 영업상의 이점 등 무형물은 중개대상물이다.(28회, 34회)(　　)

15 영업상 노하우 등 무형의 재산적 가치는 중개대상물이다.(32회)(　　)

16 콘크리트 지반 위에 볼트조립방식으로 철제파이프 기둥을 세우고 3면에 천막을 설치하여 주벽이라고 할 만한 것이 없는 세차장 구조물은 중개대상물이다.(25회, 29회)(　　)

17 중개대상물인 '건축물'에는 기존의 건축물뿐만 아니라 장차 건축될 특정의 건물도 포함될 수 있다.(26회)(　　)

18 피분양자가 선정된 장차 건축될 특정의 건물은 중개대상물이다.(28회)(　　)

19 아직 완성되기 전이지만 동·호수가 특정되어 분양계약이 체결된 아파트는 중개대상물이다.(29회, 33회, 34회)(　　)

20 아파트 추첨기일에 신청하여 당첨되면 아파트의 분양예정자로 선정될 수 있는 지위인 입주권은 중개대상물이다.(24회, 33회)(　　)

21 주택이 철거될 경우 일정한 요건하에 택지개발지구 내에 이주자 택지를 공급받을 지위인 대토권은 중개대상물에 해당하지 않는다.(26회)(　　)

22 주택이 철거될 경우 일정한 요건하에 택지개발지구 내 이주자 택지를 공급받을 수 있는 지위는 중개대상물이다.(32회)(　　)

23 주택이 철거될 경우 일정한 요건하에 택지개발지구 내에 이주자 택지를 공급받을 지위인 대토권은 중개대상물이다.(25회, 28회, 33회)(　　)

24 공용폐지가 되지 아니한 행정재산인 토지는 중개대상물에 해당하지 않는다.(26회)(　　)

25 유치권이 행사되고 있는 건물도 중개대상물이 될 수 있다.(27회)(　　)

---

14) × 영업권은 중개대상물에 해당되지 않는다.
15) × 영업권은 중개대상물에 해당되지 않는다.
16) × 영업권은 중개대상물에 해당되지 않는다.
17) ○
18) ○
19) ○
20) × 중개대상물에 해당되지 않는다.
21) ○
22) × 중개대상물에 해당되지 않는다.
23) × 중개대상물에 해당되지 않는다.
24) ○
25) ○

26 가압류된 토지는 중개대상물이다.(31회)(   )

27 「입목에 관한 법률」의 적용을 받지 않으나 명인방법을 갖춘 수목의 집단은 중개대상물이다.(29회)
(   )

28 토지로부터 분리된 수목은 중개대상물이다.(32회)(   )

29 토지거래허가구역 내의 토지는 중개대상물이다.(29회)(   )

30 지목(地目)이 양어장인 토지는 중개대상물이다.(32회)(   )

---

26) ○
27) ○
28) × 중개대상물에 해당되지 않는다.
29) ○
30) ○

01 국토교통부장관이 직접 시험을 시행하려는 경우에는 미리 공인중개사 정책심의위원회의 의결을 거치지 않아도 된다.(30회)( )

02 시험시행기관장은 시험을 시행하고자 하는 때에는 시험시행에 관한 개략적인 사항을 전년도 12월 31일까지 관보 및 일간신문에 공고해야 한다.(30회)( )

03 외국인은 공인중개사가 될 수 없다.(31회)( )

04 공인중개사의 자격이 취소된 후 3년이 경과되지 아니한 자는 공인중개사가 될 수 없다.(27회)( )

05 시험시행기관장은 시험에서 부정한 행위를 한 응시자에 대하여는 그 시험을 무효로 하고, 그 처분이 있은 날부터 5년간 시험응시자격을 정지한다.(30회)( )

06 국토교통부장관은 공인중개사 시험의 합격자에게 공인중개사자격증을 교부해야 한다.(30회)( )

07 시·도지사는 공인중개사자격시험 합격자의 결정·공고일부터 2개월 이내에 시험합격자에 관한 사항을 공인중개사자격증교부대장에 기재한 후 자격증을 교부해야 한다.(27회)( )

08 시·도지사는 공인중개사자격 시험합격자의 결정·공고일부터 2개월 이내에 시험합격자에게 공인중개사자격증을 교부해야 한다.(33회)( )

09 공인중개사자격증의 재교부를 신청하는 자는 재교부신청서를 자격증을 교부한 시·도지사에게 제출해야 한다.(27회, 33회)( )

10 자격증의 재교부를 신청하는 자는 당해 지방자치단체의 조례가 정하는 바에 따라 수수료를 납부해야 한다.(26회, 33회)( )

---

01) × 국토교통부장관이 직접 공인중개사 시험을 시행하려는 경우에는 미리 공인중개사 정책심의위원회의 의결을 거쳐야 한다.
02) × 시험시행기관장은 시험을 시행하고자 하는 때에는 시험시행에 관한 개략적인 사항을 매년 2월 28일까지 관보 및 일간신문에 공고해야 한다.
03) × 외국인도 공인중개사 시험에 응시하여 자격을 취득할 수 있다.
04) ○
05) ○
06) × 공인중개사 시험의 합격자에게 공인중개사자격증을 교부하는 것은 시·도지사이다.
07) × 2개월이 아니라 1개월이다.
08) × 2개월이 아니라 1개월 이내에 자격증을 교부해야 한다.
09) ○
10) ○

11 공인중개사자격증의 재교부를 신청하는 자는 재교부신청서를 국토교통부장관에게 제출해야 한다.(30회) (　　　)

12 자격증 대여행위는 유·무상을 불문하고 허용되지 않는다.(26회)(　　　)

13 공인중개사는 자기의 공인중개사자격증을 무상으로도 대여해서는 안 된다.(31회)(　　　)

14 무자격자인 乙이 공인중개사인 甲명의의 중개사무소에서 동업형식으로 중개업무를 한 경우, 乙은 형사처벌의 대상이 된다.(24회)(　　　)

15 무자격자가 공인중개사의 업무를 수행하였는지 여부는 실질적으로 무자격자가 공인중개사의 명의를 사용하여 업무를 수행였는지 여부에 상관없이, 외관상 공인중개사가 직접 업무를 수행하는 형식을 취하였는지 여부에 따라 판단해야 한다.(24회)(　　　)

16 공인중개사가 자신 명의로 중개사무소에 무자격자로 하여금 자금을 투자하고 이익을 분배받도록 하는 것만으로 등록증 대여에 해당한다.(24회)(　　　)

17 공인중개사가 자기 명의로 개설등록을 마친 후 무자격자에게 중개사무소의 경영에 관여하게 하고 이익을 분배하였더라도 그 무자격자에게 부동산거래 중개행위를 하도록 한 것이 아니라면 등록증 대여행위에 해당하지 않는다.(26회)(　　　)

18 공인중개사자격증의 대여란 다른 사람이 그 자격증을 이용하여 공인중개사로 행세하면서 공인중개사의 업무를 행하려는 것을 알면서도 그에게 자격증 자체를 빌려주는 것을 말한다.(27회)(　　　)

19 공인중개사가 아닌 자는 공인중개사 또는 이와 유사한 명칭을 사용하지 못한다.(31회)(　　　)

20 무자격자가 자신의 명함에 중개사무소명칭을 '부동산뉴스' 그 직함을 '대표'라고 기재하여 사용하였더라도, 이를 공인중개사와 유사한 명칭을 사용한 것이라고 볼 수 없다.(24회)(　　　)

21 자격을 취득하지 않은 자가 자신의 명함에 '부동산뉴스(중개사무소의 상호임) 대표'라는 명칭을 기재하여 사용한 것은 공인중개사와 유사한 명칭을 사용한 것에 해당한다.(26회)(　　　)

---

11) × 공인중개사자격증의 재교부를 신청하는 자는 재교부신청서를 국토교통부장관에게 제출하는 것이 아니라 자격증을 교부한 시·도지사에게 제출해야 한다.
12) ○
13) ○
14) ○
15) × 실질적으로 판단해야 한다.
16) × 등록증 대여행위에 해당되지 않는다는 것이 판례이다.
17) ○
18) ○
19) ○
20) × 유사명칭사용에 해당된다는 것이 판례이다.
21) ○

22 무자격자가 자신의 명함에 '부동산뉴스 대표'라는 명칭을 기재하여 사용하였다면 공인중개사와 유사한 명칭을 사용한 것에 해당한다.(32회)(   )

23 개업공인중개사가 등록증을 타인에게 대여한 경우 공인중개사 자격의 취소사유가 된다.(26회)(   )

24 자격증이나 등록증을 타인에게 대여한 자는 1년 이하의 징역 또는 1천만원 이하의 벌금에 처한다.(26회) (   )

25 공인중개사가 아닌 자로서 공인중개사 명칭을 사용한 자는 1년 이하의 징역 또는 1천만원 이하의 벌금에 처한다.(33회)(   )

26 다른 사람의 공인중개사자격증을 양수하여 이를 사용하는 행위는 자격증 대여 등의 금지에 해당된다. (28회)(   )

27 공인중개사는 유·무상 여부를 불문하고 자기의 공인중개사자격증을 양도해서는 아니된다.(33회) (   )

28 공인중개사가 다른 사람에게 자기의 공인중개사자격증을 양도하는 행위는 자격증 대여 등의 금지에 해당된다.(28회)(   )

29 공인중개사가 다른 사람에게 자기의 공인중개사자격증을 대여하는 행위는 자격증 대여 등의 금지에 해당된다.(28회)(   )

30 공인중개사가 다른 사람에게 자기의 성명을 사용하여 중개업무를 하게 하는 행위는 자격증 대여 등의 금지에 해당된다.(28회)(   )

31 공인중개사로 하여금 그의 공인중개사자격증을 다른 사람에게 대여하도록 알선하는 행위를 할 수 있다. (34회)(   )

---

22) ○
23) × 등록증은 대여한 경우는 등록취소사유에 해당되고, 자격취소에 해당되는 것은 아니다.
24) ○
25) ○
26) ○
27) ○
28) ○
29) ○
30) ○
31) × 누구든지 자격증 양도·대여 또는 양수·대여를 금지한 행위를 알선하여서는 아니 된다(법 제6조 제3항).

01 공인중개사(소속공인중개사 제외) 또는 법인이 아닌 자는 중개사무소의 개설등록을 신청할 수 없다. (25회)(   )

02 소속공인중개사는 중개사무소 개설등록을 신청할 수 없다.(29회)(   )

03 소속공인중개사는 자신의 중개사무소 개설등록을 신청할 수 있다.(28회, 32회, 33회)(   )

04 중개사무소의 개설등록을 한 개업공인중개사가 종별을 달리하여 업무를 하고자 등록신청서를 다시 제출하는 경우, 종전의 등록증은 반납하지 않아도 된다.(28회)(   )

05 공인중개사인 개업공인중개사가 법인인 개업공인중개사로 업무를 하고자 개설등록신청서를 다시 제출하는 경우 종전의 등록증은 이를 반납하여야 한다.(35회)(   )

06 법인은 주된 중개사무소를 두려는 지역을 관할하는 등록관청에 중개사무소 개설등록을 해야 한다.(29회) (   )

07 등록관청은 개설등록을 하고 등록신청을 받은 날부터 7일 이내에 등록신청인에게 서면으로 통지해야 한다.(29회)(   )

08 개설등록의 신청을 받은 등록관청은 개업공인중개사의 종별에 따라 구분하여 개설등록을 하고, 개설등록 신청을 받은 날부터 7일 이내에 등록신청인에게 서면으로 통지하여야 한다.(35회)(   )

09 중개법인은 「상법」상 회사이거나 협동조합(사회적 협동조합 제외)으로서 자본금이 5천만원 이상이어야 한다.(25회, 26회)(   )

10 법인 아닌 사단은 개설등록을 할 수 있다.(31회)(   )

11 「협동조합 기본법」에 따른 사회적 협동조합인 경우 자본금이 5천만원 이상이어야 등록할 수 있다. (27회)(   )

---

01) ○
02) ○
03) × 소속공인중개사는 중개사무소 개설등록할 수 없다.
04) × 종전의 등록증은 반납하여야 한다.
05) ○
06) ○
07) ○
08) ○
09) ○
10) × 중개사무소 개설등록은 「상법」상 회사이거나 협동조합(사회적 협동조합은 제외)이어야 한다.
11) × 사회적 협동조합은 제외한다.

12 자본금이 1,000만원 이상인 「협동조합 기본법」상 협동조합은 개설등록을 할 수 있다.(31회)(   )

13 자본금이 5천만원 이상인 「협동조합 기본법」상 사회적 협동조합은 중개사무소의 등록을 할 수 있다. (32회)(   )

14 중개사무소를 개설하려는 법인이 자본금 5천만원 이상인 「협동조합 기본법」상 사회적 협동조합이면 등록기준에 적합하다.(33회)(   )

15 법인이 중개사무소를 개설등록하기 위해서는 「상법」상 회사인 경우 자본금이 5천만원 이상이어야 한다. (27회, 28회, 34회)(   )

16 법인이 중개업 및 겸업제한에 위배되지 않는 업무만을 영위할 목적으로 설립되었을 것은 등록기준에 해당된다.(28회)(   )

17 대표자는 공인중개사일 것은 등록기준에 해당된다.(26회, 28회, 33회, 34회)(   )

18 대표자가 공인중개사가 아닌 법인은 중개사무소를 개설할 수 없다.(29회)(   )

19 대표자를 제외한 임원 또는 사원(합명회사 또는 합자회사의 무한책임사원)의 3분의 1 이상이 공인중개사일 것은 등록기준에 해당된다.(28회)(   )

20 합명회사가 개설등록을 하려면 대표자는 공인중개사이어야 하며, 대표자를 포함하여 임원 또는 사원(합명회사 또는 합자회사의 무한책임사원)의 3분의 1 이상이 공인중개사이어야 한다.(26회, 31회, 34회) (   )

21 대표자는 공인중개사이어야 하며, 대표자를 제외한 임원 또는 사원(합명회사 또는 합자회사의 무한책임사원)의 2분의 1 이상은 공인중개사이어야 한다.(27회)(   )

22 법인의 임원 중 공인중개사가 아닌 자도 분사무소의 책임자가 될 수 있다.(29회)(   )

---

12) × 「협동조합 기본법」상 협동조합(사회적 협동조합은 제외)도 중개사무소 개설등록하기 위하여는 자본금이 5천만원 이상이어야 한다.
13) × 사회적 협동조합은 중개사무소의 등록을 할 수 없다.
14) × 사회적 협동조합은 개설등록할 수 없다.
15) ○
16) ○
17) ○
18) ○
19) ○
20) × 대표자를 포함하여가 아니라 대표자를 제외한 임원 또는 사원의 3분의 1 이상이 공인중개사이어야 한다.
21) × 1/3 이상이 공인중개사이어야 한다.
22) × 분사무소에는 공인중개사를 책임자로 두어야 한다.

23 중개법인의 법인의 대표자, 임원 또는 사원(합명회사 또는 합자회사의 무한책임사원)의 3분의 1 이상이 실무교육을 받았어야 한다.(26회)(   )

24 분사무소 설치시 분사무소의 책임자가 분사무소 설치신고일 전 2년 이내에 직무교육을 받았을 것은 등록기준에 해당된다.(28회)(   )

25 분사무소의 책임자인 공인중개사는 등록관청이 실시하는 실무교육을 받아야 한다.(31회)(   )

26 분사무소를 설치하려는 경우 분사무소의 책임자가 실무교육을 받았을 것은 법인의 등록기준에 해당된다.(34회)(   )

27 법인은 대표자, 임원 또는 사원(합명회사 또는 합자회사의 무한책임사원) 전원이 부동산거래사고 예방교육을 받았어야 한다.(27회)(   )

28 합명회사가 개설등록을 하려면 사원(합명회사 또는 합자회사의 무한책임사원) 전원이 실무교육을 받아야 한다.(31회)(   )

29 대표자, 임원 또는 사원(합명회사 또는 합자회사의 무한책임사원을 말함) 전원이 실무교육을 받았을 것은 법인의 등록기준에 해당된다.(34회)(   )

30 개업공인중개사는 중개사무소로 개설등록할 건물의 소유권을 반드시 확보해야 하는 것은 아니다.(27회)(   )

31 개설등록을 하려면 소유권에 의하여 사무소의 사용권을 확보하여야 한다.(31회)(   )

32 법인은 건축물대장에 기재된 건물에 100㎡ 이상의 중개사무소를 확보하여야 한다.(27회)(   )

33 건축물대장(「건축법」에 따른 가설건축물대장은 제외)에 기재된 건물에 전세로 중개사무소를 확보하면 등록기준에 적합하다.(33회)(   )

34 중개사무소의 개설등록신청서에는 신청인의 여권용 사진을 첨부하지 않아도 된다.(28회)(   )

---

23) × 사원, 임원 전체가 실무교육을 받아야 한다.
24) × 설치신고일 전 1년 이내에 실무교육을 받아야 한다.
25) × 등록관청이 아니라 시·도지사가 실시하는 실무교육을 받아야 한다.
26) ○
27) × 실무교육을 받아야 한다.
28) ○
29) ○
30) ○
31) × 소유뿐만 아니라 전세, 임대차 또는 사용대차 등의 방법에 의하여 사용권을 확보하여야 한다.
32) × 면적에 대한 제한은 없다.
33) ○
34) × 여권용 사진을 첨부해야 한다.

35 중개사무소의 개설등록신청서에는 여권용 사진을 제출하여야 한다.(34회)(   )

36 중개사무소의 개설등록신청서에는 공인중개사자격증 사본을 제출하여야 한다.(34회)(   )

37 사용승인을 받았으나 건축물대장에 기재되지 아니한 건물에 중개사무소를 확보하였을 경우에는 건축물대장 기재가 지연되는 사유를 적은 서류를 제출하여야 한다.(34회)(   )

38 실무교육을 위탁받은 기관이 실무교육 수료 여부를 등록관청이 전자적으로 확인할 수 있도록 조치한 경우에는 실무교육의 수료확인증 사본을 제출하지 않아도 된다.(34회)(   )

39 외국에 주된 영업소를 둔 법인의 경우에는 「상법」상 외국회사 규정에 따른 영업소의 등기를 증명할 수 있는 서류를 제출하여야 한다.(34회, 35회)(   )

40 등록관청은 중개사무소등록증을 교부하기 전에 개설등록을 한 자가 손해배상책임을 보장하기 위한 조치(보증)를 하였는지 여부를 확인해야 한다.(28회)(   )

41 국토교통부장관은 중개사무소의 개설등록을 한 자에 대하여 국토교통부령이 정하는 바에 따라 중개사무소등록증을 교부해야 한다.(28회)(   )

42 자격증 및 등록증을 잃어버리거나 못 쓰게 된 경우에는 시·도지사에게 재교부를 신청한다.(26회)(   )

43 등록관청이 중개사무소등록증을 교부한 때에는 이 사실을 다음달 10일까지 국토교통부장관에게 통보해야 한다.(25회)(   )

44 등록증을 교부한 관청은 그 사실을 공인중개사협회에 통보해야 한다.(26회)(   )

---

35) ○
36) × 공인중개사자격증 사본은 제출서류에 해당되지 않고, 등록관청에서 자격증을 교부한 시·도지사에게 확인 요청하여야 한다.
37) ○
38) ○
39) ○
40) ○
41) × 등록증은 등록관청(시장·군수·구청장)에서 교부한다.
42) × 자격증은 시·도지사에게 재교부를 신청하지만, 등록증은 등록관청(시장·군수·구청장)에게 재교부를 신청하여야 한다.
43) × 다음달 10일까지 공인중개사협회에 통보해야 한다.
44) ○

45 등록관청은 중개사무소등록증을 교부한 경우, 그 등록에 관한 사항을 다음달 10일까지 공인중개사협회에 통보해야 한다.(27회)(   )

46 공인중개사협회는 매월 중개사무소의 등록에 관한 사항을 중개사무소등록·행정처분 등 통지서에 기재하여 다음달 10일까지 시·도지사에게 통보하여야 한다.(35회)(   )

47 거래당사자가 무자격자에게 중개를 의뢰한 행위는 처벌의 대상이 된다.(24회)(   )

48 무자격자에게 토지매매의 중개를 의뢰한 거래당사자는 처벌의 대상이 된다.(27회)(   )

49 무등록 중개업자에게 중개를 의뢰한 거래당사자는 무등록 중개업자의 중개행위에 대하여 무등록 중개업자와 공동정범으로 처벌된다.(30회)(   )

50 공인중개사 자격이 없는 자가 중개사무소 개설등록을 하지 아니한 채 부동산중개업을 하면서 거래당사자와 체결한 중개보수 지급약정은 무효이다.(26회)(   )

51 개업공인중개사는 이중으로 중개사무소의 개설등록을 하여 중개업을 할 수 없다.(28회)(   )

52 개업공인중개사는 다른 개업공인중개사의 소속공인중개사·중개보조원이 될 수 없다.(25회)(   )

53 A군에서 중개사무소 개설등록을 하여 중개업을 하고 있는 자가 다시 A군에서 개설등록을 한 경우, 이중등록에 해당한다.(27회)(   )

54 B군에서 중개사무소 개설등록을 하여 중개업을 하고 있는 자가 다시 C군에서 개설등록을 한 경우, 이중등록에 해당한다.(27회)(   )

55 개업공인중개사 甲에게 고용되어 있는 중개보조원은 개업공인중개사인 법인 乙의 사원이 될 수 없다.(27회)(   )

---

45) ○
46) × 시·도지사에게 통보해야 하는 것이 아니라 공인중개사협회에 통보해야 한다.
47) × 거래당사자가 처벌대상이 되는 것은 아니다.
48) × 거래당사자가 처벌대상이 되는 것은 아니다.
49) × 무등록 중개업자에게 중개를 의뢰했다고 해서 거래당사자가 처벌대상이 되는 것이 아니고 무등록 중개업자가 처벌대상이 된다.
50) ○
51) ○
52) ○
53) ○
54) ○
55) ○

56 개업공인중개사는 다른 개업공인중개사의 중개보조원 또는 개업공인중개사인 법인의 사원·임원이 될 수 없다.(30회)(   )

57 이중소속의 금지에 위반한 경우 1년 이하의 징역 또는 1천만원 이하의 벌금형에 처한다.(27회) (   )

58 다른 사람의 중개사무소등록증을 양수하여 이를 사용하는 행위를 할 수 있다.(34회)(   )

---

56) ○
57) ○
58) × 개업공인중개사는 다른 사람에게 자기의 성명 또는 상호를 사용하여 중개업무를 하게 하거나 자기의 중개사무소등록 증을 양도 또는 대여하는 행위를 하여서는 아니된다(법 제19조 제1항).

개업공인중개사 등의 결격사유 : 1문제

01 만 19세에 달하지 아니한 자는 결격사유에 해당된다.(25회)(   )

02 피특정후견인은 결격사유에 해당된다.(29회, 31회)(   )

03 피특정후견인은 중개사무소의 등록을 할 수 없다.(32회)(   )

04 개인회생을 신청한 후 법원의 인가 여부가 결정되지 않은 공인중개사는 결격사유에 해당된다.(24회)
(   )

05 파산선고를 받고 복권되지 아니한 자는 결격사유에 해당된다.(25회, 31회)(   )

06 2009년 4월 15일 파산선고를 받고 2015년 4월 15일 복권된 자는 2015년 10월 23일 현재 결격사유에
해당된다.(26회)(   )

07 형의 선고유예기간 중에 있는 자는 결격사유에 해당된다.(26회)(   )

08 형의 선고유예를 받고 3년이 경과되지 아니한 자는 결격사유에 해당된다.(25회, 29회)(   )

09 음주교통사고로 징역형을 선고받고 그 형의 집행유예기간 중인 공인중개사는 결격사유에 해당된다.(24회)
(   )

10 사기죄로 징역 2년형을 선고받고 그 형의 집행이 3년간 유예된 경우, 그 유예기간이 종료되고 2년이 경
과한 공인중개사는 중개사무소의 개설등록을 할 수 있다.(27회)(   )

11 금고 이상의 형의 집행유예를 받고 그 유예기간 중에 있는 자는 결격사유에 해당된다.(29회)(   )

12 금고 이상의 형의 집행유예를 받고 그 유예기간이 만료된 날부터 2년이 지나지 아니한 자는 중개사무소
의 등록을 할 수 없다.(32회, 35회)(   )

---

01) ○
02) × 피특정후견인은 제한능력자가 아니므로 결격사유에 해당되지 않는다.
03) × 피특정후견인은 결격사유에 해당되지 않아서 중개사무소 개설등록할 수 있다.
04) × 파산선고를 받아야 결격사유에 해당된다.
05) ○
06) × 복권 즉시 결격사유에서 벗어난다.
07) × 선고유예처분을 받은 경우는 결격사유에 해당되지 않는다.
08) × 선고유예처분을 받은 경우는 결격사유에 해당되지 않는다.
09) ○
10) ○
11) ○
12) ○

13 사원 중 금고 이상의 형의 집행유예를 받고 그 유예기간 중에 있는 자가 있는 법인은 결격사유에 해당된다.(33회)(   )

14 금고 이상의 실형의 선고를 받고 그 집행이 종료되거나 집행이 면제된 날부터 3년이 경과되지 아니한 자는 결격사유에 해당된다.(25회, 30회)(   )

15 금고 이상의 실형의 선고를 받고 그 집행이 종료(집행이 종료된 것으로 보는 경우를 포함한다)되거나 집행이 면제된 날부터 (3)년이 지나지 아니한 자는 중개사무소의 개설등록을 할 수 없다.(32회)(   )

16 금고 이상의 실형의 선고를 받고 그 집행이 면제된 날부터 2년이 된 자는 결격사유에 해당된다.(33회)(   )

17 배임죄로 징역 2년의 실형을 선고받고 그 집행이 종료된 날부터 2년이 경과된 공인중개사는 중개사무소의 개설등록을 할 수 있다.(27회)(   )

18 甲이 「도로교통법」을 위반하여 금고 이상의 실형을 선고받고 그 집행이 종료된 날부터 3년이 경과되지 않은 경우는 결격사유에 해당된다.(28회)(   )

19 공인중개사의 자격이 정지된 자로서 자격정지기간 중에 있는 자는 결격사유에 해당된다.(30회)(   )

20 2015년 4월 15일 공인중개사 자격의 정지처분을 받은 자는 2015년 10월 23일 현재 결격사유에 해당된다.(26회)(   )

21 자격정지처분을 받은 날부터 6개월이 경과한 공인중개사는 법인인 개업공인중개사의 임원이 될 수 있다.(31회)(   )

22 甲이 등록하지 않은 인장을 사용하여 공인중개사의 자격이 정지되고 그 자격정지기간 중에 있는 경우는 결격사유에 해당된다.(28회)(   )

23 甲이 부정한 방법으로 공인중개사의 자격을 취득하여 그 자격이 취소된 경우에는 2년 동안 결격사유에 해당된다.(28회)(   )

---

13) ○
14) ○
15) ○
16) ○
17) × 2년이 아니라 3년
18) ○
19) ○
20) × 자격정지의 최장기간은 6개월이므로 결격사유에 해당되지 않는다.
21) ○
22) ○
23) × 2년이 아니라 3년이다.

24 공인중개사자격증을 대여하여 그 자격이 취소된 후 3년이 경과되지 아니한 자는 결격사유에 해당된다. (29회, 30회)(　　　)

25 공인중개사의 자격이 취소된 후 3년이 지나지 아니한 자는 중개보조원이 될 수 없다.(31회)(　　　)

26 거짓으로 중개사무소의 개설등록을 하여 2012년 11월 15일 개설등록이 취소된 자는 2015년 10월 23일 현재 결격사유에 해당된다.(26회)(　　　)

27 甲이 중개대상물 확인·설명서를 교부하지 않아 업무정지처분을 받고 폐업신고를 한 후 그 업무정지기간이 경과되지 않은 경우는 결격사유에 해당된다.(28회)(　　　)

28 업무정지처분을 받고 부동산중개업 폐업신고를 한 개업공인중개사는 업무정지기간이 지나지 아니하더라도 중개사무소 개설등록을 할 수 있다.(34회)(　　　)

29 업무정지처분을 받은 개업공인중개사인 법인의 업무정지의 사유가 발생한 당시의 사원 또는 임원이었던 자로서 당해 개업공인중개사에 대한 업무정지기간이 경과되지 아니한 자는 결격사유에 해당된다.(30회)
(　　　)

30 「공인중개사법」을 위반하여 300만원 이상의 벌금형의 선고를 받고 3년이 경과되지 아니한 자는 결격사유에 해당된다.(25회)(　　　)

31 「도로교통법」을 위반하여 2012년 11월 15일 벌금 500만원을 선고받은 자는 2015년 10월 23일 현재 결격사유에 해당된다.(26회)(　　　)

32 「공인중개사법」을 위반하여 200만원의 벌금형을 선고받고 5년이 경과되지 아니한 자는 중개사무소의 개설등록을 할 수 없다.(27회)(　　　)

33 「공인중개사법」을 위반하여 200만원의 벌금형의 선고를 받고 3년이 경과되지 아니한 자는 결격사유에 해당된다.(30회, 33회)(　　　)

34 미성년자가 임원으로 있는 법인은 결격사유에 해당된다.(24회)(　　　)

---

24) ○
25) ○
26) ○
27) ○
28) × 업무정지기간이 지나지 아니하면 폐업했다가 신규등록할 수 없다.
29) ○
30) ○
31) × 「공인중개사법」이 아닌 다른 법에 위반하여 300만원 이상의 벌금형을 받은 경우는 결격사유에 해당되지 않는다.
32) × 「공인중개사법」에 위반하여 300만원 이상의 벌금형을 선고받은 경우에만 3년간 결격사유에 해당된다.
33) × 「공인중개사법」을 위반하여 300만원 이상의 벌금형의 선고를 받고 3년이 경과되지 아니한 자가 결격사유에 해당된다. 그러므로 「공인중개사법」에 위반하여 벌금 200만원을 선고받은 경우는 결격사유에 해당되지 않는다.
34) ○

35 공인중개사 자격이 취소된 후 3년이 지나지 아니한 임원이 있는 법인은 결격사유에 해당된다.(31회)
(   )

36 등록의 결격사유 중 '이 법을 위반하여 300만원 이상의 벌금형의 선고를 받고 3년이 경과되지 아니한 자'에는 개업공인중개사가 사용주로서 양벌규정으로 처벌받는 경우도 포함된다.(26회)(   )

37 甲이 대표자로 있는 개업공인중개사인 법인이 해산하여 그 등록이 취소된 후 3년이 경과되지 않은 경우는 결격사유에 해당된다.(28회)(   )

38 개업공인중개사인 법인의 해산으로 중개사무소 개설등록이 취소된 후 3년이 지나지 않은 경우 그 법인의 대표이었던 자는 결격사유에 해당된다.(31회)(   )

---

35) ○
36) × 양벌규정으로 처벌받은 경우는 해당되지 않는다.
37) × 사망·해산으로 등록이 취소된 경우는 3년간 결격사유에 해당되지 않는다.
38) × 개업공인중개사인 법인의 해산으로 중개사무소 개설등록이 취소된 후 3년이 지나지 않은 경우 그 법인의 대표이었던 자는 결격사유에 해당되지 않는다.

(1) 법인의 분사무소와 중개사무소 공동사용

01   개업공인중개사는 그 등록관청의 관할구역 안에 여러 개의 중개사무소를 둘 수 있다.(24회)(   )

02   개업공인중개사는 그 등록관청의 관할구역 안에 1개의 중개사무소만을 둘 수 있다.(30회, 32회, 34회)
       (   )

03   「공인중개사법」을 위반하여 2 이상의 중개사무소를 둔 경우 등록관청은 중개사무소의 개설등록을 취소
       할 수 있다.(26회)(   )

04   개업공인중개사는 천막 그 밖에 이동이 용이한 임시 중개시설물을 설치하여서는 아니 된다.(26회, 30회,
       34회)(   )

05   소속공인중개사는 등록관청에 신고를 거쳐 천막 그 밖에 이동이 용이한 임시 중개시설물을 설치할 수
       있다.(33회)(   )

06   법인이 아닌 개업공인중개사는 분사무소를 둘 수 없다.(26회, 30회)(   )

07   법인이 아닌 개업공인중개사가 그 관할구역 외의 지역에 분사무소를 설치하기 위해서는 등록관청에 신
       고하여야 한다.(34회)(   )

08   공인중개사인 개업공인중개사는 분사무소를 설치할 수 없다.(31회)(   )

09   분사무소는 주된 사무소의 소재지가 속한 시·군·구에 설치할 수 있다.(27회)(   )

10   주된 사무소의 소재지가 속한 군에는 분사무소를 설치할 수 없다.(34회)(   )

11   군(郡)에 주된 사무소가 설치된 경우 동일 군(郡)에 분사무소를 둘 수 있다.(31회)(   )

---

01) × 1개의 사무소만을 둘 수 있다.
02) ○
03) ○
04) ○
05) × 없다.
06) ○
07) × 법인인 개업공인중개사만 분사무소를 설치할 수 있고, 법인이 아닌 개업공인중개사는 분사무소를 설치할 수 없다.
08) ○
09) × 없다.
10) ○
11) × 분사무소는 주된 사무소의 소재지가 속한 시·군·구를 제외한 시·군·구별로 설치하여야 한다. 그러므로 주된 사
     무소가 있는 시·군·구에는 분사무소를 설치할 수 없다.

12 A광역시 甲구(區)에 주된 사무소 소재지를 둔 법인인 개업공인중개사는 A광역시 乙구(區)에 분사무소를 둘 수 없다.(24회)(   )

13 법인인 개업공인중개사가 그 등록관청의 관할구역 외의 지역에 둘 수 있는 분사무소는 시 · 도별로 1개소를 초과할 수 없다.(32회)(   )

14 법인인 개업공인중개사는 대통령령이 정하는 바에 따라 등록관청에 신고하고 그 관할구역 외의 지역에 분사무소를 둘 수 있다.(24회, 30회)(   )

15 개업공인중개사가 분사무소를 설치하기 위해서는 등록관청으로부터 인가를 받아야 한다.(31회)(   )

16 법인인 개업공인중개사가 등록관청의 관할구역 외의 지역에 분사무소를 두기 위해서는 등록관청의 허가를 받아야 한다.(33회)(   )

17 분사무소 설치신고를 받은 등록관청은 그 신고내용이 적합한 경우에는 신고확인서를 교부하여야 한다.(34회)(   )

18 분사무소의 설치신고를 하는 자는 국토교통부령이 정하는 바에 따라 수수료를 납부해야 한다.(24회)(   )

19 다른 법률의 규정에 따라 중개업을 할 수 있는 법인의 분사무소에도 공인중개사를 책임자로 두어야 한다.(25회, 31회)(   )

20 다른 법률의 규정에 따라 중개업을 할 수 있는 법인의 분사무소에는 공인중개사를 책임자로 두지 않아도 된다.(27회, 32회)(   )

21 분사무소의 설치신고를 하려는 자는 그 신고서를 주된 사무소의 소재지를 관할하는 등록관청에 제출해야 한다.(25회)(   )

---

12) × 둘 수 있다.
13) × 시 · 군 · 구별로 1개소를 초과할 수 없다.
14) ○
15) × 분사무소를 두고자 하는 경우에는 인가가 아니라 설치신고를 하여야 한다.
16) × 분사무소를 두고자 하는 경우에는 허가가 아니라 신고사항이다.
17) ○
18) × 지방자치단체의 조례가 정하는 수수료를 납부해야 한다.
19) × 다른 법률의 규정에 의하여 중개업을 할 수 있는 법인의 분사무소의 경우에는 공인중개사를 책임자로 두지 않아도 된다.
20) ○
21) ○

22 법인인 개업공인중개사가 분사무소를 설치하려는 경우 분사무소 소재지의 시장·군수 또는 구청장에게 신고해야 한다.(26회)(   )

23 분사무소 설치신고는 주된 사무소의 소재지를 관할하는 등록관청에 해야 한다.(27회)(   )

24 분사무소 설치신고시는 등록증을 첨부해야 한다.(31회)(   )

25 법인인 개업공인중개사가 분사무소를 두려는 경우 소유·전세·임대차 또는 사용대차 등의 방법으로 사용권을 확보해야 한다.(32회)(   )

26 분사무소의 설치신고를 받은 등록관청은 그 신고내용이 적합한 경우에는 국토교통부령이 정하는 신고 확인서를 교부해야 한다.(25회)(   )

27 분사무소의 설치신고를 하려는 자는 법인등기사항증명서를 제출해야 한다.(25회)(   )

28 분사무소의 설치는 업무정지기간 중에 있는 다른 개업공인중개사의 중개사무소를 공동으로 사용하는 방법으로는 할 수 없다.(26회)(   )

29 개업공인중개사가 중개사무소를 공동으로 사용하려면 중개사무소의 개설등록 또는 이전신고를 할 때 그 중개사무소를 사용할 권리가 있는 다른 개업공인중개사의 승낙서를 첨부해야 한다.(32회)(   )

30 업무정지기간 중에 있는 개업공인중개사는 중개사무소의 이전신고를 하는 방법으로 다른 개업공인중개사의 중개사무소를 공동으로 사용할 수 없다.(34회)(   )

(2) 중개사무소 이전

31 중개사무소를 이전한 때에는 이전한 날부터 10일 이내에 이전신고를 해야 한다.(28회, 29회)(   )

32 개업공인중개사는 중개사무소를 이전한 때에는 이전한 날부터 (10)일 이내에 국토교통부령으로 정하는 바에 따라 등록관청에 이전사실을 신고해야 한다.(32회, 33회)(   )

---

22) × 주된 사무소 등록관청에 설치신고를 하여야 한다.
23) ○
24) × 분사무소 설치신고시는 등록증을 첨부하지 않는다.
25) ○
26) ○
27) × 법인등기사항증명서는 제출서류에는 해당되지 않고, 등록관청에서 직접 확인한다.
28) ○
29) ○
30) ○
31) ○
32) ○

33 주된 사무소의 이전신고서에는 중개사무소등록증과 건축물대장에 기재된 건물에 중개사무소를 확보한 경우 이를 증명하는 서류가 첨부되어야 한다.(29회)(   )

34 중개사무소 이전신고시는 등록증 원본을 첨부해야 한다.(31회)(   )

35 중개사무소를 등록관청의 관할지역 내로 이전한 경우에 이전신고를 할 때 중개사무소등록증을 제출하지 않아도 된다.(32회, 34회)(   )

36 중개사무소를 등록관청의 관할지역 내로 이전한 경우에 건축물대장에 기재되지 않은 건물로 이전신고를 하는 경우, 건축물대장 기재가 지연되는 사유를 적은 서류도 제출해야 한다.(31회, 32회)(   )

37 등록관청 관할 외 지역으로 중개사무소를 이전한 경우, 개업공인중개사는 이전 후의 중개사무소를 관할하는 등록관청에 이전사실을 신고해야 한다.(26회)(   )

38 법인인 개업공인중개사가 등록관청 관할지역 외의 지역으로 중개사무소 또는 분사무소를 이전하는 경우에 중개사무소 이전신고를 받은 등록관청은 그 내용이 적합한 경우, 중개사무소등록증의 변경사항을 기재하여 교부하거나 중개사무소등록증을 재교부하여야 한다.(31회)(   )

39 중개사무소를 등록관청의 관할지역 내로 이전한 경우에 등록관청이 이전신고를 받은 경우, 중개사무소 등록증에 변경사항만을 적어 교부할 수 없고 재교부해야 한다.(32회)(   )

40 주된 사무소를 관할구역 밖으로 이전한 경우에 이전신고는 이전 후 등록관청에 해야 한다.(29회) (   )

41 중개사무소를 등록관청의 관할지역 외의 지역으로 이전한 경우에는 이전 후의 중개사무소를 관할하는 등록관청에 신고해야 한다.(27회, 34회)(   )

42 법인인 개업공인중개사가 분사무소를 이전한 경우 이전 후의 분사무소를 관할하는 등록관청에 이전사실을 신고해야 한다.(26회)(   )

43 분사무소를 이전한 때에는 주된 사무소의 소재지를 관할하는 등록관청에 이전신고를 해야 한다. (28회, 34회)(   )

---

33) ○
34) ○
35) × 사무소 이전신고시에는 등록증을 첨부해야 한다.
36) ○
37) ○
38) × 종전 중개사무소등록증의 변경사항을 기재하여 교부하는 것은 관할구역 안에서 이전한 경우에 해당된다.
39) × 관할구역 안에서 이전한 경우에 등록관청은 종전의 등록증에 변경사항을 기재하여 교부하거나 재교부하여야 한다.
40) ○
41) ○
42) × 분사무소는 주된 사무소 등록관청에 사무소 이전신고를 하여야 한다.
43) ○

44 법인인 개업공인중개사가 등록관청 관할지역 외의 지역으로 중개사무소 또는 분사무소를 이전하는 경우에 분사무소 이전신고는 이전한 날부터 10일 이내에 이전할 분사무소의 소재지를 관할하는 등록관청에 하면 된다.(31회)(   )

45 분사무소 이전신고를 받은 등록관청은 이전 전 및 이전 후의 분사무소 소재지 관할 시장·군수 또는 구청장에게 이를 지체 없이 통보해야 한다.(24회, 28회, 29회, 31회)(   )

46 등록관청 관할 외 지역으로 중개사무소를 이전한 경우, 이전 후 등록관청의 요청으로 종전 등록관청이 송부해야 하는 서류에는 중개사무소 개설등록 신청서류도 포함된다.(24회)(   )

47 분사무소의 이전신고를 하려는 법인인 개업공인중개사는 중개사무소등록증을 첨부해야 한다.(28회)
(   )

48 중개사무소를 등록관청의 관할지역 외의 지역으로 이전한 경우, 그 이전신고 전에 발생한 사유로 인한 개업공인중개사에 대한 행정처분은 이전 후 등록관청이 행한다.(26회, 28회)(   )

49 중개사무소를 관할구역 밖으로 이전한 경우에 이전신고 전에 발생한 사유로 인한 행정처분은 이전 전의 등록관청이 이를 행한다.(29회)(   )

50 업무정지 중이 아닌 다른 개업공인중개사의 중개사무소를 공동사용하는 방법으로 사무소의 이전을 할 수 있다.(26회)(   )

51 법인인 개업공인중개사가 등록관청 관할지역 외의 지역으로 중개사무소 또는 분사무소를 이전하는 경우에 중개사무소 이전신고를 하지 않은 경우 과태료 부과대상이 아니다.(31회)(   )

52 등록관청은 중개사무소의 이전신고를 받은 때에는 그 사실을 공인중개사협회에 통보해야 한다.(26회)
(   )

---

44) × 분사무소 이전신고는 주된 사무소 등록관청에 해야 한다.
45) ○
46) ○
47) × 분사무소는 등록증이 아니라 분사무소 설치신고확인서를 첨부해야 한다.
48) ○
49) × 이전 후 등록관청에서 행정처분을 한다.
50) ○
51) × 100만원 이하의 과태료처분사유에 해당된다.
52) ○

(3) 게시의무

53 개업공인중개사는 사무소에 소속공인중개사가 있는 경우 소속공인중개사의 공인중개사자격증 사본을 게시해야 한다.(23회, 31회)(   )

54 공인중개사인 개업공인중개사는 공인중개사자격증 원본을 해당 중개사무소 안의 보기 쉬운 곳에 게시하여야 한다.(34회)(   )

55 소속공인중개사가 있는 경우 그 소속공인중개사의 공인중개사자격증 원본도 게시해야 한다.(28회, 32회, 35회)(   )

56 개업공인중개사가 소속공인중개사를 고용한 경우에는 개업공인중개사 및 소속공인중개사의 공인중개사 자격증 원본을 중개사무소에 게시하여야 한다.(30회)(   )

57 법인인 개업공인중개사의 분사무소에는 분사무소설치신고확인서 원본을 게시해야 한다.(28회, 31회, 32회)(   )

58 개업공인중개사는 사무소에 개업공인중개사의 실무교육 수료확인증 원본을 게시해야 한다.(31회, 35회)(   )

59 개업공인중개사는 사무소에 소속공인중개사가 있는 경우 소속공인중개사의 실무교육 수료확인증 사본을 게시해야 한다.(31회)(   )

60 개업공인중개사는 「부가가치세법 시행령」에 따른 사업자등록증을 해당 중개사무소 안의 보기 쉬운 곳에 게시하여야 한다.(31회, 34회)(   )

61 보증의 설정을 증명할 수 있는 서류는 중개사무소에 게시해야 하는 사항이다.(35회)(   )

62 소속공인중개사의 고용신고서는 중개사무소에 게시해야 하는 사항이다.(35회)(   )

---

53) × 소속공인중개사의 공인중개사자격증 사본이 아니라 원본을 게시해야 한다.
54) ○
55) ○
56) ○
57) ○
58) × 실무교육 수료확인증 원본은 게시해야 하는 사항에 해당되지 않는다.
59) × 소속공인중개사의 실무교육 수료확인증 사본은 게시사항에 해당되지 않는다.
60) ○
61) ○
62) × 게시사항에 해당되지 않는다.

(4) 사무소 명칭 및 광고

63 법인인 개업공인중개사는 그 사무소의 명칭에 "공인중개사사무소" 또는 "부동산중개"라는 문자를 사용해야 한다.(27회, 34회)(   )

64 공인중개사인 개업공인중개사는 그 사무소의 명칭에 "공인중개사사무소" 또는 "부동산중개"라는 문자를 사용하여야 한다.(31회)(   )

65 소속공인중개사가 공인중개사 명칭을 사용하는 행위는 금지된다.(34회)(   )

66 법 제7638호 부칙 제6조 제2항에 규정된 개업공인중개사는 사무소의 명칭에 "공인중개사사무소"라는 문자를 사용해서는 안 된다.(29회)(   )

67 법 제7638호 부칙 제6조 제2항에 따른 개업공인중개사는 그 사무소의 명칭에 '공인중개사사무소' 및 '부동산중개'라는 문자를 사용하여서는 아니된다.(34회)(   )

68 개업공인중개사는 그 사무소 명칭으로 '공인중개법률사무소'를 사용할 수 있다.(24회)(   )

69 토지의 매매 등을 알선하는 무등록 중개업자는 그 사무소에 '부동산중개'와 유사한 명칭을 사용할 수 있다.(24회)(   )

70 개업공인중개사가 설치한 옥외광고물에 인식할 수 있는 크기의 연락처를 표기하지 않으면 100만원 이하의 과태료 부과대상이 된다.(27회)(   )

71 개업공인중개사가 설치한 옥외광고물에 성명을 거짓으로 표기한 경우에는 500만원 이하의 과태료를 부과한다.(24회)(   )

72 법인인 개업공인중개사가 분사무소에 옥외광고물을 설치하는 경우, 분사무소신고확인서에 기재된 책임자의 성명을 그 광고물에 표기해야 한다.(24회)(   )

---

63) ○
64) ○
65) × 소속공인중개사는 공인중개사 자격이 있으므로 "공인중개사"라는 명칭을 사용할 수 있다.
66) ○
67) × 법 제7638호 부칙 제6조 제2항에 따른 개업공인중개사는 공인중개사자격증이 없으므로 사무소 명칭에 "공인중개사사무소"라는 문자를 사용할 수 없고, "부동산중개"라는 문자을 사용해야 한다.
68) × 사용할 수 없다.
69) × 사용할 수 없다.
70) × 연락처가 아니라 성명을 표기해야 한다.
71) × 100만원 이하의 과태료처분사유에 해당된다.
72) ○

73 공인중개사인 개업공인중개사가 「옥외광고물 등의 관리와 옥외광고산업 진흥에 관한 법률」에 따른 옥외광고물을 설치하는 경우, 중개사무소등록증에 표기된 개업공인중개사의 성명을 표기해야 한다.(31회, 32회)(   )

74 법인인 개업공인중개사의 분사무소에 옥외광고물을 설치하는 경우 분사무소설치 신고확인서에 기재된 책임자의 성명을 표기하여야 한다.(34회)(   )

75 개업공인중개사가 의뢰받은 중개대상물에 대하여 표시·광고를 하려는 경우, 중개사무소의 명칭은 명시하지 않아도 된다.(31회)(   )

76 소속공인중개사가 중개대상물에 대한 표시·광고를 하는 행위는 금지된다.(34회)(   )

77 개업공인중개사는 옥외광고물을 설치할 의무를 부담하지 않는다.(27회)(   )

78 개업공인중개사는 옥외광고물을 설치해야 할 의무가 있다.(28회)(   )

79 등록관청에 폐업신고를 한 경우에 개업공인중개사는 사무소의 간판을 지체 없이 철거해야 한다.(25회)(   )

80 등록관청에 폐업사실을 신고한 경우는 지체 없이 사무소의 간판을 철거해야 한다.(32회)(   )

81 등록관청에 6개월을 초과하는 휴업신고를 한 경우는 지체 없이 사무소의 간판을 철거해야 한다.(25회, 32회)(   )

82 중개사무소의 개설등록 취소처분을 받은 경우에 개업공인중개사는 사무소의 간판을 지체 없이 철거해야 한다.(25회)(   )

83 중개사무소의 개설등록 취소처분을 받은 경우는 지체 없이 사무소의 간판을 철거해야 한다.(32회)(   )

84 등록관청에 중개사무소의 이전사실을 신고한 경우에 개업공인중개사는 사무소의 간판을 지체 없이 철거해야 한다.(25회, 26회, 32회, 34회)(   )

---

73) ○
74) ○
75) × 중개사무소의 명칭도 명시해야 하는 사항에 해당된다.
76) ○
77) ○
78) × 옥외광고물은 설치할 수 있는 것이지 반드시 설치해야 하는 것은 아니다.
79) ○
80) ○
81) × 철거하지 않아도 된다.
82) ○
83) ○
84) ○

85 중개보조원은 중개사무소의 명칭, 소재지 및 연락처, 자기의 성명을 명시하여 중개대상물에 대한 표시 · 광고를 할 수 있다.(26회)(   )

86 개업공인중개사가 의뢰받은 중개대상물에 대하여 표시 · 광고를 하려는 경우 중개사무소의 연락처를 명시해야 한다.(30회)(   )

87 개업공인중개사가 의뢰받은 중개대상물에 대하여 표시 · 광고를 하려는 경우 중개사무소의 명칭을 명시해야 한다.(30회)(   )

88 개업공인중개사가 의뢰받은 중개대상물에 대하여 표시 · 광고를 하려는 경우 소속공인중개사의 성명을 명시해야 한다.(30회)(   )

89 개업공인중개사가 의뢰받은 중개대상물에 대하여 표시 · 광고를 하려는 경우 개업공인중개사의 성명을 명시해야 한다.(30회)(   )

90 등록관청이 위법하게 설치된 사무소간판의 철거를 명하였음에도 이를 철거하지 않은 경우, 그 철거절차는 「민사집행법」에 따라야 한다.(24회)(   )

91 개업공인중개사가 아닌 자가 사무소 간판에 "공인중개사사무소"의 명칭을 사용한 경우 등록관청은 그 간판의 철거를 명할 수 있다.(27회)(   )

92 개업공인중개사가 아닌 자는 중개대상물에 대한 표시 · 광고를 해서는 안 된다.(25회, 27회)(   )

93 개업공인중개사가 아닌 자는 중개대상물에 대한 표시 · 광고를 해서는 안 된다.(28회)(   )

94 중개사무소의 명칭을 명시하지 아니하고 중개대상물의 표시 · 광고를 한 자를 신고한 자는 포상금 지급대상에 해당한다.(28회)(   )

95 개업공인중개사가 아닌 자로서 "부동산중개"라는 명칭을 사용한 자는 1년 이하의 징역 또는 1천만원 이하의 벌금에 처한다.(28회)(   )

---

85) × 중개보조원은 중개대상물에 대한 표시 · 광고를 할 수 없다.
86) ○
87) ○
88) × 소속공인중개사의 성명은 명시해야 할 사항에 해당되지 않는다.
89) ○
90) × 철거절차는 「행정대집행법」에 따라 대집행할 수 있다.
91) ○
92) ○
93) ○
94) × 포상금 지급대상에 해당되지 않는다.
95) ○

96 공인중개사는 개설등록을 하지 않아도 그 사무소에 "부동산중개"라는 명칭을 사용할 수 있다.(29회) (   )

97 공인중개사가 중개사무소의 개설등록을 하지 않은 경우, 그 사무소에 "공인중개사사무소"라는 명칭을 사용할 수 없지만, "부동산중개"라는 명칭은 사용할 수 있다.(31회)(   )

98 개업공인중개사가 아닌 자가 '부동산중개'라는 명칭을 사용한 경우, 3년 이하의 징역 또는 3천만원 이하의 벌금에 처한다.(32회)(   )

99 개업공인중개사 아닌 자가 "공인중개사사무소"라는 명칭을 사용한 간판을 설치한 경우, 등록관청은 그 철거를 명할 수 없다.(28회)(   )

100 중개사무소 개설등록을 하지 않은 공인중개사가 "부동산중개"라는 명칭을 사용한 경우, 국토교통부장관은 그 명칭이 사용된 간판 등의 철거를 명할 수 있다.(31회)(   )

101 법인 분사무소의 옥외광고물을 설치하는 경우 법인 대표자의 성명을 표기해야 한다.(28회)(   )

102 법인인 개업공인중개사가 의뢰받은 중개대상물에 대하여 법령에 따른 표시·광고를 하는 경우 대표자의 성명을 명시할 필요는 없다.(29회)(   )

103 개업공인중개사가 사무소의 명칭에 "공인중개사사무소" 또는 "부동산중개"라는 문자를 사용하지 않은 경우, 이는 개설등록의 취소사유에 해당한다.(28회)(   )

104 공인중개사인 개업공인중개사가 법령에 따른 옥외광고물을 설치하려는 경우 중개사무소등록증에 표기된 개업공인중개사의 성명을 표기할 필요가 없다.(29회)(   )

105 등록관청은 규정을 위반한 사무소 간판의 철거를 명할 수 있으나, 법령에 의한 대집행은 할 수 없다. (29회)(   )

106 개업공인중개사가 의뢰받은 중개대상물에 대하여 표시·광고를 하려면 중개사무소 명칭, 소재지, 연락처 및 등록번호, 개업공인중개사의 성명(법인인 경우에는 대표자의 성명)을 명시하여야 하며, 중개보조원에 관한 사항을 명시해서는 안 된다.(   )

---

96) × 공인중개사는 개업공인중개사가 아니므로 사무소 명칭에 "부동산중개"를 사용할 수 없다.
97) × 중개사무소의 개설등록을 하지 않은 경우는 "공인중개사사무소", "부동산중개" 둘 다 사용할 수 없다.
98) × 1년 이하의 징역 또는 1천만원 이하의 벌금에 처한다.
99) × 있다.
100) × 간판 등의 철거를 명할 수 있는 것은 국토교통부장관이 아니라 등록관청이다.
101) × 분사무소는 분사무소 책임자의 성명을 표기해야 한다.
102) × 대표자의 성명을 명시해야 한다.
103) × 등록취소사유에는 해당되지 않고, 100만원 이하의 과태료처분사유이다.
104) × 개업공인중개사의 성명을 표기해야 한다.
105) × 대집행도 할 수 있다.
106) ○

107 중개보조원이 있는 경우 개업공인중개사의 성명과 함께 중개보조원의 성명을 명시할 수 있다.(31회) ( )

108 개업공인중개사는 의뢰받은 중개대상물에 대하여 표시·광고를 하려면 개업공인중개사, 소속공인중개사 및 중개보조원에 관한 사항을 명시해야 한다.(32회)( )

109 개업공인중개사는 의뢰받은 중개대상물에 대한 표시·광고에 중개보조원에 관한 사항을 명시해서는 아니된다.(33회)( )

110 개업공인중개사가 인터넷을 이용하여 중개대상물에 대한 표시·광고를 하는 때에는 ① 소재지, ② 면적, ③ 가격, ④ 중개대상물 종류, ⑤ 거래 형태, ⑥ 건축물 및 그 밖의 토지의 정착물인 경우는 총 층수, 사용승인·사용검사·준공검사 등을 받은 날, 해당 건축물의 방향, 방의 개수, 욕실의 개수, 입주가능일, 주차대수 및 관리비의 사항을 명시하여야 한다.( )

111 중개대상물에 대한 표시·광고를 위하여 대통령령으로 정해진 사항의 구체적인 표시·광고 방법은 국토교통부장관이 정하여 고시한다.(31회)( )

112 개업공인중개사가 중개대상물에 대하여 중개대상물이 존재하지 않아서 실제로 거래를 할 수 없는 중개대상물에 대한 표시·광고를 한 경우에는 500만원 이하의 과태료처분사유에 해당된다.( )

113 개업공인중개사는 중개대상물이 존재하지 않아서 실제로 거래를 할 수 없는 중개대상물에 대한 광고와 같은 부당한 표시·광고를 해서는 안 된다.(32회)( )

114 개업공인중개사가 중개대상물의 가격 등 내용을 사실과 다르게 거짓으로 표시·광고하거나 사실과 다르게 표시·광고를 한 경우에는 500만원 이하의 과태료처분사유에 해당된다.( )

115 개업공인중개사가 중개대상물의 표시·광고의 내용이 부동산거래질서를 해치거나 중개의뢰인에게 피해를 줄 우려가 있는 것으로서 대통령령으로 정하는 내용의 표시·광고를 한 경우에는 500만원 이하의 과태료처분사유에 해당된다.( )

116 중개대상물이 존재하지만 실제로 중개의 대상이 될 수 없는 중개대상물에 대한 표시·광고를 한 경우에는 500만원 이하의 과태료처분사유에 해당된다.( )

---

107) × 개업공인중개사의 성명을 같이 표기하더라도 중개보조원의 성명을 명시해서는 안 된다.
108) × 중개보조원에 관한 사항을 명시해서는 안 된다.
109) ○
110) ○
111) ○
112) ○
113) ○
114) ○
115) ○
116) ○

117 중개대상물이 존재하지만 실제로 중개할 의사가 없는 중개대상물에 대한 표시·광고를 한 경우에는 500만원 이하의 과태료처분사유에 해당된다.(　　)

118 중개대상물의 입지조건, 생활여건, 가격 및 거래조건 등 중개대상물 선택에 중요한 영향을 미칠 수 있는 사실을 빠뜨리거나 은폐·축소하는 등의 방법으로 소비자를 속이는 표시·광고를 한 경우에는 500만원 이하의 과태료처분사유에 해당된다.(　　)

119 개업공인중개사는 중개대상물의 가격 등 내용을 과장되게 하는 부당한 표시·광고를 해서는 안 된다. (32회)(　　)

(5) 인터넷 표시·광고 모니터링

120 국토교통부장관은 인터넷을 이용한 중개대상물에 대한 표시·광고가 법 규정을 준수하는지 여부를 모니터링할 수 있다.(　　)

121 국토교통부장관은 인터넷을 이용한 중개대상물에 대한 표시·광고의 규정준수 여부에 관하여 기본 모니터링과 수시 모니터링을 할 수 있다.(32회)(　　)

122 국토교통부장관은 모니터링을 위하여 필요한 때에는 정보통신서비스 제공자에게 관련자료의 제출을 요구할 수 있고, 정보통신서비스 제공자는 정당한 사유가 없으면 이에 따라야 한다. 위반한 경우는 500만원 이하의 과태료처분사유에 해당된다.(　　)

123 국토교통부장관은 모니터링 결과에 따라 정보통신서비스 제공자에게 이 법 위반이 의심되는 표시·광고에 대한 확인 또는 추가정보의 게재 등 필요한 조치를 요구할 수 있다. 정보통신서비스 제공자가 이에 따르지 않으면 500만원 이하의 과태료처분사유에 해당된다.(　　)

124 국토교통부장관은 모니터링 업무를 대통령령으로 정하는 기관에 위탁할 수 있고, 필요한 예산을 지원할 수 있다.(　　)

---

117) ○
118) ○
119) ○
120) ○
121) ○
122) ○
123) ○
124) ○

125 국토교통부장관은 ① 공공기관, ② 정부출연연구기관, ③ 비영리법인으로서 인터넷 표시·광고 모니터링 또는 인터넷 광고 시장 감시와 관련된 업무를 수행하는 법인, ④ 그 밖에 인터넷 표시·광고 모니터링 업무 수행에 필요한 전문인력과 전담조직을 갖췄다고 국토교통부장관이 인정하는 기관 또는 단체에 모니터링 업무를 위탁할 수 있다.(   )

126 국토교통부장관은 인터넷 표시·광고 모니터링 업무 수행에 필요한 전문인력과 전담조직을 갖췄다고 국토교통부장관이 인정하는 단체에게 인터넷 표시·광고 모니터링 업무를 위탁할 수 있다.(32회)(   )

127 모니터링 업무는 모니터링 기본계획서에 따라 분기별로 실시하는 기본 모니터링과 국토교통부장관이 필요하다고 판단하여 실시하는 수시 모니터링으로 구분하여 수행한다.(   )

128 인터넷을 이용한 중개대상물의 표시·광고 모니터링 업무 수탁 기관은 기본계획서에 따라 6개월마다 기본 모니터링 업무를 수행한다.(31회)(   )

129 모니터링 기관은 모니터링 업무를 수행하려면 기본 모니터링 업무는 다음 연도의 모니터링 기본계획서를 매년 12월 31일까지 제출해야 하며, 수시 모니터링 업무는 모니터링의 기간, 내용 및 방법 등을 포함한 계획서를 국토교통부장관에게 제출해야 한다.(   )

130 모니터링 기관은 모니터링 업무를 수행하면 해당 업무에 따른 결과보고서를 기본 모니터링 업무는 매 분기의 마지막 날부터 30일 이내, 수시 모니터링 업무는 해당 모니터링 업무를 완료한 날부터 15일 이내에 국토교통부장관에게 제출해야 한다.(   )

131 국토교통부장관은 모니터링 기관으로부터 제출받은 결과보고서를 시·도지사 및 등록관청 등에 통보하고 필요한 조사 및 조치를 요구할 수 있다.(   )

132 시·도지사 및 등록관청 등은 결과보고서에 따른 필요한 조사 및 조치 요구를 받으면 신속하게 조사 및 조치를 완료하고, 완료한 날부터 10일 이내에 그 결과를 국토교통부장관에게 통보해야 한다.(   )

133 모니터링의 기준, 절차 및 방법 등에 관한 세부적인 사항은 국토교통부장관이 정하여 고시한다.(   )

---

125) ○
126) ○
127) ○
128) × 기본 모니터링은 모니터링 기본계획에 따라 분기별로 실시한다.
129) ○
130) ○
131) ○
132) ○
133) ○

01 법인인 개업공인중개사는 농업용 건축물에 대한 관리대행을 할 수 있다.(24회)(   )

02 법인인 개업공인중개사는 주택의 임대관리를 할 수 있다.(28회)(   )

03 법인인 개업공인중개사는 주택의 임대관리 및 부동산의 임대업을 할 수 있다.(29회)(   )

04 법인인 개업공인중개사는 주택의 임대관리를 할 수 있다.(32회)(   )

05 법인인 개업공인중개사는 중개업과 함께 주택의 임대업을 할 수 있다.(35회)(   )

06 법인인 개업공인중개사는 부동산 개발에 관한 상담을 할 수 있다.(24회)(   )

07 법인인 개업공인중개사는 부동산의 개발에 관한 상담을 할 수 있다.(28회)(   )

08 법인인 개업공인중개사는 부동산의 이용·개발 및 거래에 관한 상담을 할 수 있다.(26회, 29회, 30회, 35회)(   )

09 법인인 개업공인중개사는 부동산의 거래에 관한 상담 및 금융의 알선을 할 수 있다.(31회)(   )

10 개업공인중개사 아닌 공인중개사를 대상으로 한 중개업 경영기법의 제공행위를 할 수 있다.(24회)(   )

11 법인인 개업공인중개사는 개업공인중개사를 대상으로 한 중개업의 경영기법의 제공을 할 수 있다.(26회)(   )

12 법인인 개업공인중개사는 개업공인중개사를 대상으로 한 중개업의 경영기법 제공을 할 수 있다.(28회)(   )

13 법인인 개업공인중개사는 개업공인중개사를 대상으로 한 중개업의 경영기법 및 경영정보의 제공을 할 수 있다.(30회, 35회)(   )

---

01) × 상업용 건축물 및 주택에 대하여 할 수 있으므로 농업용 건축물에 대하여는 할 수 없다.
02) ○
03) × 부동산의 임대업은 할 수 없고, 임대관리를 대행하는 업무를 할 수 있다.
04) ○
05) × 주택의 임대업은 할 수 없다.
06) ○
07) ○
08) ○
09) × 법인인 개업공인중개사는 부동산의 거래에 관한 상담은 할 수 있으나, 금융의 알선은 할 수 없다.
10) × 공인중개사를 대상으로는 할 수 없고, 개업공인중개사를 대상으로 할 수 있다.
11) ○
12) ○
13) ○

14 법인인 개업공인중개사는 법인인 개업공인중개사를 대상으로 한 중개업의 경영기법 제공을 할 수 있다. (31회)(　　　)

15 법인인 개업공인중개사는 '중개업'과 '개업공인중개사를 대상으로 한 중개업의 경영기법 및 경영정보의 제공업무'를 함께 할 수 없다.(33회)(　　　)

16 법인인 개업공인중개사는 개업공인중개사를 대상으로 한 공제업무의 대행을 할 수 있다.(32회)(　　　)

17 법인인 개업공인중개사는 토지에 대한 분양대행을 할 수 있다.(24회, 25회, 28회)(　　　)

18 법인인 개업공인중개사는 주택용지의 분양대행을 할 수 있다.(31회)(　　　)

19 법인인 개업공인중개사는 상업용 건축물의 분양대행을 할 수 없다.(25회, 35회)(　　　)

20 법인인 개업공인중개사가 중개업과 함께 주택의 분양대행을 겸업하는 행위를 할 수 있다.(26회, 34회) (　　　)

21 법인인 개업공인중개사는 상업용 건축물의 분양대행을 할 수 있다.(29회)(　　　)

22 법인인 개업공인중개사는 상업용 건축물 및 주택의 분양대행을 할 수 있다.(30회)(　　　)

23 법인인 개업공인중개사는 주상복합 건물의 분양 및 관리의 대행을 할 수 있다.(31회)(　　　)

24 법인인 개업공인중개사는 부동산 개발에 관한 상담 및 주택의 분양대행을 할 수 있다.(32회)(　　　)

25 법인인 개업공인중개사는 중개업에 부수되는 도배 및 이사업체를 운영할 수 있다.(25회)(　　　)

26 법인인 개업공인중개사는 중개의뢰인의 의뢰에 따른 이사업체의 소개를 할 수 있다.(26회)(　　　)

27 법인인 개업공인중개사는 중개의뢰인의 의뢰에 따른 주거이전에 부수되는 용역의 알선을 할 수 있다. (28회)(　　　)

---

14) ○
15) × 있다.
16) × 공제업무의 대행은 할 수 없다.
17) × 토지의 분양대행은 할 수 없다.
18) × 법인인 개업공인중개사는 토지의 분양대행을 할 수 없다.
19) × 상업용 건축물의 분양대행 할 수 있다.
20) ○
21) ○
22) ○
23) ○
24) ○
25) × 도배나 이사업을 할 수 없고, 알선만 할 수 있다.
26) ○
27) ○

28 법인인 개업공인중개사는 중개의뢰인의 의뢰에 따른 주거이전에 부수되는 용역의 제공을 할 수 있다. (29회)(   )

29 법인인 개업공인중개사는 중개의뢰인의 의뢰에 따른 도배·이사업체의 소개 등 주거이전에 부수되는 용역의 알선을 할 수 있다.(30회, 35회)(   )

30 법인인 개업공인중개사는 중개의뢰인의 의뢰에 따른 이사업체의 소개를 할 수 있다.(32회)(   )

31 법인인 개업공인중개사는 대법원규칙이 정하는 요건을 갖춘 경우, 법원에 등록하지 않고 경매대상 부동산의 매수신청 대리를 할 수 있다.(25회)(   )

32 의뢰인에게 경매대상 부동산을 취득시키기 위하여 개업공인중개사가 자신의 이름으로 직접 매수신청을 하는 행위를 할 수 있다.(24회)(   )

33 법인인 개업공인중개사는 「국세징수법」에 의한 공매대상 부동산에 대한 입찰신청의 대리를 할 수 있다. (29회)(   )

34 법인인 개업공인중개사는 「국세징수법」상 공매대상 동산에 대한 입찰신청의 대리를 할 수 있다.(31회) (   )

35 법인인 개업공인중개사는 「국세징수법」상 공매대상 부동산에 대한 취득의 알선을 할 수 있다.(32회) (   )

36 「민사집행법」에 의한 경매대상 부동산의 매수신청의 대리는 법원에 등록하고 해야 한다.(35회)(   )

37 「국세징수법」에 의한 공매대상 부동산의 입찰신청의 대리는 법원에 등록하고 해야 한다.(35회)(   )

38 중개행위에 사용할 인장의 변경은 법원에 등록하고 해야 한다.(35회)(   )

39 중개행위로 인한 손해배상책임을 보장하기 위한 보증보험의 가입은 법원에 등록하고 해야 한다.(35회) (   )

---

28) × 용역의 제공은 할 수 없고, 용역의 알선을 할 수 있다.
29) ○
30) ○
31) × 법원에 등록하고 해야 한다.
32) × 할 수 없다.
33) ○
34) × 동산은 할 수 없고, 부동산을 할 수 있다.
35) ○
36) ○
37) × 등록하지 않고 해도 된다.
38) × 등록하지 않고 해도 된다.
39) × 등록하지 않고 해도 된다.

40 법인인 개업공인중개사가 주택분양을 대행하는 경우, 겸업제한 위반을 이유로 그 등록이 취소될 수 있다. (24회)(   )

41 법인인 개업공인중개사는 겸업제한 규정을 위반한 경우, 등록관청은 중개사무소 개설등록을 취소할 수 있다.(25회)(   )

42 다른 법률에 의해 중개업을 할 수 있는 경우를 제외하고는 개업공인중개사의 종별에 관계없이 중개대상물의 범위가 같다.(25회)(   )

43 개업공인중개사는 등록관청의 관할구역 외의 지역에 있는 중개대상물을 중개할 수 없다.(30회)(   )

---

40) × 법인인 개업공인중개사는 주택의 분양대행업을 할 수 있다.
41) ○
42) ○
43) × 개업공인중개사는 등록관청의 관할구역 외의 지역에 있는 중개대상물을 중개할 수 있다.

01 중개보조원은 공인중개사가 아닌 자로서 개업공인중개사에 소속되어 중개대상물에 대한 현장안내 및 일반서무 등 개업공인중개사의 중개업무와 관련된 단순한 업무를 보조하는 자이다.(27회)(   )

02 개업공인중개사는 중개보조원을 고용한 경우 등록관청에 신고할 의무가 있다.(27회)(   )

03 개업공인중개사가 고용할 수 있는 중개보조원의 수는 개업공인중개사와 소속공인중개사를 합한 수의 5배를 초과하여서는 아니 된다.(35회)(   )

04 중개보조원은 외국인이어도 된다.(31회)(   )

05 개업공인중개사는 외국인을 중개보조원으로 고용할 수 없다.(34회)(   )

06 소속공인중개사에 대한 고용신고는 전자문서에 의하여도 할 수 있다.(28회)(   )

07 중개보조원의 고용신고는 전자문서에 의해서도 할 수 있다.(30회)(   )

08 개업공인중개사가 소속공인중개사를 고용한 경우 그 업무개시 후 10일 이내에 등록관청에 신고해야 한다.(26회)(   )

09 개업공인중개사는 소속공인중개사를 고용한 경우에는 소속공인중개사가 업무를 개시한 날부터 10일 이내에 등록관청에 신고하여야 한다.(35회)(   )

10 소속공인중개사를 고용하려는 개업공인중개사는 고용 전에 미리 등록관청에 신고해야 한다.(34회)(   )

11 개업공인중개사는 중개보조원을 고용한 경우, 등록관청에 신고한 후 업무개시 전까지 등록관청이 실시하는 직무교육을 받도록 해야 한다.(32회)(   )

---

01) ○
02) ○
03) ○
04) ○
05) × 외국인도 중개보조원으로 고용할 수 있다.
06) ○
07) ○
08) × 고용한 경우는 업무개시 전까지 신고해야 한다.
09) × 소속공인중개사를 고용한 경우는 업무개시 전까지 신고해야 한다.
10) × 고용하고 업무개시 전까지 등록관청에 신고해야 한다.
11) × 개업공인중개사는 중개보조원을 고용한 경우에는 직무교육을 받도록 한 후 업무개시 전까지 등록관청에 신고(전자문서에 의한 신고를 포함한다)하여야 한다.

12 개업공인중개사는 중개보조원과의 고용관계가 종료된 때에는 종료된 날부터 1개월 이내에 등록관청에 신고해야 한다.(25회)(   )

13 개업공인중개사는 소속공인중개사와의 고용관계가 종료된 때에는 고용관계가 종료된 날부터 30일 이내에 등록관청에 신고하여야 한다.(35회)(   )

14 등록관청은 중개보조원의 고용신고를 받은 경우 이를 공인중개사협회에 통보하지 않아도 된다.(35회)(   )

15 소속공인중개사에 대한 고용신고를 받은 등록관청은 소속공인중개사의 직무교육 수료 여부를 확인하여야 한다.(31회)(   )

16 개업공인중개사는 소속공인중개사의 업무개시 후 10일 이내에 등록관청에 고용신고를 하여야 한다.(31회)(   )

17 소속공인중개사 고용신고서는 「전자문서 및 전자거래 기본법」에 따른 공인전자문서센터에 보관된 경우 보존해야 할 의무가 면제된다.(32회)(   )

18 중개보조원은 고용관계가 종료된 날부터 7일 이내에 등록관청에 그 사실을 신고해야 한다.(27회)(   )

19 개업공인중개사는 소속공인중개사와의 고용관계가 종료된 때에는 고용관계가 종료된 날부터 30일 이내에 등록관청에 신고해야 한다.(28회)(   )

20 개업공인중개사는 중개보조원과의 고용관계가 종료된 때에는 고용관계가 종료된 날부터 14일 이내에 등록관청에 신고하여야 한다.(30회)(   )

21 개업공인중개사는 중개보조원과 고용관계가 종료된 경우 그 종료일부터 10일 이내에 등록관청에 신고해야 한다.(32회, 34회)(   )

22 소속공인중개사에 대한 고용신고를 받은 등록관청은 공인중개사자격증을 발급한 시 · 도지사에게 그 자격 확인을 요청해야 한다.(26회)(   )

---

12) × 10일 이내에 신고해야 한다.
13) × 10일 이내에 신고해야 한다.
14) × 다음달 10일까지 통보해야 한다.
15) × 소속공인중개사는 직무교육이 아니라 실무교육 대상자이므로 실무교육 수료 여부를 확인해야 한다.
16) × 소속공인중개사의 고용신고는 업무개시 전까지 하여야 한다.
17) × 보존해야 할 서류에 해당되지 않는다.
18) × 7일이 아니라 10일이다.
19) × 30일이 아니라 10일이다.
20) × 개업공인중개사는 중개보조원과의 고용관계가 종료된 때에는 고용관계가 종료된 날부터 10일 이내에 등록관청에 신고하여야 한다.
21) ○
22) ○

23 소속공인중개사의 고용신고를 받은 등록관청은 공인중개사자격증을 발급한 시·도지사에게 그 소속공인중개사의 공인중개사 자격 확인을 요청해야 한다.(32회)(　　　)

24 소속공인중개사에 대한 고용신고를 받은 등록관청은 공인중개사협회에게 그 소속공인중개사의 공인중개사 자격 확인을 요청하여야 한다.(35회)(　　　)

25 중개보조원에 대한 고용신고를 받은 등록관청은 시·도지사에게 그의 공인중개사 자격 확인을 요청해야 한다.(28회)(　　　)

26 외국인을 소속공인중개사로 고용신고하는 경우에는 그의 공인중개사 자격을 증명하는 서류를 첨부해야 한다.(28회)(　　　)

27 개업공인중개사가 소속공인중개사의 고용신고를 할 때에는 해당 소속공인중개사의 실무교육 수료확인증을 제출하여야 한다.(34회)(　　　)

28 공인중개사인 개업공인중개사 甲과 소속공인중개사 乙은 실무교육을 받은 후 2년마다 등록관청이 실시하는 연수교육을 받아야 한다.(35회)(　　　)

29 중개보조원은 고용신고일 전 1년 이내에 실무교육을 받아야 한다.(28회)(　　　)

30 소속공인중개사는 개업공인중개사의 위임을 받아 부동산거래계약신고서의 제출을 대행할 수 있다.(31회)(　　　)

31 중개보조원의 업무상의 행위는 그를 고용한 개업공인중개사의 행위로 보지 않는다.(25회, 34회)(　　　)

32 중개보조원의 업무상 행위는 그를 고용한 개업공인중개사의 행위로 추정한다.(26회)(　　　)

33 중개보조원의 업무상 행위는 그를 고용한 개업공인중개사의 행위로 본다.(27회, 30회)(　　　)

34 소속공인중개사의 업무상 행위는 개업공인중개사의 행위로 본다.(31회)(　　　)

---

23) ○
24) × 소속공인중개사에 대한 자격 확인은 공인중개사협회가 아니라 시·도지사에게 하여야 한다.
25) × 중개보조원은 자격증이 없으므로 자격 확인을 요청할 필요가 없다.
26) × 제출하지 않아도 되고, 등록관청에서 시·도지사에게 확인 요청한다.
27) × 소속공인중개사의 고용신고시에 소속공인중개사의 실무교육 수료확인증은 제출서류가 아니다.
28) × 등록관청이 실시하는 연수교육이 아니라 시·도지사가 실시하는 연수교육을 받아야 한다.
29) × 중개보조원은 실무교육이 아니라 직무교육을 받아야 한다.
30) ○
31) × 본다.
32) × 본다 또는 간주한다.
33) ○
34) ○

35 중개보조원뿐만 아니라 소속공인중개사의 업무상 행위는 그를 고용한 개업공인중개사의 행위로 본다. (32회)(   )

36 중개보조원의 업무상 과실로 인한 불법행위로 의뢰인에게 손해를 입힌 경우 개업공인중개사가 손해배상책임을 지고 중개보조원은 그 책임을 지지 않는다.(26회)(   )

37 중개보조원이 중개업무와 관련된 행위를 함에 있어서 과실로 거래당사자에게 손해를 입힌 경우, 그를 고용한 개업공인중개사뿐만 아니라 중개보조원도 손해배상책임이 있다.(30회)(   )

38 소속공인중개사의 중개행위가 금지행위에 해당하여 소속공인중개사가 징역형의 선고를 받았다는 이유로 개업공인중개사도 해당 조(條)에 규정된 징역형을 선고받는다.(31회)(   )

39 중개보조원은 중개대상물 확인·설명서에 날인할 의무가 있다.(25회)(   )

40 중개대상물 확인·설명서에는 개업공인중개사와 당해 업무를 수행한 소속공인중개사가 함께 서명 및 날인하여야 한다.(31회)(   )

41 휴업기간 중에 있는 개업공인중개사는 다른 개업공인중개사인 법인의 임원이 될 수 있다.(27회)(   )

42 중개보조원의 고용신고를 받은 등록관청은 그 사실을 공인중개사협회에 통보해야 한다.(32회)(   )

---

35) ○
36) × 중개보조원의 책임이 면제되는 것은 아니다.
37) ○
38) × 소속공인중개사의 행위로 그를 고용한 개업공인중개사는 벌금형으로 처벌받는 것이지 징역형을 선고받지는 않는다.
39) × 중개보조원은 날인의무가 없다.
40) ○
41) × 없다.
42) ○

핵심 11 인장등록 : 1문제

01 개업공인중개사는 업무를 개시하기 전에 중개행위에 사용할 인장을 등록관청에 등록해야 한다.(27회)
(   )

02 개업공인중개사는 중개사무소 개설등록 후에도 업무를 개시하기 전이라면 중개행위에 사용할 인장을 등록할 수 있다.(34회)(   )

03 개업공인중개사의 인장등록은 중개보조원에 대한 고용신고와 같이 할 수 있다.(24회)(   )

04 개업공인중개사의 인장등록은 중개사무소 개설등록신청과 같이 할 수 없다.(28회)(   )

05 소속공인중개사의 인장등록은 소속공인중개사에 대한 고용신고와 같이 할 수 있다.(34회)(   )

06 개업공인중개사의 인장이 등록관청에 등록되어 있으면 소속공인중개사의 인장은 소속공인중개사의 업무개시 후에 등록해도 된다.(24회)(   )

07 개업공인중개사는 중개행위에 사용할 인장을 업무개시 전에 등록관청에 등록해야 한다.(25회)(   )

08 소속공인중개사는 업무개시 전에 중개행위에 사용할 인장을 등록관청에 등록해야 한다.(29회)(   )

09 인장의 등록은 중개사무소 개설등록신청과 같이 할 수 있다.(30회)(   )

10 중개보조원은 인장등록 의무가 없다.(27회)(   )

11 중개보조원은 중개업무를 보조하기 위해 인장등록을 하여야 한다.(31회)(   )

12 소속공인중개사가 등록해야 할 인장의 크기는 가로·세로 각각 7mm 이상 30mm 이내이어야 한다.(27회, 34회)(   )

---

01) ○
02) ○
03) ○
04) × 같이 할 수 있다.
05) ○
06) × 업무개시 전까지 인장을 등록해야 한다.
07) ○
08) ○
09) ○
10) ○
11) × 중개보조원은 인장등록하지 않는다.
12) ○

13 소속공인중개사는 중개업무를 수행하더라도 인장등록을 하지 않아도 된다.(28회)(   )

14 법인인 개업공인중개사가 주된 사무소에서 사용할 인장을 등록할 때에는 「상업등기규칙」에 따라 신고한 법인의 인장을 등록해야 한다.(24회)(   )

15 분사무소에서 사용할 인장으로는 「상업등기규칙」에 따라 법인의 대표자가 보증하는 인장을 등록할 수 있다.(25회)(   )

16 분사무소에서 사용할 인장은 「상업등기규칙」에 따라 신고한 법인의 인장이어야 하고, 「상업등기규칙」에 따른 인감증명서의 제출로 갈음할 수 없다.(31회)(   )

17 분사무소에서 사용할 인장의 경우에는 「상업등기규칙」에 따라 법인의 대표자가 보증하는 인장을 등록할 수 있다.(29회, 34회)(   )

18 공인중개사인 개업공인중개사 甲이 중개를 의뢰받아 소속공인중개사 乙의 중개행위로 중개가 완성되어 중개대상물 확인·설명서를 작성하는 경우 乙은 甲과 함께 그 확인·설명서에 서명 또는 날인하여야 한다. (35회)(   )

19 분사무소에서 사용할 인장은 분사무소 소재지 시장·군수 또는 구청장에게 등록해야 한다.(29회, 31회) (   )

20 법인인 개업공인중개사의 분사무소에서 사용할 인장은 「상업등기규칙」에 따라 신고한 법인의 인장으로만 등록해야 한다.(27회)(   )

21 법인인 개업공인중개사의 주된 사무소에서 사용할 인장은 「상업등기규칙」에 따라 법인의 대표자가 보증하는 인장이어야 한다.(28회)(   )

22 법인인 개업공인중개사의 인장등록은 「상업등기규칙」에 따른 인감증명서의 제출로 갈음한다.(25회, 27회, 28회, 29회, 30회)(   )

23 소속공인중개사가 등록할 인장을 변경한 경우 변경일부터 7일 이내에 그 변경된 인장을 등록관청에 등록해야 한다.(27회)(   )

---

13) × 소속공인중개사도 인장을 등록해야 한다.
14) ○
15) ○
16) × 인감증명서의 제출로 갈음할 수 있다.
17) ○
18) × 서명 또는 날인이 아니라 서명 및 날인이다.
19) × 분사무소에서 사용할 인장은 주된 사무소 등록관청에 등록해야 한다.
20) × 「상업등기규칙」에 의하여 대표자가 보증하는 인장을 등록해도 된다.
21) × 「상업등기규칙」에 의하여 신고한 법인의 인장을 등록해야 한다.
22) ○
23) ○

24 소속공인중개사가 등록한 인장을 변경한 경우에는 변경일부터 10일 이내에 그 변경된 인장을 등록해야 한다.(34회)(   )

25 개업공인중개사가 등록한 인장을 변경한 경우, 변경일부터 7일 이내에 그 변경된 인장을 등록관청에 등록하지 않으면 이는 업무정지사유에 해당한다.(28회)(   )

26 개업공인중개사가 등록한 인장을 변경한 경우 변경일부터 10일 이내에 그 변경된 인장을 등록관청에 등록하면 된다.(25회, 31회)(   )

27 개업공인중개사가 등록한 인장을 변경한 경우 변경일부터 (7)일 이내에 그 변경된 인장을 등록관청에 등록해야 한다.(24회, 29회, 30회, 33회)(   )

28 소속공인중개사가 등록하지 아니한 인장을 중개행위에 사용한 경우, 등록관청은 1년의 범위 안에서 업무의 정지를 명할 수 있다.(30회)(   )

29 법인의 소속공인중개사가 등록하지 아니한 인장을 사용한 경우, 6개월의 범위 안에서 자격정지처분을 받을 수 있다.(31회)(   )

---

24) × 10일이 아니라 7일이다.
25) ○
26) × 변경일부터 10일 이내가 아니라 7일 이내에 등록해야 한다.
27) ○
28) × 소속공인중개사가 등록하지 아니한 인장을 중개행위에 사용한 경우는 자격정지처분사유에 해당된다.
29) ○

01 법인인 개업공인중개사가 4개월간 분사무소의 휴업을 하려는 경우 휴업신고서에 그 분사무소설치 신고확인서를 첨부하여 분사무소의 휴업신고를 해야 한다.(35회)(   )

02 개업공인중개사는 3개월을 초과하는 휴업을 하고자 하는 경우 미리 등록관청에 신고해야 한다.(26회)(   )

03 휴업신고는 원칙적으로 휴업개시 후 휴업종료 전에 해야 한다.(29회)(   )

04 개업공인중개사가 중개사무소 개설등록 후 3개월을 초과하여 업무를 개시하지 않을 경우, 미리 휴업신고를 해야 한다.(24회)(   )

05 중개사무소의 개설등록 후 업무를 개시하지 않은 개업공인중개사라도 3개월을 초과하는 휴업을 하고자 하는 때에는 부동산중개업휴업신고서에 중개사무소등록증을 첨부하여 등록관청에 미리 신고하여야 한다. (30회)(   )

06 관할 세무서장이 「부가가치세법 시행령」에 따라 공인중개사법령상의 휴업신고서를 함께 받아 이를 해당 등록관청에 송부한 경우에는 휴업신고서가 제출된 것으로 본다.(35회)(   )

07 개업공인중개사가 3개월의 휴업을 하려는 경우 등록관청에 신고해야 한다.(32회)(   )

08 중개사무소 개설등록 후 업무를 개시하지 않고 3개월을 초과하고자 하는 경우에는 신고해야 한다.(29회)(   )

09 부동산중개업휴업신고서의 서식에 있는 '개업공인중개사의 종별'란에는 법인, 공인중개사, 법 제7638호 부칙 제6조 제2항에 따른 개업공인중개사가 있다.(30회)(   )

10 개업공인중개사가 부동산중개업폐업신고서를 작성하는 경우에는 폐업기간, 부동산중개업휴업신고서를 작성하는 경우에는 휴업기간을 기재하여야 한다.(30회)(   )

---

01) ○
02) ○
03) × 3개월을 초과하여 휴업하고자 하는 경우에 미리 신고해야 한다.
04) ○
05) ○
06) ○
07) × 3개월을 초과하여 휴업하고자 하는 경우에 신고해야 하며, 3개월을 휴업하는 경우에는 신고하지 않아도 된다.
08) ○
09) ○
10) × 폐업신고서에는 폐업기간은 없다.

11 개업공인중개사가 휴업신고를 하고자 하는 때에는 국토교통부령이 정하는 신고서에 중개사무소등록증을 첨부해야 한다.(26회)(   )

12 3개월을 초과하는 중개사무소 휴업신고시는 등록증 원본을 첨부해야 한다.(31회)(   )

13 중개사무소재개신고를 받은 등록관청은 반납을 받은 중개사무소등록증을 즉시 반환해야 한다.(27회)(   )

14 부동산중개업의 재개신고나 휴업기간의 변경신고는 전자문서에 의한 방법으로 할 수 없다.(24회)(   )

15 휴업기간 변경신고는 전자문서에 의한 방법으로 할 수 있다.(27회)(   )

16 개업공인중개사가 휴업기간의 변경신고를 할 때에는 그 신고서에 중개사무소등록증을 첨부해야 한다.(24회)(   )

17 휴업기간변경신고서에는 중개사무소등록증을 첨부해야 한다.(29회)(   )

18 개업공인중개사가 휴업기간 변경신고를 하려면 중개사무소등록증을 휴업기간변경신고서에 첨부하여 제출해야 한다.(32회)(   )

19 개업공인중개사가 휴업을 하는 경우, 질병으로 인한 요양 등 대통령령이 정하는 부득이한 사유가 있는 경우를 제외하고는 3개월을 초과할 수 없다.(25회)(   )

20 취학을 이유로 하는 휴업은 6개월을 초과할 수 있다.(27회)(   )

21 개업공인중개사가 취학을 하는 경우 6개월을 초과하여 휴업을 할 수 있다.(30회)(   )

22 임신은 6개월을 초과하여 휴업할 수 있는 사유에 해당한다.(34회)(   )

---

11) ○
12) ○
13) ○
14) × 있다.
15) ○
16) × 등록증을 첨부하지 않는다.
17) × 휴업기간변경신고를 할때는 등록증을 첨부하지 않아도 된다.
18) × 휴업기간변경 신고시는 등록증을 첨부하지 않는다.
19) × 6개월을 초과할 수 없다.
20) ○
21) ○
22) ○

23 개업공인중개사가 6개월을 초과하여 휴업을 할 수 있는 사유는 취학, 질병으로 인한 요양, 징집으로 인한 입영에 한한다.(32회)(   )

24 임신 또는 출산을 위한 6개월을 초과하는 휴업을 하고자 하는 경우에는 미리 신고해야 한다.(28회)(   )

25 법령에 정한 사유를 제외하고 휴업은 6개월을 초과할 수 없다.(29회)(   )

26 신고한 휴업기간의 변경을 하고자 하는 경우에는 미리 신고해야 한다.(28회)(   )

27 개업공인중개사가 휴업한 중개업을 재개하고자 하는 때에는 휴업한 중개업의 재개 후 1주일 이내에 신고해야 한다.(25회)(   )

28 신고하고 휴업한 중개업의 재개를 하고자 하는 경우에는 미리 신고해야 한다.(28회)(   )

29 재개신고는 휴업기간 변경신고와 달리 전자문서에 의한 신고를 할 수 없다.(32회)(   )

30 개업공인중개사가 신고한 휴업기간을 변경하려는 경우 휴업기간 변경신고서에 중개사무소등록증을 첨부하여 등록관청에 미리 신고해야 한다.(35회)(   )

31 개업공인중개사가 휴업한 중개업을 재개하고자 등록관청에 중개사무소재개신고를 한 경우 해당 등록관청은 반납받은 중개사무소등록증을 즉시 반환해야 한다.(32회, 35회)(   )

32 개업공인중개사가 3개월을 초과하는 휴업을 하면서 휴업신고를 하지 않은 경우에는 500만원 이하의 과태료를 부과한다.(24회)(   )

33 휴업기간 중에 있는 개업공인중개사는 다른 개업공인중개사의 소속공인중개사가 될 수 있다.(25회)(   )

34 등록관청에 휴업신고를 한 때에는 개업공인중개사는 지체 없이 사무소의 간판을 철거해야 한다.(26회)(   )

---

23) × 1. 질병으로 인한 요양, 2. 징집으로 인한 입영, 3. 취학, 4. 임신 또는 출산, 5. 그 밖에 제1호부터 제4호까지의 규정에 준하는 부득이한 사유로서 국토교통부장관이 정하여 고시하는 사유가 있는 경우에는 6개월을 초과하여 휴업할 수 있다.
24) ○
25) ○
26) ○
27) × 재개업하고자 하는 경우에는 미리 신고해야 한다.
28) ○
29) × 전자문서로 신고할 수 있다.
30) × 휴업기간 변경신고시는 등록증을 첨부하지 않아도 된다.
31) ○
32) × 100만원 이하의 과태료처분사유에 해당된다.
33) × 휴업기간 중에는 등록을 하고 있으므로 이중소속으로 금지된다.
34) × 간판을 철거하지 않아도 된다.

35 분사무소의 폐업을 하고자 하는 경우에는 미리 신고해야 한다.(28회)(   )

36 분사무소의 폐업신고를 하는 경우 분사무소설치신고확인서를 첨부해야 한다.(34회)(   )

37 분사무소는 주된 사무소와 별도로 휴업할 수 있다.(29회, 31회)(   )

38 등록관청에 폐업사실을 신고한 경우 1개월 이내에 사무소의 간판을 철거해야 한다.(27회)(   )

39 중개사무소 폐업신고시는 등록증 원본을 첨부해야 한다.(31회)(   )

40 분사무소 폐업신고시는 등록증을 첨부해야 한다.(31회)(   )

41 개업공인중개사가 등록관청에 폐업사실을 신고한 경우에는 지체 없이 사무소의 간판을 철거하여야 한다.(30회)(   )

42 휴업기간 중에 있는 개업공인중개사는 다른 개업공인중개사인 법인의 사원이 될 수 있다.(26회)(   )

43 등록관청은 개업공인중개사가 대통령령으로 정하는 부득이한 사유가 없음에도 계속하여 6개월을 초과하여 휴업한 경우 중개사무소의 개설등록을 취소할 수 있다.(35회)(   )

---

35) ○
36) ○
37) ○
38) × 지체 없이 철거해야 한다.
39) ○
40) × 분사무소 폐업신고시는 분사무소설치신고확인서를 첨부해야 하며, 등록증을 첨부하는 것이 아니다.
41) ○
42) × 이중소속은 금지된다.
43) ○

01 일반중개계약을 체결하는 경우, 국토교통부장관이 관련 법령에 의하여 정한 표준서식의 중개계약서를 사용해야 한다.(24회)(   )

02 일반중개계약서는 국토교통부장관이 정한 표준이 되는 서식을 사용해야 한다.(28회)(   )

03 공인중개사법령에는 일반중개계약은 표준이 되는 서식이 정해져 있다.(34회)(   )

04 중개의뢰인은 동일한 내용의 일반중개계약을 다수의 개업공인중개사와 체결할 수 있다.(28회)(   )

05 일반중개계약은 중개의뢰인이 중개대상물의 중개를 의뢰하기 위해 특정한 개업공인중개사를 정하여 그 개업공인중개사에 한정하여 중개대상물을 중개하도록 하는 계약을 말한다.(33회)(   )

06 일반중개계약의 체결은 서면으로 해야 한다.(28회)(   )

07 일반중개계약은 계약서의 작성 없이도 체결할 수 있다.(35회)(   )

08 중개의뢰인은 일반중개계약을 체결하면서 거래예정가격을 포함한 일반중개계약서의 작성을 요청할 수 있다.(25회, 28회, 29회, 35회)(   )

09 개업공인중개사가 일반중개계약을 체결한 때에는 중개의뢰인이 비공개를 요청하지 않은 경우, 부동산거래정보망에 해당 중개대상물에 관한 정보를 공개해야 한다.(28회, 33회)(   )

10 매수의뢰의 일반중개계약서에는 소유자 및 등기명의인을 기재해야 한다.(30회)(   )

11 매수의뢰의 일반중개계약서에는 희망 지역을 기재해야 한다.(30회)(   )

12 매수의뢰의 일반중개계약서에는 취득 희망가격을 기재해야 한다.(30회)(   )

13 매수의뢰의 일반중개계약서에는 거래규제 및 공법상 제한사항을 기재해야 한다.(30회)(   )

---

01) × 일반중개계약서는 권장사항이다.
02) × 일반중개계약서는 권장사항이므로 반드시 사용해야 할 서식은 아니다.
03) ○
04) ○
05) × 일반중개계약이 아니라 전속중개계약의 내용이다.
06) × 구두계약도 가능하다.
07) ○
08) ○
09) × 일반중개계약이 아니라 전속중개계약의 내용이다.
10) × 매수의뢰이므로 기재사항에 해당되지 않는다.
11) ○
12) ○
13) × 매수의뢰이므로 기재사항에 해당되지 않는다.

14 일반중개계약서와 전속중개계약서의 서식에 첨부서류로서 중개보수 요율표는 공통기재사항이다. (31회)(   )

15 일반중개계약서와 전속중개계약서의 서식에 계약의 유효기간은 공통기재사항이다.(31회)(   )

16 일반중개계약서와 전속중개계약서의 서식에 개업공인중개사의 중개업무 처리상황에 대한 통지의무는 공통기재사항이다.(31회)(   )

17 개업공인중개사가 일반중개계약을 체결한 때에는 중개의뢰인에게 2주일에 1회 이상 중개업무 처리상황을 문서로 통지해야 한다.(33회)(   )

18 일반중개계약서와 전속중개계약서의 서식에 중개대상물의 확인·설명에 관한 사항는 공통기재사항이다. (31회)(   )

19 일반중개계약서와 전속중개계약서의 서식에 개업공인중개사가 중개보수를 과다 수령한 경우 차액 환급은 공통기재사항이다.(31회)(   )

20 표준서식인 일반중개계약서와 전속중개계약서에는 개업공인중개사가 중개보수를 과다수령시 그 차액의 환급을 공통적으로 규정하고 있다.(33회)(   )

21 소유자 및 등기명의인은 개업공인중개사가 주택의 임차의뢰를 받은 경우에 공인중개사법령상 표준서식인 일반중개계약서에 기재해야 할 사항이다.(33회)(   )

22 은행융자·권리금·제세공과금 등은 개업공인중개사가 주택의 임차의뢰를 받은 경우에 공인중개사법령상 표준서식인 일반중개계약서에 기재해야 할 사항이다.(33회)(   )

23 중개의뢰 금액은 개업공인중개사가 주택의 임차의뢰를 받은 경우에 공인중개사법령상 표준서식인 일반중개계약서에 기재해야 할 사항이다.(33회)(   )

24 희망 지역은 개업공인중개사가 주택의 임차의뢰를 받은 경우에 공인중개사법령상 표준서식인 일반중개계약서에 기재해야 할 사항이다.(33회)(   )

---

14) ○
15) ○
16) × 개업공인중개사의 중개업무 처리상황에 대한 통지의무는 전속중개계약의 내용이지 일반중개계약의 내용은 아니다.
17) × 일반중개계약이 아니라 전속중개계약의 내용이다.
18) ○
19) ○
20) ○
21) × 주택의 임대의뢰를 받은 경우에 기재사항이고, 임차의뢰를 받은 경우는 기재사항에 해당되지 않는다.
22) × 주택의 임대의뢰를 받은 경우에 기재사항이고, 임차의뢰를 받은 경우는 기재사항에 해당되지 않는다.
23) × 주택의 임대의뢰를 받은 경우에 기재사항이고, 임차의뢰를 받은 경우는 기재사항에 해당되지 않는다.
24) ○

25 거래규제 및 공법상 제한사항은 개업공인중개사가 주택의 임차의뢰를 받은 경우에 공인중개사법령상 표준서식인 일반중개계약서에 기재해야 할 사항이다.(33회)(   )

26 중개의뢰인 甲의 요청에 따라 개업공인중개사 乙이 일반중개계약서를 작성한 경우 그 계약서를 3년간 보존해야 한다.(34회)(   )

---

25) × 주택의 임대의뢰를 받은 경우에 기재사항이고, 임차의뢰를 받은 경우는 기재사항에 해당되지 않는다.
26) × 일반중개계약서의 보관의무에 관한 규정은 없다.

01 특정한 개업공인중개사를 정하여 그 개업공인중개사에 한하여 중개대상물을 중개하도록 하는 계약이 전속중개계약이다.(27회)(   )

02 중개의뢰인 甲과 개업공인중개사 乙의 전속중개계약은 국토교통부령이 정하는 계약서에 의해야 한다. (28회)(   )

03 전속중개계약의 유효기간은 당사자 간 다른 약정이 없는 경우 3개월로 한다.(24회, 25회, 26회, 28회, 29회)(   )

04 당사자 간에 기간의 약정이 없으면 전속중개계약의 유효기간은 6개월로 한다.(27회)(   )

05 중개의뢰인 甲과 개업공인중개사 乙이 전속중개계약의 유효기간을 4개월로 약정한 것은 유효하다.(33회) (   )

06 전속중개계약을 체결하면서 유효기간을 3개월 미만으로 약정한 경우 그 유효기간은 3개월로 한다.(35회) (   )

07 개업공인중개사는 전속중개계약을 체결한 때에는 당해 계약서를 3년간 보존해야 한다.(24회, 25회, 26회, 33회)(   )

08 개업공인중개사 乙이 甲과의 전속중개계약 체결 뒤 6개월만에 그 계약서를 폐기한 경우 이는 업무정지 사유에 해당한다.(28회)(   )

09 전속중개계약의 유효기간은 중개의뢰인 甲과 개업공인중개사 乙이 별도로 정하더라도 3개월을 초과할 수 없다.(34회)(   )

10 개업공인중개사가 국토교통부령으로 정하는 전속중개계약서에 의하지 아니하고 전속중개계약을 체결한 행위는 업무정지사유에 해당하지 않는다.(33회)(   )

---

01) ○
02) ○
03) ○
04) × 3개월로 한다.
05) ○
06) × 전속중개계약 유효기간은 약정이 있으면 약정이 우선한다. 그러므로 3개월 미만의 약정도 유효하다.
07) ○
08) ○
09) × 별도로 약정한 경우에는 3개월은 적용되지 않는다.
10) × 업무정지처분사유에 해당된다.

11 전속중개계약서에는 개업공인중개사의 사무소 소재지가 기재되어야 한다.(24회)(　　)

12 甲이 비공개를 요청하지 않은 경우, 개업공인중개사 乙은 전속중개계약 체결 후 2주 내에 X부동산에 관한 정보를 부동산거래정보망 또는 일간신문에 공개해야 한다.(28회)(　　)

13 전속중개계약을 체결한 개업공인중개사는 벽면 및 도배의 상태를 공개해야 한다.(26회)(　　)

14 전속중개계약을 체결한 개업공인중개사 乙은 임차인 丙의 성명을 공개해야 한다.(30회)(　　)

15 전속중개계약을 체결한 개업공인중개사 乙은 저당권자 丁의 주소를 공개해야 한다.(30회)(　　)

16 임대차계약의 전속중개계약을 체결한 개업공인중개사 乙은 X부동산의 공시지가를 공개해야 한다. (30회)(　　)

17 임대차에 대한 전속중개계약을 체결한 개업공인중개사는 중개의뢰인의 비공개 요청이 없어도 중개대상물의 공시지가를 공개하지 아니할 수 있다.(35회)(　　)

18 취득시 부담해야 할 조세의 종류와 세율은 확인·설명사항과 전속중개계약시 공개사항에 공통으로 포함된다.(32회)(　　)

19 전속중개계약을 체결한 乙은 X부동산에 대한 일조(日照)·소음·진동 등 환경조건을 공개해야 한다. (30회)(　　)

20 일조·소음의 환경조건은 확인·설명사항과 전속중개계약시 공개사항에 공통으로 포함된다.(32회)(　　)

21 전속중개계약을 체결한 개업공인중개사는 중개대상물의 권리관계에 관한 사항 중에서 권리자의 주소·성명 등 인적사항에 관한 정보를 공개해야 한다.(26회)(　　)

22 전속중개계약을 체결한 개업공인중개사는 중개대상물의 권리자의 인적사항에 관한 정보를 공개해서는 안 된다.(35회)(　　)

---

11) ○
12) × 7일 이내에 공개해야 한다.
13) ○
14) × 권리자의 인적사항은 공개금지이다.
15) × 권리자의 주소, 성명 등 권리자의 인적사항은 공개금지이다.
16) × 임대차인 경우의 공시지가는 공개해도 되고, 안 해도 된다. 그러므로 반드시 공개해야 하는 사항에는 해당되지 않는다.
17) ○
18) × 취득시 부담해야 할 조세의 종류와 세율은 확인·설명사항에는 해당되나 전속중개계약시 공개사항에는 해당되지 않는다.
19) ○
20) ○
21) × 권리자의 인적사항은 공개금지이다.
22) ○

23 전속중개계약을 체결한 개업공인중개사는 도로 및 대중교통수단과의 연계성을 공개해야 한다.(26회)
( )

24 공법상의 거래규제에 관한 사항은 확인·설명사항과 전속중개계약시 공개사항에 공통으로 포함된다.
(32회)( )

25 전속중개계약을 체결한 개업공인중개사는 오수·폐수·쓰레기 처리시설 등의 상태를 공개해야 한다.
(26회)( )

26 전속중개계약을 체결한 개업공인중개사는 부동산거래정보망에 중개대상물의 정보를 공개할 경우, 권리자의 주소·성명을 공개해야 한다.(25회)( )

27 전속중개계약 체결 후 乙이 공개해야 할 X부동산에 관한 정보에는 도로 및 대중교통수단과의 연계성이 포함된다.(28회)( )

28 벽면 및 도배의 상태는 확인설명사항과 전속중개계약시 공개사항에 공통으로 포함된다.(32회)( )

29 개업공인중개사는 전속중개계약을 체결한 때, 중개의뢰인이 당해 중개대상물에 관한 정보의 비공개를 요청한 경우에는 부동산거래정보망과 일간신문에 이를 공개해서는 아니 된다.(25회, 26회)( )

30 임대차에 대한 전속중개계약을 체결한 개업공인중개사는 중개대상물의 공시지가를 공개해야 한다.(29회)
( )

31 전속중개계약의 유효기간 내에 중개의뢰인 스스로 발견한 상대방과 거래한 경우, 중개의뢰인은 중개보수의 50퍼센트에 해당하는 금액의 범위 안에서 중개를 위해 소요된 비용을 지불해야 한다.(24회)
( )

32 전속중개계약의 유효기간 내에 다른 개업공인중개사에게 해당 중개대상물의 중개를 의뢰하여 거래한 중개의뢰인은 전속중개계약을 체결한 개업공인중개사에게 위약금 지불의무를 진다.(27회) ( )

---

23) ○
24) ○
25) ○
26) × 권리자의 주소, 성명 등 권리자의 인적사항은 공개하면 안 된다.
27) ○
28) ○
29) ○
30) × 임대차인 경우의 공시지가는 공개해도 되고, 안 해도 된다. 그러므로 반드시 공개해야 하는 사항에는 해당되지 않는다.
31) ○
32) ○

33 전속중개계약의 유효기간 내에 중개의뢰인 甲이 스스로 발견한 상대방과 거래한 경우, 중개의뢰인 甲은 개업공인중개사 乙에게 지급해야 할 중개보수 전액을 위약금으로 지급해야 한다.(33회)(   )

34 전속중개계약을 체결한 중개의뢰인 甲이 그 유효기간 내에 스스로 발견한 상대방과 거래한 경우 중개보수에 해당하는 금액을 개업공인중개사 乙에게 위약금으로 지급해야 한다.(34회)(   )

35 개업공인중개사는 전속중개계약 체결 후 중개의뢰인에게 2주일에 1회 이상 중개업무 처리상황을 문서로 통지해야 한다.(26회, 27회, 29회)(   )

36 전속중개계약에 정하지 않은 사항에 대하여는 중개의뢰인과 개업공인중개사가 합의하여 별도로 정할 수 있다.(26회)(   )

37 전속중개계약을 체결한 경우 중개의뢰인 甲은 개업공인중개사 乙이 공인중개사법령상의 중개대상물 확인·설명의무를 이행하는 데 협조해야 한다.(33회)(   )

38 전속중개계약에 정하지 않은 사항에 대하여는 중개의뢰인 甲과 개업공인중개사 乙이 합의하여 별도로 정할 수 있다.(33회)(   )

39 전속중개계약은 법령이 정하는 계약서에 의하여야 하며, 중개의뢰인과 개업공인중개사가 모두 서명 또는 날인한다.(29회)(   )

40 전속중개계약은 법령이 정하는 계약서에 의하여야 하며, 개업공인중개사 乙이 서명 및 날인하되 소속공인중개사가 있는 경우 소속공인중개사가 함께 서명 및 날인해야 한다.(34회)(   )

---

33) × 전속중개계약의 유효기간 내에 중개의뢰인 甲이 스스로 발견한 상대방과 거래한 경우, 중개의뢰인 甲은 중개보수 50% 범위 내에서 개업공인중개사 乙이 중개를 위하여 소요된 비용을 지불해야 한다.
34) × 중개보수 50% 범위 내에서 개업공인중개사가 중개를 위하여 소요된 비용을 지불하여야 한다.
35) ○
36) ○
37) ○
38) ○
39) ○
40) × 서명 및 날인이 아니라 서명 또는 날인하여야 한다.

01 국토교통부장관은 부동산거래정보망을 설치·운영할 자를 지정할 수 있다.(23회, 25회, 30회)(   )

02 부동산거래정보망은 개업공인중개사 상호 간에 부동산매매 등에 관한 정보의 공개와 유통을 촉진하고 공정한 부동산 거래질서를 확립하기 위한 것이다.(23회)(   )

03 부동산거래정보망을 설치·운영할 자로 지정을 받을 수 있는 자는 「전기통신사업법」의 규정에 의한 부가통신사업자로서 국토교통부령이 정하는 요건을 갖춘 자이다.(30회)(   )

04 「전기통신사업법」의 규정에 의한 부가통신사업자가 아니어도 국토교통부령으로 정하는 요건을 갖추면 거래정보사업자로 지정받을 수 있다.(35회)(   )

05 거래정보사업자로 지정받으려는 자는 공인중개사의 자격을 갖추어야 한다.(35회)(   )

06 거래정보사업자는 부동산거래정보망의 가입·이용신청을 한 (개업공인중개사)의 수가 500명 이상이고 (2)개 이상의 특별시·광역시·도 및 특별자치도에서 각각 (30)인 이상의 (개업공인중개사)가 가입·이용신청을 하여야 한다.(31회)(   )

07 거래정보사업자는 정보처리기사 1명 이상을 확보해야 한다.(31회)(   )

08 거래정보사업자는 공인중개사 (1)명 이상을 확보해야 한다.(31회)(   )

09 거래정보사업자로 지정받기 위하여 신청서를 제출하는 경우, 공인중개사 자격증 원본을 첨부해야 한다.(24회)(   )

10 국토교통부장관은 거래정보사업자 지정신청을 받은 날부터 14일 이내에 이를 검토하여 그 지정 여부를 결정해야 한다.(24회)(   )

11 거래정보사업자는 지정받은 날부터 3개월 이내에 부동산거래정보망의 운영규정을 정하여 지정권자의 승인을 얻어야 한다.(23회)(   )

---

01) ○
02) ○
03) ○
04) × 부가통신사업자 등록을 하고 국토교통부령이 정하는 요건을 갖추어야 한다.
05) × 거래정보사업자가 공인중개사자격증을 갖고 있어야 하는 것은 아니다.
06) ○
07) ○
08) ○
09) × 원본이 아니라 사본을 첨부해야 한다.
10) × 30일
11) ○

12 거래정보사업자는 지정받은 날부터 3개월 이내에 부동산거래정보망의 이용 및 정보제공방법 등에 관한 운영규정을 정하여 국토교통부장관의 승인을 얻어야 한다.(26회)(　　)

13 거래정보사업자가 부동산거래정보망의 이용 및 정보제공방법 등에 관한 운영규정을 변경하고자 하는 경우 국토교통부장관의 승인을 얻어야 한다.(30회)(　　)

14 거래정보사업자는 지정받은 날부터 3개월 이내에 부동산거래정보망의 이용 및 정보제공방법 등에 관한 운영규정을 정하여 국토교통부장관의 승인을 얻어야 한다.(27회, 29회, 30회)(　　)

15 거래정보사업자는 개업공인중개사로부터 의뢰받은 중개대상물의 정보뿐만 아니라 의뢰인의 이익을 위해 직접 조사한 중개대상물의 정보도 부동산거래정보망에 공개할 수 있다.(24회)(　　)

16 부동산거래정보망에 중개대상물에 관한 거래의 중요한 정보를 거짓으로 공개한 개업공인중개사는 500만원 이하의 과태료에 처한다.(23회)(　　)

17 거래정보사업자는 의뢰받은 내용과 다르게 정보를 공개해서는 아니 된다.(26회)(　　)

18 거래정보사업자는 개업공인중개사로부터 공개를 의뢰받은 중개대상물의 정보에 한하여 이를 부동산거래정보망에 공개해야 한다.(26회)(　　)

19 거래정보사업자는 개업공인중개사로부터 공개를 의뢰받은 중개대상물의 정보를 개업공인중개사에 따라 차별적으로 공개할 수 있다.(30회)(　　)

20 부동산거래정보망에 정보가 공개된 중개대상물의 거래가 완성된 경우 개업공인중개사는 3개월 이내에 해당 거래정보사업자에게 이를 통보하여야 한다.(35회)(　　)

21 거짓 등 부정한 방법으로 지정을 받은 경우는 거래정보사업자 지정을 취소할 수 있다.(33회)(　　)

22 거짓이나 그 밖의 부정한 방법으로 거래정보사업자로 지정받은 경우 그 지정은 무효이다.(35회)(　　)

---

12) ○
13) ○
14) ○
15) × 개업공인중개사로부터 의뢰받은 정보에 한하여 공개하여야 한다.
16) × 업무정지처분사유에 해당된다.
17) ○
18) ○
19) × 거래정보사업자는 개업공인중개사로부터 공개를 의뢰받은 중개대상물의 정보에 한하여 이를 부동산거래정보망에 공개하여야 하며, 의뢰받은 내용과 다르게 정보를 공개하거나 어떠한 방법으로든지 개업공인중개사에 따라 정보가 차별적으로 공개되도록 하여서는 아니 된다(법 제24조 제4항).
20) × 3개월이 아니라 지체없이 통보해야 한다.
21) ○
22) × 무효가 아니라 취소할 수 있다.

23 부동산거래정보망의 이용 및 정보제공방법 등에 관한 운영규정을 변경하고도 국토교통부장관의 승인을 받지 않고 부동산거래정보망을 운영한 경우는 거래정보사업자 지정을 취소할 수 있다.(31회)(   )

24 부동산거래정보망의 이용 및 정보제공방법 등에 관한 운영규정을 위반하여 부동산거래정보망을 운영한 경우는 거래정보사업자 지정을 취소할 수 있다.(31회, 33회)(   )

25 개업공인중개사로부터 공개를 의뢰 받지 아니한 중개대상물 정보를 부동산거래정보망에 공개한 경우는 거래정보사업자 지정을 취소할 수 있다.(31회)(   )

26 법인인 거래정보사업자의 해산으로 부동산거래정보망의 계속적인 운영이 불가능한 경우 국토교통부장관은 청문 없이 그 지정을 취소할 수 있다.(35회)(   )

27 개업공인중개사로부터 공개를 의뢰받은 중개대상물의 내용과 다르게 부동산거래정보망에 정보를 공개한 경우는 거래정보사업자 지정을 취소할 수 있다.(33회)(   )

28 정당한 사유 없이 지정받은 날부터 6개월 이내에 부동산거래정보망을 설치하지 아니한 경우는 거래정보사업자 지정을 취소할 수 있다.(31회)(   )

29 정당한 사유 없이 지정받은 날부터 1년 이내에 부동산거래정보망을 설치·운영하지 아니한 경우는 거래정보사업자 지정을 취소할 수 있다.(23회, 26회, 33회)(   )

30 거래정보사업자로 지정받은 법인이 해산하여 부동산거래정보망사업의 계속적인 운영이 불가능한 경우, 국토교통부장관은 청문을 거치지 않고 사업자지정을 취소할 수 있다.(24회)(   )

31 개인인 거래정보사업자가 사망한 경우는 거래정보사업자 지정을 취소할 수 있다.(31회)(   )

32 개업공인중개사는 당해 중개대상물의 거래가 완성된 때에는 지체 없이 이를 당해 거래정보사업자에게 통보해야 한다.(26회)(   )

33 지정 번호 및 지정 연월일은 거래정보사업자지정대장 서식에 기재되는 사항이다.(32회)(   )

34 상호 또는 명칭 및 대표자의 성명은 거래정보사업자지정대장 서식에 기재되는 사항이다.(32회)(   )

---

23) ○
24) ○
25) ○
26) ○
27) ○
28) × 6개월 이내가 아니라 1년 이내에 부동산거래정보망을 설치하지 아니한 경우는 거래정보사업자 지정을 취소할 수 있다.
29) ○
30) ○
31) ○
32) ○
33) ○
34) ○

35 주된 컴퓨터설비의 내역은 거래정보사업자지정대장 서식에 기재되는 사항이다.(32회)(   )

36 전문자격자의 보유에 관한 사항은 거래정보사업자지정대장 서식에 기재되는 사항이다.(32회)(   )

37 「전기통신사업법」에 따른 부가통신사업자번호는 거래정보사업자지정대장 서식에 기재되는 사항이다.(32회)(   )

---

35) ○
36) ○
37) × 기재사항에 해당되지 않는다.

01 개업공인중개사 등이 업무상 알게 된 비밀을 누설한 경우 피해자의 명시한 의사에 반하여 벌하지 아니한다.(19회)(   )

02 개업공인중개사가 그 업무상 알게 된 비밀을 누설한 경우는 피해자의 명시한 의사에 반하여 벌하지 않는다.(32회)(   )

03 거래정보사업자가 개업공인중개사로부터 의뢰받은 내용과 다르게 중개대상물의 정보를 부동산거래정보망에 공개한 경우는 피해자의 명시한 의사에 반하여 벌하지 않는다.(32회)(   )

04 개업공인중개사가 중개의뢰인으로부터 법령으로 정한 보수를 초과하여 금품을 받은 경우는 피해자의 명시한 의사에 반하여 벌하지 않는다.(32회)(   )

05 시세에 부당한 영향을 줄 목적으로 개업공인중개사에게 중개대상물을 시세보다 현저하게 높게 표시·광고하도록 강요하는 방법으로 개업공인중개사의 업무를 방해한 경우는 피해자의 명시한 의사에 반하여 벌하지 않는다.(32회)(   )

06 개업공인중개사가 단체를 구성하여 단체 구성원 이외의 자와 공동중개를 제한한 경우는 피해자의 명시한 의사에 반하여 벌하지 않는다.(32회)(   )

07 개업공인중개사는 직접적인 위탁관계가 없더라도 그의 개입을 신뢰하여 거래하게 된 거래상대방에 대하여 목적물의 하자, 권리자의 진위 등에 대한 일반적이 주의의무를 부담한다.(19회)(   )

08 개업공인중개사는 업무상 알게 된 비밀을 누설하여서는 아니 되나, 중개대상물의 중대한 하자는 중개의뢰인과의 관계에서는 비밀에 해당하지 않는다.(19회)(   )

09 중개보조원의 업무상 비밀누설금지의무는 업무를 떠난 후에도 요구된다.(25회)(   )

---

01) ○
02) ○
03) × 반의사 불벌죄에 해당되지 않는다.
04) × 반의사 불벌죄에 해당되지 않는다.
05) × 반의사 불벌죄에 해당되지 않는다.
06) × 반의사 불벌죄에 해당되지 않는다.
07) ○
08) ○
09) ○

핵심 17 중개대상물 확인 · 설명의무 : 1문제

01 개업공인중개사는 중개가 완성되기 전에 확인 · 설명사항을 확인하여 이를 당해 중개대상물에 관한 권리를 취득하고자 하는 중개의뢰인에게 설명해야 한다.(26회)(   )

02 개업공인중개사는 중개대상물에 대한 확인 · 설명을 중개가 완성된 후 해야 한다.(30회)(   )

03 개업공인중개사는 선량한 관리자의 주의로 중개대상물의 권리관계 등을 조사 · 확인하여 중개의뢰인에게 설명할 의무가 있다.(30회)(   )

04 중개보조원은 중개의뢰인에게 중개대상물의 확인 · 설명의무를 진다.(30회)(   )

05 개업공인중개사는 중개대상물의 상태에 관한 자료요구에 매도의뢰인이 불응한 경우, 그 사실을 매수의뢰인에게 설명하고 중개대상물 확인 · 설명서에 기재해야 한다.(25회)(   )

06 개업공인중개사 甲은 임대의뢰인이 중개대상물의 상태에 관한 자료요구에 불응한 경우 그 사실을 중개대상물 확인 · 설명서에 기재할 의무가 없다.(29회)(   )

07 주거용 건축물의 구조나 진동에 관한 확인 · 설명의무는 없다.(24회)(   )

08 중개대상물에 대한 권리를 취득함에 따라 부담해야 할 조세의 종류 및 세율은 개업공인중개사가 확인 · 설명해야 할 사항이다.(26회)(   )

09 개업공인중개사 甲은 중개보수 및 실비의 금액과 그 산출내역을 확인 · 설명해야 한다.(29회)(   )

10 시장 · 학교와의 근접성 등 중개대상물의 입지조건은 개업공인중개사가 확인 · 설명해야 하는 사항에 해당한다.(28회)(   )

11 개업공인중개사 甲은 중개대상물의 범위 외의 물건이나 권리 또는 지위를 중개하는 경우에도 선량한 관리자의 주의로 권리관계 등을 조사 · 확인하여 설명할 의무가 있다.(34회)(   )

---

01) ○
02) × 개업공인중개사는 중개대상물에 대한 확인 · 설명은 중개가 완성되기 전에 해야 한다.
03) ○
04) × 중개의뢰인에게 중개대상물의 확인 · 설명의무은 개업공인중개사나 소속공인중개사가 해야 할 의무이고, 중개보조원이 중개대상물의 확인 · 설명의무를 이행해서는 안 된다.
05) ○
06) × 기재해야 한다.
07) × 설명해야 한다.
08) ○
09) ○
10) ○
11) ○

12 개업공인중개사가 성실·정확하게 중개대상물의 확인·설명을 하지 않은 경우 과태료 처분사유에 해당한다.(31회)(   )

13 토지이용계획은 주거용 건축물 매매계약의 중개 의뢰를 받은 개업공인중개사가 확인·설명해야 할 사항에 포함되지 않는다.(31회)(   )

14 중개대상물에 근저당권이 설정된 경우, 실제의 피담보채무액까지 조사·확인하여 설명할 의무는 없다.(24회)(   )

15 개업공인중개사 甲은 중개대상물에 근저당권이 설정된 경우, 실제의 피담보채무액을 조사·확인하여 설명할 의무가 있다.(34회)(   )

16 개업공인중개사 甲은 상가건물의 임차권 양도계약을 중개할 경우 양수의뢰인이 「상가건물 임대차보호법」에서 정한 대항력, 우선변제권 등의 보호를 받을 수 있는지를 확인·설명할 의무가 있다.(29회)(   )

17 개업공인중개사 甲은 자기가 조사·확인하여 설명할 의무가 없는 사항이라도 중개의뢰인이 계약을 맺을지를 결정하는 데 중요한 것이라면 그에 관해 그릇된 정보를 제공해서는 안 된다.(34회)(   )

18 개업공인중개사 甲은 중개가 완성되어 거래계약서를 작성하는 때에 중개대상물 확인·설명서를 작성하여 거래당사자에게 교부해야 한다.(34회)(   )

19 개업공인중개사는 거래계약서를 작성하는 때에는 확인·설명서 사본을 3년 동안 보존해야 한다.(20회, 26회)(   )

20 개업공인중개사는 중개대상물 확인·설명서를 작성하여 거래당사자에게 교부하고 그 원본을 5년간 보존하여야 한다.(25회, 28회, 30회)(   )

---

12) ○
13) × 확인·설명사항에 포함된다.
14) ○
15) × 개업공인중개사는 중개대상 물건에 근저당권이 설정된 경우에 그 채권최고액을 조사·확인하여 중개의뢰인에게 설명하면 족하고, 실제의 피담보채무액까지 조사·확인하여 설명할 의무까지 있다고 할 수는 없으나, 개업공인중개사가 이에 그치지 않고 실제의 피담보채무액에 관한 그릇된 정보를 제대로 확인하지도 않은 채 마치 그것이 진실인 것처럼 의뢰인에게 그대로 전달하여 의뢰인이 그 정보를 믿고 상대방과 계약에 이르게 되었다면, 개업공인중개사의 그러한 행위는 선량한 관리자의 주의로 신의를 지켜 성실하게 중개행위를 하여야 할 개업공인중개사의 의무에 위반된다(대판 1999.5.14, 98다30667).
16) ○
17) ○
18) ○
19) ○
20) × 개업공인중개사는 중개대상물 확인·설명서를 작성하여 거래당사자에게 교부하고 그 원본, 사본 또는 전자문서를 3년간 보존하여야 한다.

21 중개대상물 확인·설명서는 「전자문서 및 전자거래 기본법」에 따른 공인전자문서센터에 보관된 경우 보존해야 할 의무가 면제된다.(32회)(   )

22 개업공인중개사 甲은 중개가 완성되어 거래계약서를 작성하는 때에는 중개대상물 확인·설명서를 작성해야 한다.(29회)(   )

23 개업공인중개사 甲은 작성된 중개대상물 확인·설명서를 거래당사자 모두에게 교부해야 한다.(29회)(   )

24 소속공인중개사가 중개하여 작성한 중개대상물 확인·설명서에 개업공인중개사가 서명 및 날인한 경우, 소속공인중개사는 서명 및 날인하지 않아도 된다.(24회)(   )

25 확인·설명서에는 개업공인중개사가 서명 및 날인하되, 당해 중개행위를 한 소속공인중개사가 있는 경우에는 소속공인중개사가 함께 서명 및 날인해야 한다.(25회, 26회)(   )

26 개업공인중개사 甲이 성실·정확하게 중개대상물의 확인·설명을 하지 않거나 설명의 근거자료를 제시하지 않은 경우 500만원 이하의 과태료 부과사유에 해당한다.(34회)(   )

27 2명의 개업공인중개사가 공동중개한 경우 중개대상물 확인·설명서에는 공동중개한 개업공인중개사 중 1인만 서명·날인하면 된다.(25회, 30회)(   )

28 당해 중개행위를 한 소속공인중개사가 있는 경우, 확인·설명서에는 개업공인중개사와 그 소속공인중개사가 함께 서명 및 날인해야 한다.(28회)(   )

29 중개가 완성된 후 개업공인중개사가 중개대상물 확인·설명서를 작성하여 교부하지 아니한 것만으로도 중개사무소 개설등록 취소사유에 해당한다.(25회)(   )

30 중개업무를 수행하는 소속공인중개사가 성실·정확하게 중개대상물의 확인·설명을 하지 않은 것은 소속공인중개사의 자격정지사유에 해당한다.(28회)(   )

---

21) ○
22) ○
23) ○
24) × 당해업무를 수행한 공인중개사는 함께 서명 및 날인하여야 한다.
25) ×
26) ○
27) × 2명의 개업공인중개사가 공동중개한 경우 중개대상물 확인·설명서에는 공동중개한 개업공인중개사가 모두 서명 및 날인하여야 한다.
28) ○
29) × 업무정지처분사유에 해당된다.
30) ○

핵심 18 거래계약서 작성 : 1문제

01 개업공인중개사 甲은 중개대상물에 대하여 중개가 완성된 때에만 거래계약서를 작성·교부해야 한다. (28회)(   )

02 개업공인중개사는 중개가 완성된 때에만 거래계약서를 작성·교부하여야 한다.(31회)(   )

03 거래계약서는 국토교통부장관이 정한 표준서식을 사용해야 한다.(26회)(   )

04 국토교통부장관이 지정한 표준거래계약서 양식으로 계약서를 작성해야 한다.(27회)(   )

05 거래계약서는 국토교통부장관이 정하는 표준 서식으로 작성해야 한다.(25회)(   )

06 국토교통부장관은 개업공인중개사가 작성하는 거래계약서의 표준이 되는 서식을 정하여 그 사용을 권장할 수 있다.(28회)(   )

07 「공인중개사법 시행규칙」에 개업공인중개사가 작성하는 거래계약서의 표준이 되는 서식이 정해져 있다. (29회)(   )

08 개업공인중개사가 국토교통부장관이 정한 거래계약서 표준서식을 사용하지 않는 경우 과태료부과처분을 받게 된다.(32회)(   )

09 개업공인중개사가 국토교통부장관이 정하는 거래계약서표준서식을 사용하지 아니한 경우, 시·도지사는 그 자격을 취소해야 한다.(33회)(   )

10 계약의 조건이 있는 경우, 그 조건은 거래계약서 기재사항에 해당된다.(28회)(   )

11 거래계약서에는 물건의 인도일시를 기재해야 한다.(29회)(   )

12 중개대상물 확인·설명서 교부일자는 거래계약서에 기재해야 할 사항이 아니다.(25회)(   )

---

01) ○
02) ○
03) × 거래계약서 서식에 대하여 국토교통부장관은 표준서식을 정해 이의 사용을 권장할 있다.
04) × 권장사항이므로 반드시 사용하지 않아도 된다.
05) × 권장사항이므로 반드시 사용해야 하는 서식이 아니다.
06) ○
07) × 시행규칙 별지 서식에 거래계약서 서식은 없다.
08) × 권장사항이므로 제재사항에 해당되지 않는다.
09) × 국토교통부장관은 거래계약서의 표준서식을 정하여 이의 사용을 권장할 수 있다. 따라서 반드시 사용해야 할 서식에는 해당되지 않는다.
10) ○
11) ○
12) × 필수 기재사항이다.

13 중개대상물 확인·설명서 교부일자는 거래계약서 기재사항이 아니다.(27회)(   )

14 중개대상물 확인·설명서 교부일자는 거래계약서에 기재해야 하는 사항이다.(29회, 31회, 33회) (   )

15 당해 중개행위를 한 소속공인중개사도 거래계약서를 작성할 수 있으며, 이 경우 개업공인중개사만 서명 및 날인하면 된다.(25회)(   )

16 법인의 분사무소가 설치되어 있는 경우, 그 분사무소에서 작성하는 거래계약서에 분사무소의 책임자가 서명 및 날인해야 한다.(25회)(   )

17 분사무소의 소속공인중개사가 중개행위를 한 경우 그 소속공인중개사와 분사무소의 책임자가 함께 거래계약서에 서명 및 날인해야 한다.(27회)(   )

18 거래계약서에는 당해 중개행위를 한 소속공인중개사가 있는 경우 개업공인중개사와 소속공인중개사 함께 서명 및 날인해야 한다.(26회)(   )

19 소속공인중개사가 중개행위를 한 경우 그 거래계약서에는 소속공인중개사와 개업공인중개사가 함께 서명 및 날인해야 한다.(29회)(   )

20 공동중개의 경우, 개업공인중개사 甲과 참여한 개업공인중개사 모두 거래계약서에 서명 또는 날인해야 한다.(28회)(   )

21 개업공인중개사는 거래계약서에 서명 및 날인하여야 한다.(31회)(   )

22 개업공인중개사는 거래계약서를 작성하는 경우 거래계약서에 서명하거나 날인하면 된다.(32회)(   )

23 중개행위를 한 소속공인중개사가 거래계약서를 작성하는 경우, 그 소속공인중개사가 거래계약서에 서명 및 날인하여야 하며 개업공인중개사는 서명 및 날인의무가 없다.(33회)(   )

24 공동중개의 경우 참여한 개업공인중개사가 모두 서명 및 날인해야 한다.(29회)(   )

---

13) × 필수 기재사항이다.
14) ○
15) × 당해업무를 수행한 소속공인중개사가 함께 서명 및 날인하여야 한다.
16) ○
17) ○
18) ○
19) ○
20) × 서명 또는 날인이 아니라 서명 및 날인이다.
21) ○
22) × 서명 및 날인하여야 한다.
23) × 개업공인중개사와 소속공인중개사가 함께 서명 및 날인하여야 한다.
24) ○

25 작성된 거래계약서는 거래당사자에게 교부하고 3년간 그 사본을 보존해야 한다.(27회)(   )

26 개업공인중개사 甲이 작성하여 거래당사자에게 교부한 거래계약서의 사본을 보존해야 할 기간은 5년이다. (26회, 28회)(   )

27 개업공인중개사의 거래계약서 보존기간(공인전자문서센터에 보관된 경우는 제외함)은 5년이다.(31회) (   )

28 거래계약서는 「전자문서 및 전자거래 기본법」에 따른 공인전자문서센터에 보관된 경우 보존해야 할 의무가 면제된다.(32회)(   )

29 거래계약서가 「전자문서 및 전자거래 기본법」에 따른 공인전자문서센터에 보관된 경우 3년간 그 사본을 보존해야 한다.(33회)(   )

30 개업공인중개사는 하나의 거래계약에 서로 다른 2 이상의 거래계약서를 작성해서는 아니 된다.(26회) (   )

31 개업공인중개사가 거래계약서에 거래내용을 거짓으로 기재한 경우, 1년 이하의 징역 또는 1천만원 이하의 벌금에 처해진다.(25회)(   )

32 거래계약서에 거래내용을 거짓으로 기재한 경우 등록관청은 중개사무소 개설등록을 취소할 수 있다.(26회) (   )

33 개업공인중개사가 하나의 거래계약에 대하여 서로 다른 둘 이상의 거래계약서를 작성한 경우, 등록관청은 중개사무소의 개설등록을 취소하여야 한다.(31회)(   )

34 개업공인중개사가 하나의 거래계약에 대하여 서로 다른 둘 이상의 거래계약서를 작성한 경우, 시·도지사는 3개월의 범위 안에서 그 업무를 정지해야 한다.(33회)(   )

35 거래계약서의 사본을 보존기간 동안 보존하지 않은 경우 등록관청은 중개사무소의 개설등록을 취소할 수 있다.(27회)(   )

---

25) × 5년 보관해야 한다.
26) ○
27) ○
28) ○
29) × 공인전자문서센터에 보관된 경우에는 따라 보관하지 않아도 된다. 거래계약서의 보관기간은 5년이다.
30) ○
31) × 상대적 취소사유에 해당된다.
32) ○
33) × 절대적 취소사유가 아니라 상대적 취소사유에 해당된다.
34) × 등록관청은 등록을 취소할 수 있다. 따라서 업무정지처분사유에도 해당되나 업무정지처분은 등록관청에서 하고, 기준월은 6개월이다.
35) × 업무정지처분사유에 해당된다.

※ 다음 중 거래계약서의 필수 기재사항에 해당되는 경우에는 ○표 해당되지 않는 경우에는 ×표 하시오.

36 물건의 인도일시(26회, 35회)(   )

37 권리이전의 내용(26회, 35회)(   )

38 거래금의 지급일자(24회)(   )

39 개업공인중개사의 계약서 사본 보존기간(24회)(   )

40 계약의 조건이 있는 경우 그 조건(24회, 35회)(   )

41 중개대상물 확인·설명서 교부일자(24회, 26회, 35회)(   )

42 당사자의 담보책임을 면제하기로 한 경우 그 약정(24회)(   )

---

36) ○
37) ○
38) ○
39) × 필수 기재사항이 아니다.
40) ○
41) ○
42) ○

01 개업공인중개사가 중개행위를 함에 있어서 거래당사자에게 손해를 입힌 경우 고의·과실과 관계없이 그 손해를 배상해야 한다.(27회)(   )

02 개업공인중개사 등이 아닌 제3자의 중개행위로 거래당사자에게 재산상 손해가 발생한 경우 그 제3자는 이 법에 따른 손해배상책임을 진다.(29회)(   )

03 개업공인중개사는 자기의 중개사무소를 다른 사람의 중개행위의 장소로 제공함으로써 거래당사자에게 재산상의 손해를 발생하게 한 때에는 그 손해를 배상할 책임이 없다.(26회, 27회, 28회, 29회, 32회, 34회)(   )

04 개업공인중개사는 고의로 거래당사자에게 손해를 입힌 경우에는 재산상의 손해뿐만 아니라 비재산적 손해에 대해서도 공인중개사법령상 손해배상책임보장규정에 의해 배상할 책임이 있다.(32회)(   )

05 개업공인중개사의 행위가 손해배상책임을 발생시킬 수 있는 "중개행위"에 해당하는지는 객관적으로 보아 사회통념상 거래의 알선·중개를 위한 행위라고 인정되는지에 따라 판단해야 한다.(28회)(   )

06 중개행위에 해당하는지 여부는 개업공인중개사의 행위를 객관적으로 보아 판단할 것이 아니라 개업공인중개사의 주관적 의사를 기준으로 판단해야 한다.(32회)(   )

07 부동산 매매계약을 중개하고 계약금 및 중도금 지급에도 관여한 개업공인중개사가 잔금 중 일부를 횡령한 경우 이 법에 따른 손해배상책임이 있다.(29회)(   )

08 임대차계약을 알선한 개업공인중개사가 계약 체결 후에도 목적물의 인도 등 거래당사자의 계약상 의무의 실현에 관여함으로써 계약상 의무가 원만하게 이행되도록 주선할 것이 예정되어 있는 경우, 그러한 개업공인중개사의 행위는 사회통념상 중개행위의 범주에 포함된다.(32회)(   )

09 개업공인중개사의 손해배상책임을 보장하기 위한 보증보험 또는 공제 가입, 공탁은 중개사무소 개설등록신청을 할 때 해야 한다.(25회)(   )

---

01) × 개업공인중개사의 고의·과실이 있는 경우에 손해배상책임을 진다.
02) × 제3자의 중개행위는 공인중개사법령상 손해배상책임 규정이 적용되지 않는다.
03) × 책임이 있다.
04) × 공인중개사법령상 비재산적 손해에 대하여는 손해배상책임이 규정되어 있지 않다.
05) ○
06) × 개업공인중개사의 주관적 의사가 아니라 객관적으로 판단해야 한다.
07) ○
08) ○
09) × 업무개시 전까지 업무보증을 설정하여 신고하여야 한다.

10 개업공인중개사는 업무개시 후 즉시 손해배상책임의 보장을 위하여 보증보험 또는 공제에 가입해야 한다. (27회)(　　)

11 개업공인중개사는 업무를 시작하기 전에 손해배상책임을 보장하기 위하여 대통령령이 정하는 바에 따라 보증보험 또는 공제에 가입하거나 공탁을 해야 한다.(28회, 29회, 31회, 34회)(　　)

12 보증기관이 보증사실을 등록관청에 직접 통보한 경우라도 개업공인중개사는 등록관청에 보증설정신고를 해야 한다.(32회)(　　)

13 개업공인중개사가 보증설정신고를 할 때 등록관청에 제출해야 할 증명서류는 전자문서로 제출할 수 없다. (32회)(　　)

14 다른 법률의 규정에 따라 중개업을 할 수 있는 법인이 부동산중개업을 하는 경우 업무보증설정을 하지 않아도 된다.(25회)(　　)

15 공인중개사인 개업공인중개사 甲은 2억원 이상의 금액을 보장하는 보증보험 또는 공제에 가입하거나 공탁을 해야 한다.(34회)(　　)

16 다른 법률에 의해 부동산중개업을 하는 때에는 3천만원 이상의 보증을 설정해야 한다.(24회)(　　)

17 다른 법률에 의해 부동산중개업을 하는 때에는 중개업무를 개시하기 전에 보장금액 2천만원 이상의 보증을 보증기관에 설정하고 그 증명서류를 갖추어 등록관청에 신고해야 한다.(26회)(　　)

18 다른 법률에 의해 부동산중개업을 하는 경우 보증기관에 설정하는 손해배상책임보증의 최저보장금액은 개업공인중개사의 최저보장금액과 다르다.(32회)(　　)

19 분사무소 한 개를 설치한 법인인 개업공인중개사가 손해배상책임의 보장을 위해 공탁만을 하는 경우, 총 6억원 이상을 공탁해야 한다.(24회)(　　)

20 법인인 개업공인중개사가 분사무소를 두는 경우 분사무소마다 추가로 2억원 이상의 손해배상책임의 보증설정을 해야 하나 보장금액의 상한은 없다.(32회)(　　)

---

10) × 업무개시 전까지 설정해야 한다.
11) ○
12) × 신고하지 않아도 된다.
13) × 있다.
14) × 업무보증은 설정하여야 한다.
15) ○
16) × 2천만원 이상의 업무보증을 설정하여야 한다.
17) ○
18) ○
19) ○
20) ○

21 개업공인중개사가 설정한 보증을 다른 보증으로 변경하려는 경우 이미 설정한 보증의 효력이 있는 기간 중에 다른 보증을 설정하여야 한다.(31회)(   )

22 보증을 다른 보증으로 변경하려면 이미 설정된 보증의 효력이 있는 기간이 지난 후에 다른 보증을 설정해야 한다.(32회)(   )

23 보증변경신고를 할 때 손해배상책임보증변경신고서 서식의 "보증"란에 "변경 후 보증내용"을 기재한다. (32회)(   )

24 보증보험의 보증기간이 만료되어 다시 보증을 설정하려는 개업공인중개사는 그 보증기간 만료일까지 다시 보증을 설정해야 한다.(28회)(   )

25 개업공인중개사가 보증보험 또는 공제에 가입한 경우 보증기간의 만료로 다시 보증을 설정하려면, 그 보증기간 만료일까지 다시 보증을 설정하여야 한다.(31회)(   )

26 손해배상책임을 보장하기 위한 공탁금은 개업공인중개사가 폐업한 날부터 5년이 경과해야 회수할 수 있다.(24회)(   )

27 개업공인중개사가 폐업한 경우 폐업한 날부터 5년 이내에는 손해배상책임의 보장을 위하여 공탁한 공탁금을 회수할 수 없다.(27회)(   )

28 손해배상책임의 보장을 위한 공탁금은 개업공인중개사가 폐업한 날부터 3년 이내에는 회수할 수 없다. (29회, 31회)(   )

29 중개행위와 관련된 손해배상책임을 보장하기 위하여 이 법에 따라 공탁한 공탁금은 개업공인중개사가 폐업한 날부터 (3)년 이내에는 회수할 수 없다.(32회)(   )

30 공제에 가입한 개업공인중개사로서 보증기간이 만료되어 다시 보증을 설정하고자 하는 자는 그 보증기간 만료 후 15일 이내에 다시 보증을 설정해야 한다.(25회)(   )

31 보증보험금으로 손해배상을 한 경우 개업공인중개사는 30일 이내에 보증보험에 다시 가입해야 한다. (25회)(   )

---

21) ○
22) × 보증의 효력기간 중에 보증을 설정해야 한다.
23) ○
24) ○
25) ○
26) × 3년이다.
27) × 3년이다.
28) ○
29) ○
30) × 보증기간만료일까지 재설정하여 신고하여야 한다.
31) × 15일

32 개업공인중개사는 보증보험금으로 손해배상을 한 때에는 10일 이내에 보증보험에 다시 가입하여야 한다. (26회)(   )

33 개업공인중개사는 보증보험금·공제금 또는 공탁금으로 손해배상을 한 때에는 30일 이내에 보증보험 또는 공제에 다시 가입하거나 공탁금 중 부족하게 된 금액을 보전해야 한다.(28회)(   )

34 개업공인중개사는 보증보험금·공제금 또는 공탁금으로 손해배상을 한 때에는 (15)일 이내에 보증보험 또는 공제에 다시 가입하거나 공탁금 중 부족하게 된 금액을 보전하여야 한다.(27회, 29회, 34회) (   )

35 개업공인중개사가 공제금으로 손해배상을 한 때에는 30일 이내에 공제에 다시 가입하여야 한다.(31회) (   )

36 개업공인중개사가 공제금으로 손해배상을 한 때에는 (15)일 이내에 공제에 다시 가입해야 한다.(33회) (   )

37 개업공인중개사가 보증보험금으로 손해배상을 한 때에는 그 보증보험의 금액을 보전해야 하며 다른 공제에 가입할 수 없다.(32회)(   )

38 개업공인중개사가 손해배상책임을 보장하기 위한 조치를 이행하지 아니하고 업무를 개시한 경우 등록관청은 개설등록을 취소할 수 있다.(25회)(   )

39 개업공인중개사 甲이 손해배상책임을 보장하기 위한 조치를 이행하지 아니하고 업무를 개시한 경우는 업무정지사유에 해당하지 않는다.(34회)(   )

40 개업공인중개사가 손해배상책임을 보장하기 위한 조치를 이행하지 아니하고 업무를 개시한 경우 등록관청은 개설등록을 취소할 수 있다.(31회)(   )

41 개업공인중개사는 중개를 개시하기 전에 거래당사자에게 손해배상책임의 보장에 관한 설명을 해야 한다. (27회)(   )

---

32) × 10일이 아니라 15일이다.
33) × 30일이 아니라 15일이다.
34) ○
35) × 15일 이내에 보증을 재설정하여야 한다.
36) ○
37) × 15일 이내에 보증을 재설정하여야 한다.
38) ○
39) × 손해배상책임을 보장하기 위한 조치를 이행하지 아니하고 업무를 개시한 경우는 상대적 등록취소사유에 해당된다. 그러므로 업무정지처분사유에도 해당된다.
40) ○
41) × 중개가 완성(거래계약서를 작성한 경우)된 경우에 설명하고 관계증서 사본을 교부해야 한다.

42 개업공인중개사는 중개가 완성된 때에는 거래당사자에게 손해배상책임의 보장에 관한 사항을 설명하고 관계증서의 사본을 교부하거나 관계증서에 관한 전자문서를 제공해야 한다.(28회)(   )

43 공인중개사인 개업공인중개사는 거래당사자에게 손해배상책임의 보장에 관한 사항을 설명하고 관계증서의 사본을 교부하거나 관계증서에 관한 전자문서를 제공하여야 한다.(31회)(   )

44 개업공인중개사는 중개가 완성된 때에는 거래당사자에게 손해배상책임의 보장기간을 설명해야 한다.(32회)(   )

45 손해배상책임보장에 관한 증서는 「전자문서 및 전자거래 기본법」에 따른 공인전자문서센터에 보관된 경우 보존해야 할 의무가 면제된다.(32회)(   )

---

42) ○
43) ○
44) ○
45) × 보존해야 할 서류에 해당되지 않는다.

핵심 20 계약금 등의 반환채무이행의 보장 : 1문제

01 개업공인중개사는 거래의 안전을 보장하기 위하여 필요하다고 인정하는 경우, 계약금 등을 예치하도록 거래당사자에게 권고할 수 있다.(30회)(   )

02 금융기관에 예치하는 데 소요되는 실비는 특별한 약정이 없는 한 매도인이 부담한다.(23회)(   )

03 개업공인중개사는 계약금 이외에 중도금이나 잔금도 예치하도록 거래당사자에게 권고할 수 있다.(23회) (   )

04 예치대상은 계약금·중도금 또는 잔금이다.(30회)(   )

05 개업공인중개사는 예치된 계약금에 해당하는 금액을 보장하는 보증보험 또는 공제에 가입하거나 공탁을 해야 한다.(23회)(   )

06 개업공인중개사는 예치된 계약금이 자기소유의 예치금과 분리하여 관리될 수 있도록 해야 한다.(23회) (   )

07 개업공인중개사는 계약금 등을 자기 명의로 금융기관 등에 예치하는 경우 자기 소유의 예치금과 분리하여 관리될 수 있도록 하여야 한다.(30회)(   )

08 개업공인중개사는 예치된 계약금을 거래당사자의 동의 없이 임의로 인출하여서는 안 된다.(23회)(   )

09 개업공인중개사는 예치명의자에 해당된다.(35회)(   )

10 거래당사자 중 일방은 예치명의자에 해당된다.(35회)(   )

11 부동산 거래계약의 이행을 보장하기 위하여 계약 관련서류 및 계약금 등을 관리하는 업무를 수행하는 전문회사는 예치명의자에 해당된다.(35회)(   )

12 「은행법」에 따른 은행은 예치명의자에 해당된다.(35회)(   )

---

01) ○
02) × 계약금 등의 반환채무이행에 소요되는 실비는 매수, 임차 그밖의 권리를 취득하고자 하는 의뢰인이 부담한다.
03) ○
04) ○
05) ○
06) ○
07) ○
08) ○
09) ○
10) × 예치명의자에 해당되지 않는다.
11) ○
12) ○

13 「보험업법」에 따른 보험회사는 계약금 등의 예치명의자가 될 수 있다.(30회)(   )

14 「보험업법」에 따른 보험회사는 예치명의자에 해당된다.(24회, 34회)(   )

15 「자본시장과 금융투자업에 관한 법률」에 따른 투자중개업자는 예치명의자에 해당된다.(34회)(   )

16 국토교통부장관의 승인을 얻어 공제사업을 하는 공인중개사협회는 예치명의자에 해당된다.(24회, 35회) (   )

17 공탁금을 예치받은 법원 명의로 예치할 수 있다.(24회)(   )

18 「한국지방재정공제회법」에 따른 한국지방재정공제회는 예치명의자에 해당된다.(34회)(   )

19 「우체국예금·보험에 관한 법률」에 따른 체신관서 명의로 예치할 수 있다.(24회)(   )

20 「자본시장과 금융투자업에 관한 법률」에 따른 신탁업자는 예치명의자에 해당된다.(24회, 34회) (   )

21 개업공인중개사는 거래당사자에게 「공인중개사법」에 따른 공제사업을 하는 자의 명의로 계약금 등을 예치하도록 권고할 수 없다.(30회)(   )

---

13) ○
14) ○
15) × 예치명의자에 해당되지 않는다.
16) ○
17) × 법원은 예치명의자에 해당되지 않는다.
18) × 예치명의자에 해당되지 않는다.
19) ○
20) ○
21) × 공제사업자는 예치명의자에 해당된다. 그러므로 권고할 수 있다.

01 토지의 매매를 업으로 하는 행위는 금지행위에 해당된다.(24회)(　　)

02 등기된 입목의 매매를 업으로 하는 행위는 금지행위에 해당된다.(24회)(　　)

03 건축물의 매매를 업으로 하는 행위는 금지행위에 해당된다.(24회)(　　)

04 토지 또는 건축물의 매매를 업으로 하는 행위는 금지행위에 해당된다.(25회)(　　)

05 건축물의 매매를 업으로 하는 행위는 금지행위에 해당된다.(27회)(　　)

06 법인 아닌 개업공인중개사가 중개대상물 외 건축자재의 매매를 업으로 하는 행위는 금지행위에 해당된다.(28회)(　　)

07 중개대상물의 매매를 업으로 하는 행위는 금지행위에 해당한다.(29회)(　　)

08 소속공인중개사가 중개대상물의 매매를 업으로 하는 행위는 금지된다.(34회)(　　)

09 법인인 개업공인중개사의 사원이 중개대상물의 매매를 업으로 하는 것은 금지되지 않는다.(30회)(　　)

10 중개사무소 개설등록을 하지 않고 중개업을 영위하는 자인 사실을 알면서 그를 통하여 중개를 의뢰받는 행위는 금지행위에 해당된다.(28회)(　　)

11 무등록 중개업을 영위하는 자인 사실을 알면서 그를 통하여 중개를 의뢰받는 행위는 금지행위에 해당된다.(31회)(　　)

12 상업용 건축물의 분양을 대행하고 법정의 중개보수 또는 실비를 초과하여 금품을 받는 행위는 금지행위에 해당된다.(27회)(　　)

---

01) ○
02) ○
03) ○
04) ○
05) ○
06) × 건축자재의 매매를 업으로 하는 행위는 금지행위에 해당되지 않는다.
07) ○
08) ○
09) × 법인인 개업공인중개사의 사원도 금지행위가 적용된다.
10) ○
11) ○
12) × 분양대행은 중개에 해당되지 않으므로 보수를 얼마를 받든 금지행위는 아니다.

13 사례금 명목으로 법령이 정한 한도를 초과하여 중개보수를 받는 행위는 금지행위에 해당된다.(28회)
(   )

14 개업공인중개사가 중개보수 산정에 관한 지방자치단체의 조례를 잘못 해석하여 법정한도를 초과한 중개보수를 받은 경우 「공인중개사법」 제33조의 금지행위에 해당하지 않는다.(31회)(   )

15 공인중개사가 매도의뢰인과 서로 짜고 매도의뢰가격을 숨긴 채 이에 비하여 무척 높은 가격으로 매수의뢰인에게 부동산을 매도하고 그 차액을 취득한 행위는 금지행위에 해당된다.(25회)(   )

16 관계 법령에서 양도·알선 등이 금지된 부동산의 분양과 관련 있는 증서의 매매를 중개하는 행위는 금지행위에 해당된다.(28회)(   )

17 상가 전부의 매도시에 사용하려고 매각조건 등을 기재하여 인쇄해 놓은 양식에 매매대금과 지급기일 등 해당 사항을 기재한 분양계약서는 양도·알선 등이 금지된 부동산의 분양 등과 관련 있는 증서에 해당하지 않는다.(29회)(   )

18 아파트의 특정 동·호수에 대한 분양계약이 체결된 후 그 분양권의 매매를 중개한 것은 금지행위에 해당하지 않는다.(29회)(   )

19 개업공인중개사가 소유자로부터 거래에 관한 대리권을 수여받은 대리인과 직접 거래한 행위는 금지행위에 해당된다.(25회)(   )

20 개업공인중개사가 중개의뢰인과 직접거래를 하는 행위는 금지된다.(30회)(   )

21 법인인 개업공인중개사의 임원이 중개의뢰인과 직접거래를 하는 것은 금지되지 않는다.(30회)(   )

22 부동산의 매매를 중개한 개업공인중개사가 당해 부동산을 다른 개업공인중개사의 중개를 통하여 임차한 행위는 금지행위에 해당된다.(31회)(   )

23 자기의 중개의뢰인과 직접거래를 하는 행위는 금지행위에 해당된다.(31회)(   )

---

13) ○
14) × 금지행위에 해당된다.
15) ○
16) ○
17) ○
18) ○
19) ○
20) ○
21) × 법인의 임원도 중개의뢰인과 직접거래하는 것은 금지행위에 해당된다.
22) × 다른 개업공인중개사의 중개를 통하여 임차한 행위는 금지행위에 해당되지 않는다.
23) ○

24 중개보조원이 중개의뢰인과 직접거래를 하는 것은 금지되지 않는다.(30회)(   )

25 중개의뢰인인 소유자로부터 거래에 관한 대리권을 수여받은 대리인과 중개대상물을 직접거래하는 행위는 금지행위에 해당된다.(27회)(   )

26 매도인으로부터 매도중개의뢰를 받은 개업공인중개사 乙의 중개로 X부동산을 매수한 개업공인중개사 甲이, 매수중개의뢰를 받은 다른 개업공인중개사 丙의 중개로 X부동산을 매도한 행위는 금지행위에 해당된다.(25회)(   )

27 중개의뢰인을 대리하여 타인에게 중개대상물을 임대하는 행위는 금지행위에 해당된다.(27회)(   )

28 개업공인중개사가 거래당사자 쌍방을 대리하는 것은 금지되지 않는다.(30회)(   )

29 중개의뢰인이 부동산을 단기 전매하여 세금을 포탈하려는 것을 알고도 개업공인중개사가 이에 동조하여 그 전매를 중개한 행위는 금지행위에 해당된다.(25회)(   )

30 중개의뢰인이 중간생략등기의 방법으로 전매하여 세금을 포탈하려는 것을 개업공인중개사가 알고도 투기목적의 전매를 중개하였으나, 전매차익이 발생하지 않은 경우 그 중개행위는 금지행위에 해당된다.(28회)(   )

31 탈세 등 관계 법령을 위반할 목적으로 미등기 부동산의 매매를 중개하여 부동산투기를 조장하는 행위는 금지행위에 해당한다.(29회)(   )

32 거래당사자 쌍방을 대리하는 행위는 3년 이하의 징역 또는 3천만원 이하의 벌금에 처한다.(26회)(   )

33 중개대상물의 매매를 업으로 하는 행위는 1년 이하의 징역 또는 1천만원 이하의 벌금에 처한다.(26회)(   )

34 관계 법령에서 양도가 금지된 부동산의 분양과 관련 있는 증서 등의 매매를 중개하는 행위는 1년 이하의 징역 또는 1천만원 이하의 벌금에 처한다.(26회)(   )

---

24) × 중개보조원도 중개의뢰인과 직접거래하는 것은 금지행위에 해당된다.
25) ○
26) × 다른 개업공인중개사의 중개로 거래한 경우는 금지행위에 해당되지 않는다.
27) × 일방대리로서 금지행위에 해당되지 않는다.
28) × 쌍방대리는 금지행위에 해당된다.
29) ○
30) ○
31) ○
32) ○
33) ○
34) × 3년 이하의 징역이나 3천만원 이하의 벌금에 처해지는 사유에 해당된다.

35 사례의 명목으로 보수 또는 실비를 초과하여 금품을 받는 행위는 3년 이하의 징역 또는 3천만원 이하의 벌금에 처한다.(26회)(   )

36 개업공인중개사가 중개의뢰인과 직접거래를 하는 행위를 금지하는 규정은 효력규정이다.(29회) (   )

37 부당한 이익을 얻거나 제3자에게 부당한 이익을 얻게 할 목적으로 거짓으로 거래가 완료된 것처럼 꾸미는 등 중개대상물의 시세에 부당한 영향을 주거나 줄 우려가 있는 행위는 금지행위에 해당된다. (   )

38 제3자에게 부당한 이익을 얻게 할 목적으로 거짓으로 거래가 완료된 것처럼 꾸미는 등 중개대상물의 시세에 부당한 영향을 줄 우려가 있는 행위는 금지행위에 해당된다.(31회)(   )

39 단체를 구성하여 단체 구성원 이외의 자와 공동중개를 제한하는 행위는 금지행위에 해당된다.(31회) (   )

40 중개의뢰인과 직접 거래를 하는 행위는 개업공인중개사의 업무방해행위에 해당된다.(35회)(   )

41 안내문, 온라인 커뮤니티 등을 이용하여 특정 가격 이하로 중개를 의뢰하지 아니하도록 유도하는 행위는 개업공인중개사의 업무방해행위에 해당된다.(35회)(   )

42 정당한 사유 없이 개업공인중개사 등의 중개대상물에 대한 정당한 표시 · 광고 행위를 방해하는 행위는 개업공인중개사의 업무방해행위에 해당된다.(35회)(   )

43 단체를 구성하여 특정 중개대상물에 대하여 중개를 제한하거나 단체 구성원 이외의 자와 공동중개를 제한하는 행위는 개업공인중개사의 업무방해행위에 해당된다.(35회)(   )

44 누구든지 안내문, 온라인 커뮤니티 등을 이용하여 특정 개업공인중개사 등에 대한 중개의뢰를 제한하거나 제한을 유도하는 행위는 3년 이하의 징역이나 3천만원 이하의 벌금에 처한다.(   )

---

35) × 1년 이하의 징역이나 1천만원 이하의 벌금에 처해지는 사유에 해당된다.
36) × 효력규정이 아니라 단속규정이다.
37) ○
38) ○
39) ○
40) × 해당되지 않는다.
41) ○
42) ○
43) × 해당되지 않는다.
44) ○

45 누구든지 안내문, 온라인 커뮤니티 등을 이용하여 중개대상물에 대하여 시세보다 현저하게 높게 표시·광고 또는 중개하는 특정 개업공인중개사 등에게만 중개의뢰를 하도록 유도함으로써 다른 개업공인중개사 등을 부당하게 차별하는 행위는 3년 이하의 징역이나 3천만원 이하의 벌금에 처한다.(   )

46 누구든지 안내문, 온라인 커뮤니티 등을 이용하여 특정 가격 이하로 중개를 의뢰하지 아니하도록 유도하는 행위는 3년 이하의 징역이나 3천만원 이하의 벌금에 처한다.(   )

47 소속공인중개사가 시세에 부당한 영향을 줄 목적으로 온라인 커뮤니티 등을 이용하여 특정 가격 이하로 중개를 의뢰하지 아니하도록 유도함으로써 개업공인중개사의 업무를 방해하는 행위는 금지된다.(34회)
(   )

48 누구든지 정당한 사유 없이 개업공인중개사 등의 중개대상물에 대한 정당한 표시·광고 행위를 방해하는 행위는 3년 이하의 징역이나 3천만원 이하의 벌금에 처한다.(   )

49 누구든지 개업공인중개사 등에게 중개대상물을 시세보다 현저하게 높게 표시·광고하도록 강요하거나 대가를 약속하고 시세보다 현저하게 높게 표시·광고하도록 유도하는 행위는 3년 이하의 징역이나 3천만원 이하의 벌금에 처한다.(   )

---

45) ○
46) ○
47) ○
48) ○
49) ○

01   실무교육과 연수교육은 시 · 도지사가 실시한다.(25회)(   )

02   실무교육은 그에 관한 업무의 위탁이 없는 경우 시 · 도지사가 실시한다.(28회)(   )

03   개업공인중개사로서 폐업신고를 한 후 1년 이내에 소속공인중개사로 고용신고의 대상이 된 자는 고용
       신고일 전에 다시 실무교육을 받아야 한다.(26회)(   )

04   실무교육을 받는 것은 중개사무소 개설등록의 기준에 해당한다.(29회)(   )

05   개업공인중개사로서 폐업신고를 한 후 1년 이내에 소속공인중개사로 고용신고를 하려는 자는 실무교육
       을 받아야 한다.(29회)(   )

06   개업공인중개사가 폐업신고를 한 후 1년 이내에 소속공인중개사로 고용신고되는 경우, 그 소속공인중개
       사는 실무교육을 받지 않아도 된다.(27회, 31회)(   )

07   폐업신고 후 1년 이내에 중개사무소의 개설등록을 다시 신청하려는 자는 실무교육이 면제된다.(24회)
       (   )

08   폐업신고 후 400일이 지난 날 중개사무소의 개설등록을 다시 신청하려는 자는 실무교육을 받지 않아도
       된다.(34회)(   )

09   공인중개사가 중개사무소의 개설등록을 신청하려는 경우, 등록신청일 전 1년 이내에 법인인 개업공인중
       개사가 실시하는 실무교육을 받아야 한다.(24회)(   )

10   분사무소 설치신고의 경우에는 그 분사무소의 책임자가 그 신고일 전 1년 이내에 실무교육을 받아야 한다.
       (24회)(   )

11   중개사무소 개설등록을 신청하려는 법인의 공인중개사가 아닌 사원은 실무교육 대상이 아니다.(31회)
       (   )

---

01) ○
02) ○
03) × 실무교육 받지 않아도 된다.
04) ○
05) × 실무교육 받지 않아도 된다.
06) ○
07) ○
08) × 폐업신고 후 400일이 경과했으면 1년이 경과했으므로 다시 실무교육을 받아야 개설등록할 수 있다.
09) × 실무교육의 실시권자는 시 · 도지사이다.
10) ○
11) × 법인의 사원이나 임원은 공인중개사자격증 유무에 관계없이 모두 실무교육을 받아야 한다.

12 소속공인중개사 乙이 공인중개사인 개업공인중개사 甲과의 고용관계 종료신고 후 1년 이내에 중개사무소의 개설등록을 신청한 경우 개설등록 후 1년 이내에 실무교육을 받아야 한다.(35회)(   )

13 중개사무소의 개설등록을 신청하려는 공인중개사는 28시간 이상 32시간 이하의 실무교육을 받아야 한다. (24회, 25회)(   )

14 개업공인중개사가 되려는 자의 실무교육 시간은 26시간 이상 32시간 이하이다.(31회)(   )

15 실무교육은 28시간 이상 32시간 이하, 연수교육은 3시간 이상 4시간 이하로 한다.(26회)(   )

16 소속공인중개사는 2년마다 국토교통부장관이 실시하는 연수교육을 받아야 한다.(31회)(   )

17 실무교육을 받은 개업공인중개사 및 소속공인중개사는 실무교육을 받은 후 2년마다 12시간 이상 16시간 이하의 연수교육을 받아야 한다.(25회, 26회)(   )

18 시 · 도지사는 연수교육을 실시하려는 경우 실무교육 또는 연수교육을 받은 후 2년이 되기 1개월 전까지 연수교육의 일시 · 장소 · 내용 등을 당사자에게 통지해야 한다.(27회)(   )

19 시 · 도지사는 연수교육을 실시하려는 경우 실무교육 또는 연수교육을 받은 후 2년이 되기 2개월 전까지 연수교육의 일시 · 장소 · 내용 등을 대상자에게 통지하여야 한다.(34회)(   )

20 실무교육을 받은 개업공인중개사 및 소속공인중개사는 그 실무교육을 받은 후 2년마다 연수교육을 받아야 한다.(28회)(   )

21 분사무소의 책임자가 되고자 하는 공인중개사는 고용신고일 전 1년 이내에 시 · 도지사가 실시하는 연수교육을 받아야 한다.(26회)(   )

22 분사무소의 책임자가 되고자 하는 공인중개사는 고용신고일 전 1년 이내에 시 · 도지사가 실시하는 연수교육을 받아야 한다.(27회)(   )

23 연수교육의 교육시간은 3시간 이상 4시간 이하이다.(27회)(   )

---

12) × 고용관계 종료신고 후 1년 이내에 중개사무소 개설등록을 하는 경우에는 실무교육 다시 받지 않아도 된다.
13) ○
14) × 실무교육 시간은 28시간 이상 32시간 이하이다.
15) × 연수교육 시간은 12시간 이상 16시간 이하이다.
16) × 연수교육은 국토교통부장관이 실시하는 것이 아니라 시 · 도지사가 실시한다.
17) ○
18) × 1개월이 아니라 2개월 전까지 통보하여야 한다.
19) ○
20) ○
21) × 설치신고일 전 1년 이내에 실무교육을 받아야 한다.
22) × 설치신고일 전 1년 이내에 실무교육을 받아야 한다.
23) × 연수교육은 12시간 이상 16시간 이하이다.

24 부동산 중개 및 경영 실무에 대한 교육시간은 36시간이다.(34회)(   )

25 연수교육을 실시하려는 경우 그 교육의 일시·장소를 관보에 공고한 후 대상자에게 통지해야 한다.(28회)
(   )

26 연수교육의 교육시간은 28시간 이상 32시간 이하이다.(29회)(   )

27 연수교육을 정당한 사유 없이 받지 않으면 500만원 이하의 과태료를 부과한다.(29회)(   )

28 중개보조원이 고용관계 종료신고된 후, 1년 이내에 다시 고용신고 될 경우에는 직무교육을 받지 않아도
된다.(25회)(   )

29 중개보조원이 받는 실무교육에는 부동산 중개 관련 법·제도의 변경사항이 포함된다.(31회)(   )

30 고용관계 종료신고 후 1년 이내에 다시 중개보조원으로 고용신고의 대상이 된 자는 시·도지사 또는
등록관청이 실시하는 직무교육을 받지 않아도 된다.(26회)(   )

31 고용관계 종료신고 후 1년 이내에 고용신고를 다시 하려는 중개보조원도 직무교육은 받아야 한다.(27회)
(   )

32 직무교육의 교육시간은 3시간 이상 4시간 이하로 한다.(28회)(   )

33 중개보조원의 직무수행에 필요한 직업윤리에 대한 교육 시간은 5시간이다.(34회)(   )

34 국토교통부장관이 마련하여 시행하는 교육지침에는 교육대상, 교육과목 및 교육시간 등이 포함되어야
하나, 수강료는 그러하지 않다.(26회)(   )

35 등록관청은 개업공인중개사 등의 부동산거래사고 예방을 위한 교육을 실시할 수 없다.(26회)(   )

36 시·도지사가 부동산거래사고 예방을 위한 교육을 실시하려는 경우에는 교육일 7일 전까지 교육일시·
교육장소 및 교육내용을 교육대상자에게 통지하여야 한다.(34회)(   )

---

24) × 실무교육의 교육시간은 28시간 이상 32시간 이하이며, 연수교육의 교육시간은 12시간 이상 16시간 이하이다.
25) × 관보에 공고하지 않는다.
26) × 연수교육은 12시간 이상 16시간 이하이다.
27) ○
28) ○
29) × 중개보조원은 실무교육 대상자가 아니라 직무교육 대상자에 해당된다.
30) ○
31) × 받지 않아도 된다.
32) ○
33) × 직무교육의 교육시간은 3시간 이상 4시간 이하이다.
34) × 수강료도 포함된다.
35) × 있다.
36) × 10일 전까지 통보해야 한다.

37 국토교통부장관, 시·도지사 및 등록관청은 필요하다고 인정하면 개업공인중개사 등의 부동산거래사고 예방을 위한 교육을 실시할 수 있다.(28회)(   )

38 국토교통부장관, 시·도지사, 등록관청은 개업공인중개사 등에 대한 부동산거래사고 예방 등의 교육을 위하여 교육 관련 연구에 필요한 비용을 지원할 수 있다.(31회)(   )

---

37) ○
38) ○

01 개업공인중개사는 중개대상물에 대한 거래계약이 완료되지 않을 경우에도 중개의뢰인과 중개행위에 상응하는 보수를 지급하기로 약정할 수 있고, 이 경우 공인중개사법령상 중개보수 제한 규정들이 적용된다. (33회)(   )

02 개업공인중개사의 고의와 과실 없이 중개의뢰인의 사정으로 거래계약이 해제된 경우라도 개업공인중개사는 중개보수를 받을 수 있다.(31회)(   )

03 개업공인중개사의 과실로 인하여 중개의뢰인 간의 거래행위가 취소된 경우에도 개업공인중개사는 중개업무에 관하여 중개의뢰인으로부터 소정의 보수를 받는다.(33회)(   )

04 개업공인중개사의 중개업무상 과실로 인하여 중개의뢰인 간의 거래행위가 무효가 된 경우 개업공인중개사는 중개의뢰인으로부터 소정의 보수를 받을 수 없다.(29, 35회)(   )

05 공인중개사법령에서 정한 한도를 초과하는 부동산 중개보수 약정을 한도를 초과하는 범위 내에서 무효이다.(33회)(   )

06 공인중개사법령상 중개보수 제한 규정들은 공매대상 부동산 취득의 알선에 대해서는 적용되지 않는다. (33회)(   )

07 주택(부속토지 포함) 외의 중개대상물의 중개에 대한 보수는 국토교통부령으로 정한다.(26회)(   )

08 주택(부속토지 포함)의 중개에 대한 보수는 중개의뢰인 쌍방으로부터 각각 받되, 그 일방으로부터 받을 수 있는 한도는 시·도 조례로 정한다.(26회)(   )

09 주택의 임대차를 중개하는 경우, 의뢰인 일방으로부터 받을 수 있는 중개보수의 한도는 시·도 조례로 정한다.(28회)(   )

---

01) ○
02) ○
03) × 보수를 받을 수 없다.
04) ○
05) ○
06) × 공매는 목적물의 강제환가라는 특징이 있기는 하나 본질적으로 매매의 성격을 지니고 있으므로 실질적인 내용과 효과에서 공매대상 부동산의 취득을 알선하는 것은 목적물만 차이가 있을 뿐 「공인중개사법」 제2조 제1항에서 정하는 매매를 알선하는 것과 차이가 없다.그러므로 부동산중개보수 제한에 관한 규정들은 공매대상 부동산 취득의 알선에 대해서도 적용된다고 봄이 타당하다(대판 2021.7.29, 2017다243723).
07) ○
08) ○
09) ○

10 주택의 임대차에 대한 중개보수는 국토교통부령이 정하는 한도에서 시·도 조례로 정한다.(29회)(   )

11 주택 외의 중개대상물의 중개보수의 한도는 시·도의 조례로 정한다.(28회)(   )

12 주택 외의 중개대상물에 대한 중개보수는 국토교통부령으로 정하고, 중개의뢰인 쌍방에게 각각 받는다.(29회)(   )

13 주택 외의 중개대상물의 중개에 대한 보수는 시·도의 조례로 정한다.(33회)(   )

14 주택의 중개에 대한 보수는 중개의뢰인 쌍방으로부터 각각 받되, 그 금액은 시·도의 조례로 정하는 요율한도 이내에서 중개의뢰인과 개업공인중개사가 서로 협의하여 결정한다.(35회)(   )

15 개업공인중개사가 양당사자 간의 거래계약체결을 중개한 경우에 양당사자로부터 각각 중개보수를 받을 수 있다.(31회)(   )

16 주택의 중개보수는 국토교통부령으로 정하는 범위 안에서 시·도의 조례로 정하고, 주택 외의 중개대상물의 중개보수는 국토교통부령으로 정한다.(31회)(   )

17 중개대상물인 건축물 중 주택의 면적이 2분의 1 미만인 경우, 주택 외의 중개대상물에 대한 중개보수 규정을 적용한다.(28회)(   )

18 중개대상물인 건축물 중 주택의 면적이 2분의 1 이상인 건축물은 주택의 중개보수 규정을 적용한다.(29회)(   )

19 주택의 면적이 3분의 1인 건축물에 대한 매매계약체결을 중개한 경우에 개업공인중개사는 주택의 중개에 대한 보수 규정을 적용한다.(31회)(   )

20 중개대상물의 소재지와 중개사무소의 소재지가 다른 경우 개업공인중개사는 중개대상물의 소재지를 관할하는 시·도의 조례에 따라 중개보수를 받아야 한다.(26회)(   )

21 주택인 중개대상물 소재지와 중개사무소 소재지가 다른 경우, 개업공인중개사는 중개대상물 소재지를 관할하는 시·도의 조례에서 정한 기준에 따라 중개보수를 받아야 한다.(28회)(   )

---

10) ○
11) × 국토교통부령으로 정한다.
12) ○
13) × 주택 외의 중개대상물의 중개에 대한 보수는 국토교통부령으로 정한다.
14) ○
15) ○
16) ○
17) ○
18) ○
19) × 주택 외의 중개보수 규정을 적용한다.
20) × 중개사무소 소재지를 기준으로 한다.
21) × 중개사무소 소재지를 기준으로 한다.

22 중개대상물인 주택 소재지와 중개사무소 소재지가 다른 경우 주택 소재지를 관할하는 시·도 조례에서 정한 기준에 따라 중개보수를 받아야 한다.(29회)(   )

23 중개대상물인 주택의 소재지와 중개사무소의 소재지가 다른 경우 중개보수는 중개대상물의 소재지를 관할하는 시·도의 조례에서 정한 기준에 따라야 한다.(35회)(   )

24 A시에 중개사무소가 있는 개업공인중개사가 B시에 소재하는 주택 외에 대한 중개대상물의 매매계약체결을 중개한 경우에 B시가 속한 시·도의 조례에서 정한 기준에 따라 중개보수를 받아야 한다.(31회)
(   )

25 중도금의 일부만 납부된 아파트 분양권의 매매를 중개하는 경우, 중개보수는 총 분양대금과 프리미엄을 합산한 금액을 거래금액으로 하여 계산한다.(28회)(   )

26 아파트 분양권의 매매를 중개한 경우 당사자가 거래 당시 수수하게 되는 총 대금(통상적으로 계약금, 기납부한 중도금, 프리미엄을 합한 금액)을 거래가액으로 보아야 한다.(29회)(   )

27 교환계약의 경우, 중개보수는 교환대상 중개대상물 중 거래금액이 큰 중개대상물의 가액을 거래금액으로 하여 계산한다.(28회)(   )

28 교환계약의 경우 거래금액은 교환대상 중개대상물 중 거래금액이 큰 중개대상물의 가액으로 한다.(29회)
(   )

29 동일한 중개대상물에 대하여 동일 당사자 간에 매매를 포함한 둘 이상의 거래가 동일 기회에 이루어지는 경우, 중개보수는 매매계약에 관한 거래금액만을 적용하여 계산한다.(28회)(   )

30 개업공인중개사가 동일한 중개대상물에 대하여 乙과 丙 사이에 매매와 임대차를 동시에 중개한 경우에 중개보수를 정하기 위한 거래금액의 계산은 매매계약에 관한 거래금액만을 적용한다.(31회)(   )

31 전용면적이 85㎡ 이하이고, 상·하수도 시설이 갖추어진 전용입식 부엌, 전용수세식 화장실 및 목욕시설을 갖춘 오피스텔의 임대차에 대한 중개보수의 상한요율은 거래금액의 1천분의 5이다.(29회)(   )

---

22) × 중개사무소 소재지를 관할하는 시·도 조례에서 정한 기준에 따라 중개보수를 받아야 한다.
23) × 중개사무소 소재지를 관할하는 시·도의 조례에서 정한 기준에 따라야 한다.
24) × B시가 속한 시·도의 조례가 아니라 개업공인중개사는 주택 외에 대한 중개보수로서 중개보수 및 실비의 요율 및 한도액표에 명시된 내용에 따라 중개보수를 받아야 한다.
25) × 계약금과 기납부된 중도금에 프리미엄을 합한 금액을 기준으로 한다.
26) ○
27) ○
28) ○
29) ○
30) ○
31) × 거래금액의 1천분의 4이다.

32 주거용 오피스텔의 매매를 중개한 경우에 개업공인중개사 甲이 매도의뢰인 乙로부터 받을 수 있는 실비는 중개사무소가 있는 A시가 속한 시·도의 조례에서 정한 기준에 따른다.(33회)(　　)

33 주거용 오피스텔의 매매를 중개한 경우에 개업공인중개사 甲이 매수의뢰인 丙으로부터 받을 수 있는 중개보수의 상한요율은 거래금액의 1천분의 5이다.(33회)(　　)

34 주거용 오피스텔의 매매를 중개한 경우에 개업공인중개사 甲은 매도의뢰인 乙과 매수의뢰인 丙으로부터 각각 중개보수를 받을 수 있다.(33회)(　　)

35 주거용 오피스텔의 매매를 중개한 경우에 주택(부속토지 포함)의 중개에 대한 보수 및 실비 규정을 적용한다.(33회)(　　)

36 공인중개사법령에서 정한 한도를 초과하는 중개보수약정은 그 한도를 초과하는 범위 내에서 무효이다.(28회)(　　)

37 법정한도를 초과하는 개업공인중개사와 중개의뢰인의 중개보수 약정은 그 한도를 초과하는 범위 내에서 무효이다.(31회)(　　)

38 개업공인중개사와 중개의뢰인 간에 중개보수의 지급시기 약정이 없을 때는 중개대상물의 거래대금 지급이 완료된 날로 한다.(26회)(　　)

39 중개보수의 지급시기는 개업공인중개사와 중개의뢰인의 약정이 없을 때에는 중개대상물의 거래대금 지급이 완료된 날이다.(31회, 35회)(　　)

40 개업공인중개사와 중개의뢰인 간의 약정이 없는 경우, 중개보수의 지급시기는 거래계약이 체결된 날로 한다.(28회)(　　)

41 다른 약정이 없는 경우 중개보수의 지급시기는 중개대상물의 거래대금 지급이 완료된 날로 한다.(29회)(　　)

---

32) ○
33) ○
34) ○
35) × 주거용 오피스텔의 중개보수는 시행규칙에서 정하고 있으며, 매매와 교환은 거래가액의 0.5% 이내, 임대차 등은 거래가액의 0.4% 이내에서 받도록 규정되어 있다.
36) ○
37) ○
38) ○
39) ○
40) × 거래대금지급이 완료된 날이다.
41) ○

42 개업공인중개사의 중개보수의 지급시기는 개업공인중개사와 중개의뢰인 간의 약정에 따르되, 약정이 없을 때에는 중개대상물의 거래대금 지급이 완료된 날로 한다.(33회)(　　　)

43 개업공인중개사는 계약금 등의 반환채무이행 보장을 위해 실비가 소요되더라도 보수 이외에 실비를 받을 수 없다.(28회)(　　　)

44 개업공인중개사는 권리를 취득하고자 하는 중개의뢰인으로부터 계약금 등의 반환채무이행 보장에 소요되는 실비를 받을 수 없다.(33회)(　　　)

45 개업공인중개사는 중개대상물의 권리관계 등의 확인에 소요되는 실비를 받을 수 있다.(29회)(　　　)

46 개업공인중개사는 중개의뢰인으로부터 중개대상물의 권리관계 등의 확인에 소요되는 실비를 받을 수 있다.(35회)(　　　)

47 개업공인중개사는 권리를 이전하고자 하는 중개의뢰인으로부터 중개대상물의 권리관계 등의 확인에 소요되는 실비를 받을 수 없다.(33회)(　　　)

48 개업공인중개사가 Y시 소재 X주택에 대하여 동일당사자 사이의 매매와 임대차를 동일 기회에 중개하는 경우, 일방당사자로부터 받을 수 있는 중개보수의 최고한도액은 80만원이다.(24회)(　　　)

> 1. 甲(매도인, 임차인), 乙(매수인, 임대인)
>
> 2. 매매대금 : 1억 8천만원
>
> 3. 임대보증금 : 2천만원, 월차임 : 20만원
>
> 4. 임대기간 : 1년
>
> 5. Y시 주택매매 및 임대차 중개보수의 기준
>
>   1) 매매금액 5천만원 이상 2억원 미만 : 상한요율 0.5%(한도액 80만원)
>
>   2) 보증금액 5천만원 미만 : 상한요율 0.5%(한도액 20만원)

---

42) ○
43) × 받을 수 있다.
44) × 계약금 등의 반환채무이행의 보장에 소요되는 실비는 매수, 임차 그 밖에 권리를 취득하고자 하는 중개의뢰인에게 받을 수 있다.
45) ○
46) ○
47) × 중개대상물의 권리관계 확인 등에 소요되는 실비는 매도, 임대 그 밖에 권리를 이전하고자 하는 중개의뢰인에게 받을 수 있다.
48) ○

49 개업공인중개사가 X시에 소재하는 주택의 면적이 3분의 1인 건축물에 대하여 매매와 임대차계약을 동시에 중개하였다. 개업공인중개사가 甲으로부터 받을 수 있는 중개보수의 최고한도액은 90만원이다. (25회)(   )

〈계약 조건〉

1. 계약당사자 : 甲(매도인, 임차인)과 乙(매수인, 임대인)

2. 매매계약 : 1) 매매대금 : 1억원,
            2) 매매계약에 대하여 합의된 중개보수 : 100만원

3. 임대차계약 : 1) 임대보증금 : 3천만원,
              2) 월차임 : 30만원,
              3) 임대기간 : 2년

〈X시 중개보수 조례 기준〉

1. 매매대금 5천만원 이상 2억원 미만 : 상한요율 0.5%(한도액 80만원)

2. 보증금액 5천만원 이상 1억원 미만 : 상한요율 0.4%(한도액 30만원)

---

50 甲은 개업공인중개사 丙에게 중개를 의뢰하여 乙소유의 전용면적 70㎡ 오피스텔을 보증금 2천만원, 월차임 25만원에 임대차계약을 체결하였다. 이 경우 丙이 甲으로부터 받을 수 있는 중개보수의 최고한도액은 150,000원이다.(임차한 오피스텔은 건축법령상 업무시설로 상·하수도 시설이 갖추어진 전용입식 부엌, 전용수세식 화장실 목욕시설을 갖춤)(26회)(   )

51 개업공인중개사 甲이 乙의 일반주택을 6천만원에 매매를 중개한 경우와 甲이 위 주택을 보증금 1천5백만원, 월차임 30만원, 계약기간 2년으로 임대차를 중개한 경우를 비교했을 때, 甲이 乙에게 받을 수 있는 중개보수 최고한도액의 차이는 12만원이다.(27회)(   )

〈중개보수 상한요율〉

1. 매매 : 거래금액 5천만원 이상 2억원 미만은 0.5%

2. 임대차 : 거래금액 5천만원 미만은 0.5%
              5천만원 이상 1억원 미만은 0.4%

---

49) ○
50) ○
51) ○

52 A시에 중개사무소를 둔 개업공인중개사가 A시에 소재하는 주택(부속토지 포함)에 대하여 아래와 같이 매매와 임대차계약을 동시에 중개하였다. 공인중개사법령상 개업공인중개사가 甲으로부터 받을 수 있는 중개보수의 최고한도액은 100만원이다.(34회)(   )

[계약에 관한 사항]

1. 계약당사자 : 甲(매도인, 임차인)과 乙(매수인, 임대인)

2. 매매계약
   1) 매매대금 : 2억 5천만원
   2) 매매계약에 대하여 합의된 중개보수 : 160만원

3. 임대차계약
   1) 임대보증금 : 1천만원
   2) 월차임 : 30만원
   3) 임대기간 : 2년

[A시의 중개보수 조례 기준]

1. 거래금액 2억원 이상 9억원 미만(매매ㆍ교환) : 상한요율 0.4%

2. 거래금액 5천만원 미만(임대차 등) : 상한요율 0.5%(한도액 20만원)

---

52) ○

01 자격취소처분은 중개사무소의 소재지를 관할하는 시·도지사가 한다.(26회)(   )

02 자격취소처분은 그 자격증을 교부한 시·도지사가 행한다.(29회)(   )

03 공인중개사의 자격취소처분은 공인중개사의 현주소지를 관할하는 시장·군수·구청장이 행한다. (30회)(   )

04 공인중개사의 자격취소처분은 청문을 거쳐 중개사무소의 개설등록증을 교부한 시·도지사가 행한다. (34회)(   )

05 부정한 방법으로 공인중개사의 자격을 취득한 경우 자격취소사유에 해당하며, 1년 이하의 징역 또는 1천만원 이하의 벌금에 처해진다.(27회)(   )

06 부정한 방법으로 공인중개사의 자격을 취득한 경우는 자격취소사유에 해당된다.(32회)(   )

07 시·도지사는 공인중개사가 부정한 방법으로 공인중개사의 자격을 취득한 경우에는 그 자격을 취소해야 한다.(33회)(   )

08 공인중개사 자격정지처분을 받고 그 기간 중에 다른 개업공인중개사의 소속공인중개사가 된 경우, 자격취소사유가 된다.(24회)(   )

09 공인중개사가 자격정지처분을 받은 기간 중에 법인인 개업공인중개사의 임원이 되는 경우 시·도지사는 그 자격을 취소하여야 한다.(34회)(   )

10 공인중개사가 다른 사람에게 자기의 성명을 사용하여 중개업무를 하게 한 경우는 자격취소사유에 해당된다.(31회)(   )

11 다른 사람에게 자기의 공인중개사자격증을 대여한 경우는 자격취소사유에 해당된다.(32회)(   )

---

01) × 자격증을 교부한 시·도지사가 한다.
02) ○
03) × 자격증을 교부한 시·도지사가 자격취소처분을 한다.
04) × 공인중개사의 자격취소처분은 청문을 거쳐 자격을을 교부한 시·도지사가 행한다.
05) × 1/1에는 해당되지 않는다.
06) ○
07) ○
08) ○
09) ○
10) ○
11) ○

12 공인중개사가 다른 사람에게 자기의 성명을 사용하여 중개업무를 하게 한 경우, 시·도지사는 그 자격을 취소해야 한다.(27회)(   )

13 자격정지처분을 받고 그 자격정지기간 중에 중개업무를 행한 경우는 자격취소사유에 해당한다.(25회)(   )

14 개업공인중개사가 조직한 사업자단체가「독점규제 및 공정거래에 관한 법률」을 위반하여 공정거래위원회로부터 과징금 처분을 최근 2년 이내에 2회 이상 받은 경우 그의 공인중개사 자격이 취소된다.(26회)(   )

15 공인중개사가 자격정지처분을 받고 그 정지기간 중에 다른 개업공인중개사의 소속공인중개사가 된 경우 자격취소사유가 된다.(27회)(   )

16「공인중개사법」에 따라 공인중개사 자격정지처분을 받고 그 자격정지기간 중에 중개업무를 행한 경우는 자격취소사유에 해당된다.(32회)(   )

17 공인중개사가「공인중개사법」을 위반하여 징역형의 집행유예를 받은 경우는 자격취소사유에 해당된다.(31회)(   )

18 시·도지사는 공인중개사가 이 법을 위반하여 300만원 이상 벌금형의 선고를 받은 경우에는 그 자격을 취소해야 한다.(33회)(   )

19 소속공인중개사가「공인중개사법」을 위반하여 징역형의 선고를 받은 경우는 자격정지처분사유에 해당된다.(32회)(   )

20 공인중개사가 폭행죄로 징역형을 선고받은 경우에는 자격취소사유가 된다.(24회)(   )

21 자격증을 교부한 시·도지사와 공인중개사 사무소의 소재지를 관할하는 시·도지사가 다른 경우, 자격증을 교부한 시·도지사가 자격취소처분에 필요한 절차를 이행한다.(27회)(   )

---

12) ○
13) ○
14) × 공인중개사 자격취소사유가 아니라 상대적 등록취소사유에 해당된다.
15) ○
16) ○
17) ○
18) × 이 법을 위반하여 징역형을 선고받은 경우에 자격취소사유에 해당되며, 벌금형을 선고받은 경우는 자격취소사유에 해당되지 않는다.
19) × 자격취소사유에 해당된다.
20) ×「공인중개사법」위반이 아니므로 자격취소사유에는 해당되지 않는다.
21) × 절차를 이행하는 것은 사무소 소재지를 관할하는 시·도지사이다.

22 자격증을 교부한 시·도지사와 중개사무소의 소재지를 관할하는 시·도지사가 서로 다른 경우에는 자격증을 교부한 시·도지사가 자격취소처분에 필요한 절차를 이행해야 한다.(29회)(   )

23 자격이 취소된 자는 그 자격증을 폐기하고, 그 사실을 시·도지사에게 고지해야 한다.(24회)(   )

24 공인중개사 자격취소처분을 받은 개업공인중개사는 중개사무소의 소재지를 관할하는 시·도지사에게 공인중개사자격증을 반납해야 한다.(27회)(   )

25 자격취소처분을 받은 자는 그 취소처분을 안 날로부터 14일 이내에 그 자격증을 반납해야 한다.(24회)(   )

26 자격취소처분을 받아 자격증을 반납하고자 하는 자는 그 처분을 받은 날부터 7일 이내에 반납해야 한다.(26회)(   )

27 자격취소처분을 받아 그 자격증을 반납하고자 하는 자는 그 처분을 받은 날부터 7일 이내에 반납해야 한다.(29회)(   )

28 자격취소처분을 받아 공인중개사자격증을 반납하려는 자는 그 처분을 받은 날부터 7일 이내에 반납해야 한다.(30회, 34회)(   )

29 공인중개사 자격이 취소되었으나 공인중개사자격증을 분실 등의 사유로 반납할 수 없는 자는 신규발급절차를 거쳐 발급된 공인중개사자격증을 반납하여야 한다.(30회)(   )

30 자격이 취소된 자는 자격증을 교부한 시·도지사에게 그 자격증을 반납해야 한다.(26회)(   )

31 분실로 인하여 공인중개사자격증을 반납할 수 없는 자는 자격증 반납을 대신하여 그 이유를 기재한 사유서를 시·도지사에게 제출하여야 한다.(34회)(   )

32 취소처분을 받은 자가 자격증을 분실한 경우에는 그 사유를 구두로 설명하는 것으로 자격증 반납에 갈음할 수 있다.(24회)(   )

---

22) × 중개사무소의 소재지를 관할하는 시·도지사가 절차를 이행한다.
23) × 7일 이내에 자격증을 반납해야 한다.
24) × 자격증을 교부한 시·도지사에게 반납해야 한다.
25) × 7일 이내
26) ○
27) ○
28) ○
29) × 서면으로 사유서를 제출해야 한다.
30) ○
31) ○
32) × 서면으로 사유서를 제출해야 한다.

33 공인중개사 자격취소처분을 받아 자격증을 반납하고자 하는 자는 그 처분을 받은 날부터 (7일) 이내에 그 자격증을 반납해야 한다.(27회)( )

34 공인중개사의 자격이 취소된 자는 공인중개사자자격증을 교부한 시·도지사에게 반납해야 한다.(33회) ( )

35 시·도지사는 자격증 대여를 이유로 자격을 취소하고자 하는 경우 청문을 실시해야 한다.(26회)( )

36 자격취소사유가 발생한 경우에는 청문을 실시하지 않아도 해당 공인중개사의 자격을 취소할 수 있다. (30회)( )

37 시·도지사는 공인중개사의 자격을 취소하고자 하는 경우에는 청문을 실시해야 한다.(29회, 33회) ( )

38 시·도지사는 자격취소처분을 한 때에는 5일 이내에 이를 국토교통부장관에게 보고하고 다른 시·도지사에게 통지해야 한다.(26회, 29회, 30회, 33회, 34회)( )

39 시·도지사는 공인중개사의 자격취소처분을 한 때에는 7일 이내에 이를 국토교통부장관에게 보고해야 한다.(27회)( )

40 공인중개사에 대하여 자격취소와 자격정지를 명할 수 있는 자는 자격취소 또는 자격정지처분을 한 때에 5일 이내에 국토교통부장관에게 보고해야 한다.(25회)( )

41 자격취소 또는 자격정지처분을 할 수 있는 자는 자격증을 교부한 시·도지사이다.(25회)( )

42 시·도지사가 공인중개사의 자격정지처분을 한 경우에 다른 시·도지사에게 통지해야 하는 규정이 없다. (26회)( )

43 자격취소처분은 공인중개사를 대상으로, 자격정지처분은 소속공인중개사를 대상으로 한다.(25회)( )

---

33) ○
34) ○
35) ○
36) × 자격취소처분을 하고자 하는 경우에는 청문을 실시해야 한다.
37) ○
38) ○
39) × 5일 이내에 보고해야 한다.
40) × 자격정지는 보고사항에 해당되지 않고, 자격취소만 보고사항에 해당된다.
41) ○
42) ○
43) ○

44 소속공인중개사가 하나의 거래 중개가 완성된 때 서로 다른 두 개의 거래계약서를 작성한 경우는 자격정지 3개월에 해당된다.(24회)(   )

45 소속공인중개사가 하나의 거래에 대하여 서로 다른 2 이상의 거래계약서를 작성한 경우는 자격정지처분사유에 해당된다.(29회)(   )

46 소속공인중개사가 거래계약서를 작성할 때 거래금액 등 거래내용을 거짓으로 기재한 경우는 자격정지 사유에 해당된다.(31회)(   )

47 소속공인중개사가 거래계약서에 거래내용을 거짓으로 기재한 경우는 자격정지 3개월에 해당된다.(24회) (   )

48 소속공인중개사가 거래계약서에 거래금액 등 거래내용을 거짓으로 기재한 경우는 자격정지처분사유에 해당된다.(29회)(   )

49 소속공인중개사가 고객의 요청에 의해 거래계약서에 거래금액을 거짓으로 기재한 경우는 자격정지처분 사유에 해당된다.(30회)(   )

50 소속공인중개사가 등록관청에 등록하지 않은 인장을 사용하여 중개행위를 한 경우는 자격정지처분사유에 해당된다.(32회)(   )

51 소속공인중개사가 중개대상물의 매매를 업으로 하는 경우는 자격정지사유에 해당된다.(31회)(   )

52 소속공인중개사가 중개대상물의 매매를 업으로 하는 행위를 한 경우는 자격정지처분사유에 해당된다. (32회)(   )

53 소속공인중개사가 중개대상물의 확인 · 설명의 근거자료를 제시하지 않은 경우는 자격정지 3개월에 해당된다.(24회)(   )

54 소속공인중개사가 확인 · 설명의 근거자료를 제시하지 아니한 경우에 자격정지기준은 6개월이다.(34회) (   )

---

44) × 6개월이다.
45) ○
46) ○
47) × 6개월이다.
48) ○
49) ○
50) ○
51) ○
52) ○
53) ○
54) × 3개월이다.

55 소속공인중개사가 성실 · 정확하게 중개대상물의 확인 · 설명을 하지 않은 경우는 자격정지처분사유에 해당된다.(29회)(   )

56 소속공인중개사가 성실 · 정확하게 중개대상물의 확인 · 설명을 하지 않은 경우는 자격정지처분사유에 해당된다.(32회)(   )

57 소속공인중개사가 동시에 다른 개업공인중개사의 소속공인중개사로 된 경우는 자격정지 3개월에 해당된다.(24회)(   )

58 소속공인중개사가 2 이상의 중개사무소에 소속된 경우에 자격정지기준은 6개월이다.(34회)(   )

59 소속공인중개사가 2 이상의 중개사무소에 소속공인중개사로 소속된 경우는 자격정지처분사유에 해당된다. (28회, 29회, 30회, 32회)(   )

60 소속공인중개사가 등록하지 아니한 인장을 사용한 경우에 자격정지기준은 6개월이다.(34회)(   )

61 소속공인중개사가 고객을 위하여 거래내용에 부합하는 동일한 거래계약서를 4부 작성한 경우는 자격정지처분사유에 해당된다.(30회)(   )

62 법인의 분사무소의 책임자가 서명 및 날인하였기에 당해 중개행위를 한 소속공인중개사가 확인 · 설명서에 서명 및 날인을 하지 않은 경우는 자격정지처분사유에 해당된다.(30회)(   )

63 소속공인중개사가 당해 중개대상물의 거래상 중요사항에 관하여 거짓된 언행으로 중개의뢰인의 판단을 그르치게 한 경우는 자격정지 3개월에 해당된다.(24회)(   )

64 소속공인중개사가 거래당사자 쌍방을 대리하는 행위를 한 경우는 자격정지처분사유에 해당된다.(28회) (   )

65 소속공인중개사가 거래계약서에 서명 및 날인을 하지 아니한 경우는 자격정지사유에 해당한다.(27회) (   )

---

55) ○
56) ○
57) × 6개월이다.
58) ○
59) ○
60) × 3개월이다.
61) × 공인중개사법령 위반이 아니므로 자격정지처분사유에 해당되지 않는다.
62) ○
63) × 6개월이다.
64) ○
65) ○

66 소속공인중개사가 거래계약서에 서명 · 날인을 하지 아니한 경우에 자격정지 기준은 6개월이다.(34회) ( )

67 소속공인중개사가 중개대상물 확인 · 설명서를 교부하지 아니한 경우는 자격정지사유에 해당한다.(27회) ( )

68 소속공인중개사가 전속중개계약서에 의하지 아니하고 전속중개계약을 체결한 경우는 자격정지사유에 해당한다.(27회)( )

69 소속공인중개사가 국토교통부령이 정하는 전속중개계약서에 의하지 않고 전속중개계약을 체결한 경우는 자격정지처분사유에 해당된다.(29회)( )

70 소속공인중개사가 공인중개사자격증을 대여한 경우는 자격정지처분사유에 해당된다.(28회)( )

71 소속공인중개사가 권리를 취득하고자 하는 중개의뢰인에게 중개가 완성되기 전까지 등기사항증명서 등 확인 · 설명의 근거자료를 제시하지 않은 경우는 자격정지처분사유에 해당된다.(30회)( )

72 소속공인중개사가 다른 사람에게 자기의 성명을 사용하여 중개업무를 하게 한 경우에는 자격정지처분사유에 해당한다.( )

73 소속공인중개사가 부정한 방법으로 공인중개사의 자격을 취득한 경우는 자격정지처분사유에 해당된다.(28회)( )

74 시장 · 군수 또는 구청장은 공인중개사 자격정지사유 발생시 6개월의 범위 안에서 기간을 정하여 그 자격을 정지할 수 있다.(27회)( )

75 자격정지기간은 2분의 1의 범위 안에서 가중 또는 감경할 수 있으며, 가중하여 처분하는 때에는 9개월로 할 수 있다.(27회)( )

76 자격정지사유에는 행정형벌이 병과될 수 있는 경우도 있다.(25회)( )

---

66) × 3개월이다.
67) × 교부는 개업공인중개사가 하는 것이다.
68) × 전속중개계약서는 개업공인중개사가 작성하는 것이므로 자격정지처분사유에 해당되지 않는다.
69) × 전속중개계약은 개업공인중개사가 체결하므로 자격정지처분사유에 해당되지 않는다.
70) × 자격취소사유이다.
71) ○
72) × 자격취소사유이다.
73) × 자격취소사유이다.
74) × 시장 · 군수 또는 구청장이 아니라 시 · 도지사이다.
75) × 최장기간이 6개월을 초과할 수 없다.
76) ○

01 개업공인중개사가 사망한 경우는 절대적 취소사유에 해당된다.(29회, 33회, 35회)(   )

02 개업공인중개사인 법인이 해산한 경우, 등록관청은 그 중개사무소의 개설등록을 취소해야 한다.(27회)(   )

03 개업공인중개사인 법인이 해산한 경우는 절대적 취소사유에 해당된다.(25회, 30회, 32회)(   )

04 거짓으로 중개사무소의 개설등록을 한 경우는 절대적 취소사유에 해당된다.(30회, 32회, 35회)(   )

05 업무정지기간 중에 중개업무를 한 경우는 절대적 취소사유에 해당된다.(35회)(   )

06 공인중개사인 개업공인중개사가 개업공인중개사인 법인의 사원·임원이 된 경우는 절대적 취소사유에 해당된다.(35회)(   )

07 공인중개사법령을 위반한 개업공인중개사 甲에게 2025년 9월 12일에 400만원 벌금형이 선고되어 확정된 경우는 절대적 취소사유이다.(29회)(   )

08 개업공인중개사 甲이 2025년 9월 12일에 배임죄로 징역 1년, 집행유예 1년 6개월이 선고되어 확정된 경우는 절대적 취소사유이다.(29회)(   )

09 개업공인중개사가 개설등록 후 금고 이상의 형의 집행유예를 받고 그 유예기간 중에 있게 된 경우는 절대적 취소사유에 해당된다.(32회)(   )

10 법인이 아닌 개업공인중개사가 파산선고를 받고 복권되지 아니한 경우는 절대적 취소사유이다.(30회)(   )

11 중개대상물 확인·설명서를 교부하지 아니한 경우는 절대적 취소사유에 해당된다.(35회)(   )

12 이중으로 중개사무소의 개설등록을 한 경우는 절대적 취소사유에 해당된다.(25회)(   )

---

01) ○
02) ○
03) ○
04) ○
05) ○
06) ○
07) ○
08) ○
09) ○
10) ○
11) × 업무정지처분사유에 해당된다.
12) ○

13 개업공인중개사가 다른 개업공인중개사의 중개보조원이 된 경우는 절대적 취소사유에 해당된다.(25회) ( )

14 자격정지처분을 받은 소속공인중개사로 하여금 자격정지기간 중에 중개업무를 하게 한 경우는 절대적 취소사유이다.(30회)( )

15 개업공인중개사가 업무정지기간 중에 중개업무를 한 경우는 중개사무소 개설등록을 취소하여야 한다. (33회)( )

16 개업공인중개사가 천막 등 이동이 용이한 임시중개시설물을 설치한 경우는 절대적 취소사유에 해당된다. (25회)( )

17 공인중개사법령을 위반하여 2 이상의 중개사무소를 둔 경우는 절대적 취소사유이다.(30회)( )

18 개업공인중개사가 천막 그 밖에 이동이 용이한 임시 중개시설물을 설치한 경우는 중개사무소 개설등록을 취소하여야 한다.(33회)( )

19 등록관청은 이중으로 등록된 중개사무소의 개설등록을 취소해야 한다.(27회)( )

20 개업공인중개사가 이중으로 중개사무소의 개설등록을 한 경우는 중개사무소 개설등록을 취소하여야 한다. (33회)( )

21 개업공인중개사가 이중으로 중개사무소 개설등록을 한 경우는 절대적 취소사유에 해당된다.(32회)( )

22 甲이 2018년 9월 12일에 다른 사람에게 자기의 성명을 사용하여 중개업무를 하게 한 경우는 절대적 취소사유이다.(29회)( )

---

13) ○
14) ○
15) ○
16) × 상대적 취소사유에 해당된다.
17) × 상대적 취소사유에 해당된다.
18) × 상대적 취소사유에 해당된다.
19) ○
20) ○
21) ○
22) ○

23 중개사무소 등록기준에 미달하게 된 경우는 상대적 취소사유이다.(26회)(   )

24 국토교통부령이 정하는 전속중개계약서에 의하지 아니하고 전속중개계약을 체결한 경우는 상대적 취소사유이다.(26회)(   )

25 개업공인중개사가 이동이 용이한 임시 중개시설물을 설치한 경우는 상대적 취소사유이다.(26회)(   )

26 개업공인중개사가 대통령령으로 정하는 부득이한 사유가 없음에도 계속하여 6개월을 초과하여 휴업한 경우는 상대적 취소사유이다.(26회)(   )

27 개업공인중개사가 손해배상책임을 보장하기 위한 조치를 이행하지 아니하고 업무를 개시한 경우는 상대적 취소사유이다.(26회)(   )

28 등록관청은 개업공인중개사가 이동이 용이한 임시 중개시설물을 설치한 경우에는 중개사무소의 개설등록을 취소해야 한다.(28회)(   )

29 개업공인중개사가 최근 1년 이내에 「공인중개사법」에 의하여 2회 업무정지처분을 받고 다시 업무정지처분에 해당하는 행위를 한 경우는 절대적 취소사유에 해당된다.(27회)(   )

30 개업공인중개사가 최근 1년 이내에 「공인중개사법」에 의하여 1회 업무정지처분, 2회 과태료처분을 받고 다시 업무정지처분에 해당하는 행위를 한 경우는 절대적 취소사유에 해당된다.(27회)(   )

31 개업공인중개사가 甲이 최근 1년 이내에 공인중개사법령을 위반하여 1회 업무정지처분, 2회 과태료처분을 받고 다시 업무정지처분에 해당하는 행위를 한 경우는 절대적 취소사유이다.(29회)(   )

32 등록관청은 개업공인중개사가 최근 (1)년 이내에 이 법에 의하여 (2)회 이상 업무정지처분을 받고 다시 업무정지처분에 해당하는 행위를 한 경우에는 중개사무소의 개설등록을 취소하여야 한다.(32회)(   )

33 개업공인중개사가 최근 1년 이내에 이 법에 의하여 2회 이상 업무정지처분을 받고 다시 업무정지처분에 해당하는 행위를 한 경우는 중개사무소 개설등록을 취소하여야 한다.(33회)(   )

---

23) ○
24) × 업무정지처분사유에 해당된다.
25) ○
26) ○
27) ○
28) × 임시 중개시설물을 설치한 경우는 상대적 취소사유에 해당된다.
29) ○
30) × 상대적 취소사유이다.
31) × 상대적 취소사유이고, 절대적 취소사유는 아니다.
32) ○
33) ○

34 개업공인중개사가 최근 1년 이내에 「공인중개사법」에 의하여 2회 업무정지처분, 1회 과태료처분을 받고 다시 업무정지처분에 해당하는 행위를 한 경우는 절대적 취소사유에 해당된다.(27회)(   )

35 개업공인중개사가 최근 1년 이내에 「공인중개사법」에 의하여 3회 과태료처분을 받고 다시 업무정지처분에 해당하는 행위를 한 경우는 절대적 취소사유에 해당된다.(27회)(   )

36 개업공인중개사가 최근 1년 이내에 「공인중개사법」에 의하여 1회의 과태료 처분을 받고 다시 과태료처분에 해당하는 행위를 한 경우는 업무정지처분사유이다.(25회)(   )

37 개업공인중개사가 부동산거래정보망에 중개대상물에 관한 정보를 거짓으로 공개한 경우는 업무정지처분사유이다.(25회)(   )

38 개업공인중개사가 부동산거래정보망에 중개대상물에 관한 정보를 거짓으로 공개한 경우는 업무정지처분사유에 해당된다.(32회)(   )

39 법인인 개업공인중개사가 최근 1년 이내에 겸업금지 규정을 1회 위반한 경우는 업무정지처분사유이다.(25회)(   )

40 개업공인중개사가 중개대상물 확인·설명서 사본의 보존기간을 준수하지 않은 경우는 업무정지처분사유이다.(25회)(   )

41 개업공인중개사가 거래당사자에게 교부해야 하는 중개대상물 확인·설명서를 교부하지 않은 경우는 업무정지처분사유에 해당된다.(32회)(   )

42 광역시장은 업무정지기간의 2분의 1 범위 안에서 가중할 수 있다.(24회)(   )

43 업무정지기간을 가중 처분하는 경우, 그 기간은 9개월을 한도로 한다.(24회)(   )

44 최근 1년 이내에 이 법에 의하여 2회 이상 업무정지처분을 받은 개업공인중개사가 다시 업무정지처분에 해당하는 행위를 한 경우, 6개월의 업무정지처분을 받을 수 있다.(24회)(   )

---

34) ○
35) × 상대적 취소사유이다.
36) × 최근 1년 이내에 이 법에 의하여 2회 이상 업무정지 또는 과태료의 처분을 받고 다시 과태료처분에 해당하는 행위를 한 경우가 업무정지처분사유이다.
37) ○
38) ○
39) ○
40) ○
41) ○
42) × 업무정지처분은 등록관청이 한다.
43) × 가중하는 경우에도 6개월을 초과할 수 없다.
44) × 절대적 취소사유에 해당된다.

45 최근 1년 이내에 「공인중개사법」에 의하여 2회 이상 업무정지처분을 받고 다시 과태료의 처분에 해당하는 행위를 한 경우는 업무정지처분사유인 동시에 자격정지처분사유이다.(26회)(   )

46 거래계약서 사본을 보존기간동안 보존하지 아니한 경우는 업무정지처분사유인 동시에 자격정지처분사유이다.(26회)(   )

47 거래계약서를 작성 · 교부하지 아니한 경우는 업무정지처분사유인 동시에 자격정지처분사유이다.(26회)(   )

48 거래당사자에게 교부해야 하는 거래계약서를 적정하게 작성 · 교부하지 않은 경우는 업무정지처분사유에 해당된다.(32회)(   )

49 거래계약서에 서명 및 날인을 하지 아니한 경우는 업무정지처분사유인 동시에 자격정지처분사유이다.(29회)(   )

50 인장등록을 하지 아니한 경우는 업무정지처분사유인 동시에 자격정지처분사유이다.(29회)(   )

51 중개대상물 확인 · 설명서에 서명 및 날인을 하지 아니한 경우는 업무정지처분사유인 동시에 자격정지처분사유이다.(26회)(   )

52 중개대상물 확인 · 설명서에 서명 및 날인을 하지 아니한 경우는 업무정지처분사유인 동시에 자격정지처분사유이다.(29회)(   )

53 중개대상물 확인 · 설명서를 교부하지 아니한 경우는 업무정지처분사유인 동시에 자격정지처분사유이다.(26회)(   )

54 중개대상물 확인 · 설명서를 교부하지 않은 경우는 업무정지처분사유인 동시에 자격정지처분사유이다.(29회)(   )

---

45) ✕ 자격정지처분사유는 아니다.
46) ✕ 거래계약서 사본을 보존해야 할 의무는 개업공인중개에게 있고, 소속공인중개사에게 있는 것이 아니므로 자격정지처분사유에는 해당되지 않는다.
47) ✕ 소속공인중개사는 거래계약서를 교부해야 할 의무는 없으므로 자격정지처분사유는 아니다.
48) ○
49) ○
50) ○
51) ○
52) ○
53) ✕ 소속공인중개사는 확인 · 설명서를 교부해야 할 의무는 없으므로 자격정지처분사유는 아니다.
54) ✕ 확인 · 설명서를 교부하는 것은 개업공인중개사의 의무이지 소속공인중개사의 의무가 아니므로 자격정지처분사유에 해당되지 않는다.

55 개업공인중개사가 해당 중개대상물의 거래상의 중요사항에 관하여 거짓된 언행으로 중개의뢰인의 판단을 그르치게 하는 행위를 한 경우는 업무정지처분사유에 해당된다.(32회)(   )

56 개업공인중개사가 중개대상물에 관한 정보를 거짓으로 공개한 경우, 등록관청은 위반행위의 동기 등을 참작하여 4개월의 업무정지처분을 할 수 있다.(24회)(   )

57 甲이 미성년자를 중개보조원으로 고용한 날부터 45일 만에 고용관계를 해소한 경우, 이를 이유로 업무정지처분을 할 수 있다.(26회)(   )

58 개업공인중개사가 등록하지 아니한 인장을 사용한 경우, 등록관청이 명할 수 있는 업무정지기간의 기준은 3개월이다.(28회)(   )

59 인장등록을 하지 않거나 등록하지 않은 인장을 사용한 경우는 업무정지처분의 기준월은 6개월이다.(35회)
(   )

60 거래정보사업자에게 공개를 의뢰한 중개대상물의 거래가 완성된 사실을 그 거래정보사업자에게 통보하지 않은 경우는 업무정지처분의 기준월은 6개월이다.(35회)(   )

61 부동산거래정보망에 중개대상물에 관한 정보를 거짓으로 공개한 경우는 업무정지처분의 기준월은 6개월이다.(35회)(   )

62 중개대상물 확인·설명서를 보존기간 동안 보존하지 않은 경우는 업무정지처분의 기준월은 6개월이다.(35회)(   )

63 법령상의 전속중개계약서 서식에 따르지 않고 전속중개계약을 체결한 경우는 업무정지처분의 기준월은 6개월이다.(35회)(   )

64 업무정지처분은 해당사유가 발생한 날부터 2년이 된 때에는 이를 할 수 없다.(24회)(   )

65 업무정지처분은 그 사유가 발생한 날부터 2년이 경과한 때에는 이를 할 수 없다.(28회)(   )

---

55) ○
56) ○
57) × 고용인이 결격사유에 해당되는 경우에 2개월 이내에 해소하면 업무정지처분사유에 해당되지 않는다.
58) ○
59) × 3개월이다.
60) × 3개월이다.
61) ○
62) × 3개월이다.
63) × 3개월이다.
64) × 2년이 아니라 3년이다.
65) × 2년이 아니라 3년이다.

66 등록관청은 업무정지기간의 (1/2)의 범위 안에서 가중 또는 감경할 수 있으며, 가중하여 처분하는 경우에도 업무정지기간은 (6)개월을 초과할 수 없다.(29회)(　　)

67 폐업신고한 개업공인중개사의 중개사무소에 다른 개업공인중개사가 중개사무소를 개설등록한 경우 그 지위를 승계한다.(34회)(　　)

68 재등록 개업공인중개사에 대하여 폐업신고 전의 개설등록취소에 해당하는 위반행위를 이유로 행정처분을 할 때 폐업의 사유는 고려하지 않는다.(25회, 27회, 29회)(　　)

69 재등록 개업공인중개사에 대하여 폐업신고 전의 업무정지에 해당하는 위반행위를 이유로 행정처분을 할 때 폐업기간과 폐업의 사유는 고려하지 않는다.(34회)(　　)

70 폐업신고 전의 개업공인중개사에 대하여 위반행위를 사유로 행한 업무정지처분의 효과는 폐업일부터 1년간 다시 개설등록을 한 자에게 승계된다.(25회, 31회)(　　)

71 중개대상물에 관한 정보를 거짓으로 공개한 사유로 행한 업무정지처분의 효과는 그 처분에 대한 불복기간이 지난 날부터 1년간 다시 중개사무소의 개설등록을 한 자에게 승계된다.(34회)(　　)

72 폐업신고 전에 개업공인중개사에게 한 과태료부과처분의 효과는 그 처분일부터 9개월된 때에 재등록을 한 개업공인중개사에게 승계된다.(29회)(　　)

73 개업공인중개사 甲이 공인중개사법령 위반으로 2019. 2. 8. 1개월의 업무정지처분을 받았으나 2019. 7. 1. 폐업신고를 하였다가 2019. 12. 11. 다시 중개사무소 개설등록을 한 경우, 종전의 업무정지처분의 효과는 승계되지 않고 소멸한다.(31회)(　　)

74 개업공인중개사가 甲이 2020. 11. 16. 「공인중개사법」에 따른 과태료부과처분을 받았으나, 2020. 12. 16. 폐업신고를 하였다가 2021. 10. 15. 다시 중개사무소의 개설등록을 하였다면, 위 과태료부과처분의 효과는 승계된다.(32회)(　　)

75 개업공인중개사가 2022. 4. 1. 과태료부과처분을 받은 후 폐업신고를 하고 2023. 3. 2. 다시 중개사무소의 개설등록을 한 경우 그 처분의 효과는 승계된다.(34회)(　　)

---

66) ○
67) × 승계되지 않는다.
68) × 고려해야 한다.
69) × 고려해야 한다.
70) × 폐업일부터 1년이 아니라 처분일부터 1년간 승계된다.
71) × 그 처분에 대한 불복기간이 지난 날부터가 아니라 처분일부터 1년간 다시 중개사무소의 개설등록을 한 자에게 승계된다.
72) ○
73) × 처분일부터 1년간 승계되니까 소멸되지 않고, 승계된다.
74) ○
75) ○

76 폐업신고 전에 개업공인중개사에게 한 업무정지처분의 효과는 그 처분일부터 3년간 재등록 개업공인중개사에게 승계된다.(29회)(   )

77 폐업신고 전에 개업공인중개사에게 한 업무정지처분의 효과는 그 처분일부터 2년간 재등록 개업공인중개사에게 승계된다.(33회)(   )

78 폐업신고 전에 개업공인중개사에게 한 과태료부과처분의 효과는 그 처분일부터 10개월된 때에 재등록을 한 개업공인중개사에게 승계된다.(33회)(   )

79 개업공인중개사 甲이 거래계약서에 서명 및 날인하지 않은 날부터 2개월 후 폐업을 하였고, 2년의 폐업기간 경과 후 다시 개설등록을 하고 업무 개시를 한 경우, 위 위반행위를 이유로 업무정지처분을 할 수 있다.(26회)(   )

80 폐업기간이 13개월인 재등록 개업공인중개사에게 폐업신고 전의 업무정지사유에 해당하는 위반행위에 대하여 업무정지처분을 할 수 있다.(29회)(   )

81 폐업신고 전의 위반행위에 대한 행정처분이 업무정지에 해당하는 경우로서 폐업기간이 6개월인 경우 재등록 개업공인중개사에게 그 위반행위에 대해서 행정처분을 할 수 없다.(34회)(   )

82 개업공인중개사 甲이 공인중개사법령 위반으로 2019. 1. 8. 1개월의 업무정지처분에 해당하는 행위를 하였으나 2019. 3. 5. 폐업신고를 하였다가 2019. 12. 5. 다시 중개사무소 개설등록을 한 경우, 종전의 위반행위에 대하여 1개월의 업무정지처분을 받을 수 있다.(31회)(   )

83 乙이 2020. 8. 1. 국토교통부령으로 정하는 전속중개계약서에 의하지 않고 전속중개계약을 체결한 후, 2020. 9. 1. 폐업신고를 하였다가 2021. 10. 1. 다시 중개사무소의 개설등록을 하였다면, 등록관청은 업무정치처분을 할 수 있다.(32회)(   )

84 폐업기간이 2년을 초과한 재등록 개업공인중개사에 대해 폐업신고 전의 중개사무소 업무정지사유에 해당하는 위반행위를 이유로 행정처분을 할 수 없다.(33회)(   )

85 개업공인중개사 甲이 중개사무소를 폐업하고자 하는 경우, 국토교통부장관에게 미리 신고하여야 한다. (31회)(   )

---

76) × 처분일부터 1년간 승계된다.
77) × 처분일부터 1년간 재등록 개업공인중개사에게 승계된다.
78) ○
79) × 폐업기간이 1년을 경과한 경우에는 폐업신고 전의 위반행위를 근거로 업무정지처분을 할 수 없다.
80) × 폐업기간이 1년을 초과했으므로 업무정지처분을 할 수 없다.
81) × 폐업기간이 6개월인 경우는 할 수 있고, 폐업기간이 1년을 초과한 경우에 할 수 없다.
82) ○
83) × 폐업기간이 1년을 초과했으므로 업무정지처분을 할 수 없다.
84) ○
85) × 폐업신고는 미리 등록관청에 해야 한다.

86 개업공인중개사 甲이 폐업 사실을 신고하고 중개사무소 간판을 철거하지 아니한 경우, 과태료 부과처분을 받을 수 있다.(31회)(   )

87 폐업기간이 3년 6개월인 재등록 개업공인중개사에게 폐업신고 전의 중개사무소 개설등록취소사유에 해당하는 위반행위를 이유로 개설등록취소처분을 할 수 있다.(29회)(   )

88 개업공인중개사 甲이 공인중개사법령 위반으로 2019. 2. 5. 등록취소처분에 해당하는 행위를 하였으나 2019. 3. 6. 폐업신고를 하였다가 2021. 10. 16. 다시 중개사무소 개설등록을 한 경우, 그에게 종전의 위반행위에 대한 등록취소처분을 할 수 없다.(31회)(   )

89 丙이 2018. 8. 5. 다른 사람에게 자기의 상호를 사용하여 중개업무를 하게 한 후, 2018. 9. 5. 폐업신고를 하였다가 2021. 10. 5. 다시 중개사무소의 개설등록을 하였다면, 등록관청은 개설등록을 취소해야 한다.(32회)(   )

90 폐업기간이 3년 6개월이 지난 재등록 개업공인중개사에게 폐업신고 전의 중개사무소 개설등록취소사유에 해당하는 위반행위를 이유로 개설등록취소처분을 할 수 없다.(33회)(   )

91 개업공인중개사 甲이 업무정지사유에 해당하는 거짓 보고를 한 날부터 1개월 후 폐업을 하였고 4년의 폐업기간 경과 후 다시 개설등록을 한 경우, 위 거짓 보고를 한 행위를 이유로 업무정지처분을 할 수 있다.(26회)(   )

---

86) × 과태료처분사유에는 해당되지 않는다. 철거명령을 할 수 있고, 대집행할 수 있다.
87) × 폐업기간이 3년을 초과했으므로 등록취소처분을 할 수 없다.
88) × 폐업기간이 3년을 초과하지 않았으므로 등록취소처분을 할 수 있다.
89) × 폐업기간이 3년을 초과했으므로 등록취소처분을 할 수 없다.
90) ○
91) × 폐업기간이 1년을 경과했으므로 업무정지처분을 할 수 없다.

01 협회는 영리사업으로서 회원 간의 상호부조를 목적으로 공제사업을 할 수 있다.(30회)(   )

02 협회의 창립총회는 서울특별시에서는 300인 이상의 회원의 참여를 요한다.(25회)(   )

03 공인중개사협회를 설립하고자 하는 때에는 발기인이 작성하여 서명 · 날인한 정관에 대하여 회원 (600)인 이상이 출석한 창립총회에서 출석한 회원 과반수의 동의를 얻어 국토교통부장관의 설립인가를 받아야 한다.(30회)(   )

04 창립총회에는 서울특별시에서는 (100)인 이상, 광역시 · 도 및 특별자치도에서는 각각 (20)인 이상의 회원이 참여하여야 한다.(30회)(   )

05 협회의 창립총회를 개최할 경우 특별자치도에서는 10인 이상의 회원이 참여하여야 한다.(34회)(   )

06 협회는 시 · 도에 지부를 반드시 두어야 하나, 군 · 구에 지회를 반드시 두어야 하는 것은 아니다.(25회)(   )

07 협회가 그 지부 또는 지회를 설치한 때에는 그 지부는 시 · 도지사에게, 지회는 등록관청에 신고하여야 한다.(30회)(   )

08 협회는 서울특별시에 주된 사무소를 두어야 한다.(24회)(   )

09 협회는 정관으로 정하는 바에 따라 광역시에 지부를 둘 수 있다.(24회)(   )

10 협회가 지회를 설치한 때에는 시 · 도지사에게 신고하여야 한다.(27회)(   )

11 협회는 개업공인중개사에 대한 행정제재처분의 부과와 집행의 업무를 할 수 있다.(30회)(   )

12 협회는 부동산 정보제공에 관한 업무를 직접 수행할 수 없다.(30회)(   )

---

01) × 공제사업은 비영리사업이다.
02) × 서울특별시에서는 100명 이상의 개업공인중개사가 참석해야 한다.
03) ○
04) ○
05) × 창립총회에는 서울특별시에서는 100인 이상, 광역시 · 도 및 특별자치도에서는 각각 20인 이상의 회원이 참여하여야 한다(영 제30조 제2항).
06) × 시 · 도에 지부를 둘 수 있다.
07) ○
08) × 폐지
09) ○
10) × 지회는 등록관청에 신고해야 한다.
11) × 협회는 행정제재처분의 부과와 집행은 할 수 없다.
12) × 있다.

13 협회는 「공인중개사법」에 따른 협회의 설립목적을 달성하기 위한 경우에도 부동산 정보제공에 관한 업무를 수행할 수 없다.(32회)(   )

14 회원의 윤리헌장 제정 및 그 실천에 관한 업무는 공인중개사협회의 업무에 해당된다.(35회)(   )

15 부동산 정보제공에 관한 업무는 공인중개사협회의 업무에 해당된다.(35회)(   )

16 인터넷을 이용한 중개대상물에 대한 표시·광고 모니터링 업무는 공인중개사협회의 업무에 해당된다.(35회)(   )

17 회원의 품위유지를 위한 업무는 공인중개사협회의 업무에 해당된다.(35회)(   )

18 협회는 시·도지사로부터 위탁을 받아 실무교육에 관한 업무를 할 수 있다.(32회)(   )

19 협회는 총회의 의결내용을 15일 내에 국토교통부장관에게 보고해야 한다.(25회)(   )

20 협회는 총회의 의결내용을 지체 없이 등록관청에게 보고하고 등기하여야 한다.(27회, 30회)(   )

21 협회는 총회의 의결내용을 10일 이내에 시·도지사에게 보고하여야 한다.(34회)(   )

22 공인중개사협회는 공제사업을 하고자 하는 때에는 공제규정을 제정하여 국토교통부장관의 승인을 얻어야 한다.(25회, 30회)(   )

23 협회는 책임준비금을 다른 용도로 사용하고자 하는 경우에는 국토교통부장관의 승인을 얻어야 한다.(24회)(   )

24 협회는 공제사업을 하는 경우 책임준비금을 다른 용도로 사용하려면 국토교통부장관의 승인을 얻어야 한다.(30회, 32회)(   )

25 공제규정에서 정하는 책임준비금의 적립비율은 공제료 수입액의 100분의 20 이상으로 한다.(33회)(   )

---

13) × 있다.
14) ○
15) ○
16) ○
17) ○
18) ○
19) × 15일이 아니라 지체 없이 보고해야 한다.
20) × 지체 없이 국토교통부장관에게 보고하여야 한다.
21) × 10일 이내가 아니라 지체 없이 국토교통부장관에게 보고하여야 한다.
22) ○
23) ○
24) ○
25) × 공제료 수입액의 100분의 10 이상으로 한다.

26 공제규정에는 책임준비금의 적립비율을 공제료 수입액의 100분의 5 이상으로 정한다.(34회)(　　)

27 협회는 공제사업을 다른 회계와 구분하여 별도의 회계로 관리하여야 한다.(32회, 33회, 34회)(　　)

28 책임준비금의 적립비율은 공제사고 발생률 및 공제금 지급액 등을 종합적으로 고려하여 정하되, 공제료 수입액의 100분의 10 이상으로 정한다.(24회, 30회)(　　)

29 공인중개사협회는 회계연도 종료 후 6개월 이내에 매년도의 공제사업 운용실적을 일간신문·협회보 등을 통하여 공제계약자에게 공시하여야 한다.(30회)(　　)

30 협회는 대통령령으로 정하는 바에 따라 매년도의 공제사업 운용실적을 일간신문·협회보 등을 통하여 공제계약자에게 공시해야 한다.(33회)(　　)

31 협회는 매 회계연도 종료 후 3개월 이내에 공제사업 운용실적을 일간신문에 공시하거나 협회의 인터넷 홈페이지에 게시해야 한다.(34회)(　　)

32 금융감독원의 원장은 국토교통부장관의 요청이 있는 경우에는 공제사업에 관하여 조사 또는 검사를 할 수 있다.(30회)(　　)

33 협회는 재무건전성기준이 되는 지급여력비율을 100분의 100 이상으로 유지해야 한다.(25회)(　　)

34 위촉받아 보궐위원 이상 된 운영위원의 임기는 전임자 임기의 남은 기간으로 한다.(25회)(　　)

35 운영위원회의 회의는 재적위원 과반수의 찬성으로 심의사항을 의결한다.(25회)(　　)

36 협회와 개업공인중개사 간에 체결된 공제계약이 유효하게 성립하려면 공제계약 당시에 공제사고의 발생 여부가 확정되어 있지 않은 것을 대상으로 해야 한다.(25회)(　　)

37 공제사업 운영위원회 위원의 임기는 2년이며 연임할 수 없다.(27회)(　　)

---

26) × 공제사고 발생률 및 공제금 지급액 등을 종합적으로 고려하여 정하되, 공제료 수입액의 100분의 10 이상으로 정한다 (영 제34조 제3호).
27) ○
28) ○
29) × 협회는 법 제42조 제5항에 따라 다음의 사항을 매 회계연도 종료 후 3개월 이내에 일간신문 또는 협회보에 공시하고 협회의 인터넷 홈페이지에 게시하여야 한다.
30) ○
31) × 협회는 공제사업 운용실적을 매 회계연도 종료 후 3개월 이내에 일간신문 또는 협회보에 공시하고 협회의 인터넷 홈페이지에 게시해야 한다(영 제35조).
32) ○
33) ○
34) ○
35) × 재적 과반수 출석으로 개의하고 출석 과반수 찬성으로 심의사항을 의결한다.
36) ○
37) × 1회에 한하여 연임할 수 있다.

38 금융기관에서 임원 이상의 현직에 있는 사람은 공제사업 운영위원회 위원이 될 수 없다.(27회)(   )

39 국토교통부장관은 자산예탁기관의 변경의 개선조치를 명할 수 있다.(25회)(   )

40 국토교통부장관은 자산의 장부가격의 변경의 개선조치를 명할 수 있다.(25회, 29회, 35회)(   )

41 국토교통부장관은 자산예탁기관의 변경의 개선조치를 명할 수 있다.(29회)(   )

42 국토교통부장관은 협회의 자산상황이 불량하여 공제가입자의 권익을 해칠 우려가 있다고 인정하면 자산예탁기관의 변경을 명할 수 있다.(33회)(   )

43 가치가 없다고 인정되는 자산의 손실 처리는 개선조치에 해당된다.(35회)(   )

44 국토교통부장관은 업무집행방법의 변경의 개선조치를 명할 수 있다.(25회, 29회, 35회)(   )

45 국토교통부장관은 공제사업의 양도의 개선조치를 명할 수 있다.(25회, 35회)(   )

46 국토교통부장관은 불건전한 자산에 대한 적립금의 보유의 개선조치를 명할 수 있다.(25회, 29회, 35회)(   )

47 국토교통부장관은 협회의 자산상황이 불량하여 중개사고 피해자의 권익을 해칠 우려가 있다고 인정하면 불건전한 자산에 대한 적립금의 보유를 명할 수 있다.(33회)(   )

48 협회에 관하여 공인중개사법령에 규정된 것 외에는 「민법」 중 조합에 관한 규정을 적용한다.(24회)(   )

49 협회의 설립은 공인중개사법령의 규정을 제외하고 「민법」의 사단법인에 관한 규정을 준용하므로 설립허가주의를 취한다.(25회)(   )

50 협회에 관하여 「공인중개사법」에 규정된 것 외에는 「민법」 중 사단법인에 관한 규정을 적용한다.(32회)(   )

---

38) × 있다.
39) ○
40) ○
41) ○
42) ○
43) ○
44) ○
45) × 공제사업의 양도는 개선조치사항이 아니다.
46) ○
47) ○
48) × 사단법인에 관한 규정을 준용한다.
49) × 설립인가주의이다.
50) ○

핵심 27 포상금 : 1문제

01 등록관청은 거짓으로 중개사무소의 개설등록을 한 자를 수사기관에 신고한 자에게 포상금을 지급할 수 있다.(26회)(   )

02 개업공인중개사가 중개대상물의 내용을 사실과 다르게 거짓으로 표시·광고한 자를 신고한 자는 포상금 지급대상이다.(31회)(   )

03 개업공인중개사가 아닌 자가 중개대상물에 대한 표시·광고를 한 자를 등록관청이나 수사기관에 신고한 자에게 포상금을 지급할 수 있다.(   )

04 중개대상물의 매매를 업으로 하는 행위를 한 자를 신고 또는 고발하면 포상금을 받을 수 있다.(33회) (   )

05 공인중개사자격증을 다른 사람으로부터 대여 받은 자를 신고 또는 고발하면 포상금을 받을 수 있다.(33회) (   )

06 해당 중개대상물의 거래상의 중요사항에 관하여 거짓된 언행으로 중개의뢰인의 판단을 그르치게 하는 행위를 한 자를 신고 또는 고발하면 포상금을 받을 수 있다.(33회)(   )

07 개업공인중개사로서 부당한 이익을 얻을 목적으로 거짓으로 거래가 완료된 것처럼 꾸미는 등 중개대상물의 시세에 부당한 영향을 줄 우려가 있는 행위를 한 자를 신고 또는 고발한 자는 포상금 지급대상이 된다.(32회)(   )

08 단체를 구성하여 특정 중개대상물에 대하여 중개를 제한하거나 단체 구성원 이외의 자와 공동중개를 제한하는 행위를 부동산거래질서교란행위 신고센터에 신고한 자에게 포상금을 지급할 수 있다. (   )

09 정당한 사유 없이 개업공인중개사 등의 중개대상물에 대한 정당한 표시·광고 행위를 방해하는 행위를 부동산거래질서교란행위 신고센터에 신고한 자에게 포상금을 지급할 수 있다.(   )

10 포상금의 지급에 소요되는 비용은 그 전부 또는 일부를 국고에서 보조할 수 있다.(26회)(   )

---

01) ○
02) × 포상금 지급대상에는 해당되지 않는다.
03) ○
04) × 포상금 지급대상이 되는 위반행위에 해당되지 않는다.
05) ○
06) × 포상금 지급대상이 되는 위반행위에 해당되지 않는다.
07) ○
08) ○
09) ○
10) × 전부가 아니라 일부를 보조할 수 있다.

11 포상금의 지급에 소요되는 비용 중 시·도에서 보조할 수 있는 비율은 100분의 50 이내로 한다.(30회)
(　　　)

12 포상금은 1건당 50만원으로 한다.(26회)(　　　)

13 포상금은 1건당 150만원으로 한다.(30회)(　　　)

14 검사가 신고사건에 대하여 기소유예의 결정을 한 경우에는 포상금을 지급하지 않는다.(30회)(　　　)

15 포상금지급신청서를 제출받은 등록관청은 포상금의 지급을 결정한 날부터 1개월 이내에 포상금을 지급해야 한다.(26회)(　　　)

16 포상금지급신청서를 제출받은 등록관청은 그 사건에 관한 수사기관의 처분내용을 조회한 후 포상금의 지급을 결정하고, 그 결정일부터 1개월 이내에 포상금을 지급하여야 한다.(30회)(　　　)

17 하나의 사건에 대하여 포상금 지급요건을 갖춘 2건의 신고가 접수된 경우, 등록관청은 최초로 신고한 자에게 포상금을 지급한다.(26회)(　　　)

18 등록관청은 하나의 사건에 대하여 2건 이상의 신고가 접수된 경우, 공동으로 신고한 것이 아니면 포상금을 균등하게 배분하여 지급한다.(30회)(　　　)

19 甲은 중개사무소를 부정한 방법으로 개설등록한 A와 B를 각각 신고했으나 A는 공소제기, B는 무혐의 처분을 받은 경우에 포상금은 100만원이다.(24회)(　　　)

20 중개사무소의 개설등록을 하지 아니하고 중개업을 하고 있는 C를 甲과 乙이 공동으로 신고한 경우에 甲의 포상금은 50만원이다.(24회)(　　　)

21 중개사무소의 개설등록을 하지 않고 중개업을 한 자를 신고 또는 고발한 자는 포상금 지급대상이 된다.(32회)(　　　)

---

11) × 포상금의 지급에 소요되는 비용 중 국고에서 보조할 수 있는 비율은 100분의 50 이내로 한다.
12) ○
13) × 포상금은 1건당 50만원으로 한다.
14) × 검사가 신고사건에 대하여 공소제기 또는 기소유예의 결정을 한 경우에 지급한다.
15) ○
16) ○
17) ○
18) × 등록관청은 하나의 사건에 대하여 2건 이상의 신고가 접수된 경우는 포상금을 최초로 신고한 자에게 지급한다.
19) × B는 무혐의 처분을 받았으므로 50만원이다.
20) × 25만원이다.
21) ○

22 乙이 중개사무소등록증을 다른 사람에게 양도한 D를 신고한 이후에, 甲도 D를 신고하면 甲의 포상금은 없다.(24회)(   )

23 공인중개사자격증을 다른 사람으로부터 양수받은 자를 신고 또는 고발한 자는 포상금 지급대상이 된다.(32회)(   )

24 E가 부정한 방법으로 중개사무소를 개설등록한 사실이 등록관청에 의해 발각된 이후, 甲과 乙은 E를 공동으로 신고하면 甲은 25만원의 포상금을 받는다.(24회)(   )

25 甲이 개설등록을 하지 아니하고 중개업을 한 A를 고발하여 A가 기소유예의 처분을 받았으면 甲의 포상금은 50만원이다.(25회)(   )

26 거짓의 부정한 방법으로 중개사무소 개설등록을 한 B에 대해 甲이 먼저 신고하고, 뒤이어 乙이 신고하였는데, 검사가 B를 공소제기한 경우에 甲의 포상금은 50만원이다.(25회)(   )

27 부정한 방법으로 중개사무소의 개설등록을 한 자를 신고 또는 고발한 자는 포상금 지급대상이 된다.(32회)(   )

28 甲과 乙은 포상금배분에 관한 합의 없이 공동으로 공인중개사자격증을 다른 사람에게 대여한 C를 신고하였는데, 검사가 공소제기하였지만, C는 무죄판결을 받았으면 甲의 포상금은 50만원이다.(25회)(   )

29 개업공인중개사로서 중개의뢰인과 직접 거래를 한 자를 신고 또는 고발한 자는 포상금 지급대상이 된다.(32회)(   )

30 乙은 중개사무소등록증을 대여받은 D와 E를 신고하였는데, 검사는 D를 무혐의처분, E를 공소제기하였으나 무죄판결을 받았으면 乙의 포상금은 50만원이다.(25회)(   )

31 甲은 중개사무소를 부정한 방법으로 개설등록 한 A와 B를 각각 고발하였으며, 검사는 A를 공소제기하였고, B를 무혐의처분한 경우에 甲은 100만원의 포상금을 받는다.(27회)(   )

---

22) ○
23) ○
24) × 포상금을 받을 수 없다.
25) ○
26) ○
27) ○
28) × 25만원이다.
29) × 포상금 지급대상에 해당되지 않는다.
30) ○
31) × 50만원이다.

32 乙은 중개사무소를 부정한 방법으로 개설등록 한 C를 신고하였으며, C는 형사재판에서 무죄판결을 받았을 경우에 乙은 50만원의 포상금을 받는다.(27회)(   )

33 甲과 乙은 포상금배분에 관한 합의 없이 중개사무소등록증을 대여한 D를 공동으로 고발하여 D는 기소유예의 처분을 받았을 경우에 甲은 25만원의 포상금을 받는다.(27회)(   )

34 중개사무소의 개설등록을 하지 않고 중개업을 하는 E를 乙이 신고한 이후에 甲도 E를 신고하였고, E는 형사재판에서 유죄판결을 받았으면 甲은 50만원의 포상금을 받는다.(27회)(   )

---

32) ○
33) ○
34) × 甲은 포상금을 받을 수 없다.

핵심 28 지방자치단체의 조례가 정하는 수수료 : 0.5문제

01 중개사무소의 개설등록 신청시 지방자치단체 조례가 정하는 수수료를 납부해야 한다.(25회)(   )

02 중개사무소의 개설등록을 신청하는 자는 지방자치단체 조례가 정하는 수수료를 납부해야 한다.(27회)
(   )

03 중개사무소의 개설등록 신청을 하고자 하는 자는 지방자치단체 조례가 정하는 수수료를 납부해야 한다.
(30회)(   )

04 중개사무소등록증의 재교부를 신청하는 자는 지방자치단체 조례가 정하는 수수료를 납부해야 한다.
(27회)(   )

05 중개사무소의 휴업 신청시 지방자치단체 조례가 정하는 수수료를 납부해야 한다.(25회)(   )

06 중개사무소의 휴업을 신고하는 자는 지방자치단체 조례가 정하는 수수료를 납부해야 한다.(27회)
(   )

07 중개업의 폐업신고는 수수료 납부사항이 아니다.(31회)(   )

08 분사무소설치의 신고를 하는 자는 지방자치단체 조례가 정하는 수수료를 납부해야 한다.(27회)(   )

09 분사무소 설치신고시 지방자치단체 조례가 정하는 수수료를 납부해야 한다.(25회)(   )

10 분사무소설치의 신고를 하고자 하는 자는 지방자치단체 조례가 정하는 수수료를 납부해야 한다.(30회)
(   )

11 분사무소설치신고확인서의 재교부 신청을 하고자 하는 자는 지방자치단체 조례가 정하는 수수료를 납
부해야 한다.(30회)(   )

---

01) ○
02) ○
03) ○
04) ○
05) × 휴업신청시는 수수료를 납부하지 않는다.
06) × 휴업신고는 수수료를 납부하지 않는다.
07) ○
08) ○
09) ○
10) ○
11) ○

12 공인중개사자격증의 재교부 신청시 지방자치단체 조례가 정하는 수수료를 납부해야 한다.(25회)
(   )

13 공인중개사 자격시험에 합격하여 공인중개사자격증을 처음으로 교부받는 자는 지방자치단체 조례가 정하는 수수료를 납부해야 한다.(27회)(   )

14 국토교통부장관이 시행하는 공인중개사 자격시험 응시하고자 하는 자는 지방자치단체 조례가 정하는 수수료를 납부해야 한다.(30회)(   )

---

12) ○
13) × 처음 교부받을 때는 수수료를 납부하지 않는다.
14) × 국토교통부장관이 결정·공고하는 수수료를 납부해야 한다.

01 부동산거래질서교란행위 신고센터에 부동산거래질서교란행위를 신고하려는 자는 ① 신고인 및 피신고인의 인적사항, ② 부동산거래질서교란행위의 발생일시 · 장소 및 그 내용, ③ 신고 내용을 증명할 수 있는 증거자료 또는 참고인의 인적사항, ④ 그 밖에 신고 처리에 필요한 사항을 서면(전자문서를 포함한다)으로 제출해야 한다.(   )

02 신고센터는 신고받은 사항에 대해 보완이 필요한 경우 기간을 정하여 신고인에게 보완을 요청할 수 있다. (   )

03 신고센터는 제출받은 신고사항에 대해 시 · 도지사 및 등록관청 등에 조사 및 조치를 요구해야 한다. (   )

04 요구를 받은 시 · 도지사 및 등록관청 등은 신속하게 조사 및 조치를 완료하고, 완료한 날부터 10일 이내에 그 결과를 신고센터에 통보해야 한다.(   )

05 신고센터는 시 · 도지사 및 등록관청 등으로부터 처리 결과를 통보받은 경우 신고인에게 신고사항 처리 결과를 통보해야 한다.(   )

06 신고센터는 매월 10일까지 직전 달의 신고사항 접수 및 처리 결과 등을 국토교통부장관에게 제출해야 한다.(   )

07 국토교통부장관은 신고센터의 업무를 「한국부동산원법」에 따른 한국부동산원에 위탁한다.(   )

08 한국부동산원은 신고센터의 업무 처리 방법, 절차 등에 관한 운영규정을 정하여 국토교통부장관의 승인을 받아야 한다. 이를 변경하려는 경우에도 또한 같다.(   )

09 공인중개사자격증 양도를 알선한 경우는 부동산거래질서교란행위에 해당된다.(35회)(   )

10 중개보조원이 중개업무를 보조하면서 중개의뢰인에게 본인이 중개보조인이라는 사실을 미리 알리지 않은 경우는 부동산거래질서교란행위에 해당된다.(35회)(   )

---

01) ○
02) ○
03) ○
04) ○
05) ○
06) ○
07) ○
08) ○
09) ○
10) ○

11 개업공인중개사가 중개행위로 인한 손해배상책임을 보장하기 위하여 가입해야 하는 보증보험이나 공제에 가입하지 않은 경우는 부동산거래질서교란행위에 해당된다.(35회)(   )

12 개업공인중개사가 동일한 중개대상물에 대한 하나의 거래를 완성하면서 서로 다른 둘 이상의 거래계약서를 작성한 경우는 부동산거래질서교란행위에 해당된다.(35회)(   )

13 개업공인중개사가 거래당사자 쌍방을 대리한 경우는 부동산거래질서교란행위에 해당된다.(35회)(   )

---

11) × 해당되지 않는다.
12) ○
13) ○

01 이중으로 중개사무소의 개설등록을 한 개업공인중개사는 1/1에 처한다.(25회)(   )

02 중개의뢰인과 직접거래를 한 개업공인중개사는 1/1에 처한다.(25회)(   )

03 이동이 용이한 임시 중개시설물을 설치한 개업공인중개사는 1/1에 처한다.(25회)(   )

04 2 이상의 중개사무소에 소속된 공인중개사는 1/1에 처한다.(25회)(   )

05 임시 중개시설물을 설치한 개업공인중개사는 1/1에 처한다.(31회)(   )

06 거짓이나 그 밖의 부정한 방법으로 중개사무소의 개설등록을 한 경우는 3년의 징역에 처할 수 있다.(35회)
(   )

07 공인중개사가 다른 사람에게 자기의 성명을 사용하여 중개업무를 하게 한 경우는 3년의 징역에 처할 수 있다.(35회)(   )

08 등록관청의 관할구역 안에 2개의 중개사무소를 둔 경우는 3년의 징역에 처할 수 있다.(35회)(   )

09 개업공인중개사가 천막 그 밖에 이동이 용이한 임시 중개시설물을 설치한 경우는 3년의 징역에 처할 수 있다.(35회)(   )

10 공인중개사가 아닌 자로서 공인중개사 또는 이와 유사한 명칭을 사용한 경우는 3년의 징역에 처할 수 있다.(35회)(   )

11 중개사무소 개설등록을 하지 아니하고 중개업을 한 공인중개사는 3/3에 처한다.(31회)(   )

12 중개사무소의 개설등록을 하지 아니하고 중개업을 한 자는 1/1에 처한다.(25회)(   )

---

01) ○
02) × 3/3에 해당된다.
03) ○
04) ○
05) ○
06) ○
07) × 1년 이하의 징역이나 1천만원 이하의 벌금에 처하는 사유에 해당된다.
08) × 1년 이하의 징역이나 1천만원 이하의 벌금에 처하는 사유에 해당된다.
09) × 1년 이하의 징역이나 1천만원 이하의 벌금에 처하는 사유에 해당된다.
10) × 1년 이하의 징역이나 1천만원 이하의 벌금에 처하는 사유에 해당된다.
11) ○
12) × 3/3에 해당된다.

13 법정 중개보수를 초과하여 수수하는 행위는 3년 이하의 징역 또는 3천만원 이하의 벌금에 처해진다.(33회) (   )

14 공인중개사가 아닌 자로서 공인중개사 명칭을 사용한 자는 1/1에 처한다.(28회)(   )

15 공인중개사가 아닌 자로서 공인중개사 또는 이와 유사한 명칭을 사용한 자는 1/1에 처한다.(29회) (   )

16 개업공인중개사가 아닌 자로서 중개업을 하기 위하여 중개대상물에 대한 표시·광고를 한 자는 1/1에 처한다.(29회)(   )

17 개업공인중개사가 아닌 자로서 "공인중개사사무소", "부동산중개" 또는 이와 유사한 명칭을 사용한 자는 1/1에 처한다.(29회)(   )

18 이중으로 중개사무소의 개설등록을 하여 중개업을 한 개업공인중개사는 1/1에 처한다.(28회)(   )

19 개업공인중개사로부터 공개를 의뢰받지 아니한 중개대상물의 정보를 부동산거래정보망에 공개한 거래정보사업자는 1/1에 처한다.(28회)(   )

20 중개의뢰인과 직접거래를 한 개업공인중개사는 1/1에 처한다.(28회)(   )

21 중개의뢰인과 직접거래를 하는 행위는 3년 이하의 징역 또는 3천만원 이하의 벌금에 처해진다.(33회) (   )

22 거래당사자가 쌍방을 대리하는 행위는 3년 이하의 징역 또는 3천만원 이하의 벌금에 처해진다.(33회) (   )

23 공인중개사자격증을 대여한 경우는 1/1에 해당된다.(27회)(   )

24 중개사무소등록증을 양도한 경우는 1/1에 해당된다.(27회)(   )

---

13) × 1년 이하의 징역 또는 1천만원 이하의 벌금에 처해지는 사유에 해당된다.
14) ○
15) ○
16) ○
17) ○
18) ○
19) ○
20) × 3/3에 해당된다.
21) ○
22) ○
23) ○
24) ○

25 다른 사람에게 자기의 상호를 사용하여 중개업무를 하게 한 개업공인중개사는 1/1에 처한다.(29회) ( )

26 이중으로 중개사무소의 개설등록을 한 경우는 1/1에 해당된다.(27회)( )

27 중개의뢰인과 직접거래를 한 경우는 1/1에 해당된다.(27회)( )

28 거짓으로 중개사무소의 개설등록을 한 자는 3/3에 처한다.(31회)( )

29 천막 그 밖에 이동이 용이한 임시 중개시설물을 설치한 경우는 1/1에 해당된다.(27회)( )

30 중개대상물이 존재하지 않아서 거래할 수 없는 중개대상물을 광고한 개업공인중개사는 1/1에 처한다. (31회)( )

31 관계 법령에서 양도·알선 등이 금지된 부동산의 분양·임대 등과 관련 있는 증서 등의 매매·교환 등을 중개한 개업공인중개사는 1/1에 처한다.(29회)( )

32 관계 법령에서 양도가 금지된 부동산의 분양과 관련 있는 증서의 매매를 중개하는 행위는 3년 이하의 징역 또는 3천만원 이하의 벌금에 처해진다.(33회)( )

33 등록관청의 관할구역 안에 두 개의 중개사무소를 개설등록한 개업공인중개사는 1/1에 처한다.(31회) ( )

34 단체를 구성하여 특정 중개대상물에 대하여 중개를 제한하는 행위는 3년 이하의 징역 또는 3천만원 이하의 벌금에 처해진다.(33회)( )

35 중개대상물의 거래상의 중요사항에 관해 거짓된 언행으로 중개의뢰인의 판단을 그르치게 한 경우는 과태료처분사유에 해당된다.(32회)( )

36 부동산거래정보망의 이용 및 정보제공방법 등에 관한 운영규정을 위반하여 부동산거래정보망을 운영한 경우는 국토교통부장관이 과태료처분을 한다.(27회)( )

---

25) ○
26) ○
27) × 3/3에 해당된다.
28) ○
29) ○
30) × 행정형벌사유가 아니라 500만원 이하의 과태료처분사유에 해당된다.
31) × 3/3에 해당된다.
32) ○
33) ○
34) ○
35) × 과태료처분사유가 아니라 1년 이하의 징역이나 1천만원 이하의 벌금에 처해지는 사유에 해당된다.
36) ○

37 공제사업 운용실적을 공시하지 아니한 자는 국토교통부장관이 과태료처분을 한다.(29회)(   )

38 공제업무의 개선명령을 이행하지 않은 경우는 100만원 이하의 과태료처분사유에 해당된다.(30회)
(   )

39 공인중개사협회의 임원에 대한 징계·해임의 요구를 이행하지 아니한 자는 국토교통부장관이 과태료처분을 한다.(29회)(   )

40 「공인중개사법」에 따른 연수교육을 정당한 사유 없이 받지 아니한 자는 100만원 이하의 과태료 처분사유에 해당된다.(26회)(   )

41 연수교육을 정당한 사유 없이 받지 아니한 소속공인중개사는 과태료처분대상자에 해당된다.(28회)(   )

42 연수교육을 정당한 사유 없이 받지 아니한 자는 등록관청에서 과태료처분을 한다.(29회)(   )

43 연수교육을 정당한 사유 없이 받지 않은 경우는 과태료처분사유에 해당된다.(32회)(   )

44 성실·정확하게 중개대상물의 확인·설명을 하지 아니한 자는 등록관청에서 과태료처분을 한다.(29회)
(   )

45 중개대상물에 대한 권리를 취득하려는 중개의뢰인에게 해당 중개대상물의 권리관계를 성실·정확하게 확인·설명하지 않은 경우는 과태료처분사유에 해당된다.(32회)(   )

46 중개사무소등록증을 게시하지 않은 경우는 등록관청에서 과태료처분을 한다.(27회)(   )

47 중개사무소등록증을 게시하지 아니한 자는 100만원 이하의 과태료 처분사유에 해당된다.(26회)
(   )

48 중개사무소등록증을 게시하지 않은 경우는 100만원 이하의 과태료처분사유에 해당된다.(30회)(   )

---

37) ○
38) × 500만원 이하의 과태료처분사유이다.
39) ○
40) × 500만원 이하의 과태료처분사유에 해당된다.
41) ○
42) × 등록관청이 아니라 시·도지사가 한다.
43) ○
44) ○
45) ○
46) ○
47) ○
48) ○

49 중개사무소의 개설등록 취소에 따른 중개사무소등록증 반납의무를 위반한 자는 과태료처분대상자에 해당된다.(28회)(   )

50 중개사무소를 이전한 날부터 10일 이내에 이전신고를 하지 아니한 자는 100만원 이하의 과태료처분사유에 해당된다.(26회)(   )

51 중개사무소의 이전신고를 하지 않은 경우는 등록관청에서 과태료처분을 한다.(27회)(   )

52 중개사무소의 이전신고의무를 위반한 개업공인중개사는 과태료처분대상자에 해당된다.(28회)(   )

53 중개사무소의 이전신고를 하지 않은 경우는 100만원 이하의 과태료처분사유에 해당된다.(30회)(   )

54 개업공인중개사가 아닌 자로서 중개업을 하기 위하여 중개대상물에 대한 표시·광고를 한 자는 과태료처분대상자에 해당된다.(28회)(   )

55 신고한 휴업기간을 변경하고 변경신고를 하지 아니한 개업공인중개사는 과태료처분대상자에 해당된다.(28회)(   )

56 휴업기간의 변경신고를 하지 아니한 자는 등록관청에서 과태료처분을 한다.(29회)(   )

57 휴업한 중개업의 재개신고를 하지 않은 경우는 100만원 이하의 과태료처분사유에 해당된다.(30회)(   )

58 휴업기간의 변경신고를 하지 않은 경우는 100만원 이하의 과태료처분사유에 해당된다.(30회)(   )

59 휴업신고에 따라 휴업한 중개업을 재개하면서 등록관청에 그 사실을 신고하지 않은 경우는 과태료처분사유에 해당된다.(32회)(   )

60 사무소의 명칭에 "공인중개사사무소" 또는 "부동산중개"라는 문자를 사용하지 아니한 개업공인중개사는 100만원 이하의 과태료 처분사유에 해당된다.(26회)(   )

---

49) ○
50) ○
51) ○
52) ○
53) ○
54) × 과태료처분대상이 아니라 1/1에 해당된다.
55) ○
56) ○
57) ○
58) ○
59) ○
60) ○

61 「옥외광고물 등 관리법」에 따른 옥외광고물에 성명을 거짓으로 표기한 개업공인중개사는 100만원 이하의 과태료처분사유에 해당된다.(26회)(　　　)

62 개업공인중개사의 사무소 명칭에 "공인중개사사무소" 또는 "부동산중개"라는 문자를 사용하지 않은 경우는 등록관청에서 과태료처분을 한다.(27회)(　　　)

63 인터넷을 이용하여 중개대상물에 대한 표시·광고를 하면서 중개대상물의 종류별로 가격 및 거래형태를 명시하지 않은 경우는 과태료처분사유에 해당된다.(32회)(　　　)

64 거래당사자에게 손해배상책임의 보장에 관한 사항을 설명하지 않은 경우는 시·도지사가 과태료처분을 한다.(27회)(　　　)

65 부동산거래정보망의 이용 및 정보제공방법 등에 관한 운영규정의 내용을 위반하여 부동산거래정보망을 운영한 거래정보사업자는 국토교통부장관이 과태료처분을 한다.(31회)(　　　)

66 공인중개사법령에 따른 보고의무를 위반하여 보고를 하지 아니한 거래정보사업자는 국토교통부장관이 과태료처분을 한다.(31회)(　　　)

67 중개사무소등록증을 게시하지 아니한 개업공인중개사는 등록관청이 과태료처분을 한다.(31회)(　　　)

68 공인중개사 자격이 취소된 자로 공인중개사자격증을 반납하지 아니한 자는 등록관청이 과태료처분을 한다.(31회)(　　　)

69 중개사무소 개설등록이 취소된 자로 중개사무소등록증을 반납하지 아니한 자는 시·도지사가 과태료처분을 한다.(31회)(　　　)

70 업무의 정지에 관한 기준은 대통령령으로 정하고, 과태료는 국토교통부령으로 정하는 바에 따라 부과·징수한다.(26회)(　　　)

---

61) ○
62) ○
63) ○
64) × 등록관청이다.
65) ○
66) ○
67) ○
68) × 자격증을 반납하지 않은 경우의 과태료처분은 등록관청이 아니라 시·도지사가 한다.
69) × 중개사무소등록증을 반납하지 아니한 자는 시·도지사가 아니라 등록관청에서 과태료처분을 한다.
70) × 업무정지기준은 국토교통부령이고, 과태료 기준은 대통령령이다.

부동산 거래신고 등에 관한 법령

(1) 다른 제도와의 관계

01 외국인이 대한민국 안의 토지를 취득하는 계약을 체결하였을 때, 부동산 거래신고를 한 경우에도 「외국인토지법」에 따른 토지취득신고를 해야 한다.(25회)(   )

02 부동산의 매수인은 신고인이 부동산거래계약신고필증을 발급받은 때에 「부동산등기 특별조치법」에 따른 검인을 받은 것으로 본다.(28회, 35회)(   )

03 매수인은 신고인이 거래신고를 하고 신고필증을 발급받은 때에 「부동산등기 특별조치법」에 따른 검인을 받은 것으로 본다.(29회)(   )

04 토지거래허가를 받은 토지의 매매계약은 부동산 거래신고 대상이다.(35회)(   )

(2) 신고대상

05 「건축물의 분양에 관한 법률」에 따른 부동산에 대한 공급계약은 부동산 거래신고 대상이다.(28회)(   )

06 「도시개발법」에 따른 부동산에 대한 공급계약은 부동산 거래신고 대상이다.(28회, 30회)(   )

07 「주택법」에 따른 부동산에 대한 공급계약을 통하여 부동산을 공급받는 자로 선정된 지위의 매매계약은 부동산 거래신고 대상이다.(28회)(   )

08 「주택법」에 따라 공급된 주택의 매매계약은 부동산 거래신고 대상이다.(30회)(   )

09 「택지개발촉진법」에 따라 공급된 토지의 임대차계약은 부동산 거래신고 대상이다.(30회)(   )

10 「택지개발촉진법」에 따른 부동산 공급계약을 통하여 부동산을 공급받는 자로 선정된 지위의 매매계약은 부동산 거래신고 대상이다.(35회)(   )

---

01) × 외국인이 부동산 거래신고를 한 경우에는 외국인 토지취득신고는 하지 않아도 된다.
02) ○
03) ○
04) ○
05) ○
06) ○
07) ○
08) ○
09) × 토지에 대한 임대차계약은 부동산 거래신고 대상이 아니다.
10) ○

11 「체육시설의 설치 · 이용에 관한 법률」에 따라 등록된 시설이 있는 건물의 매매계약은 부동산 거래신고 대상이다.(30회)(   )

12 「빈집 및 소규모주택 정비에 관한 특례법」에 따른 사업시행계획인가로 취득한 입주자로 선정된 지위의 매매계약은 부동산 거래신고 대상이다.(35회)(   )

13 「도시 및 주거환경정비법」에 따른 관리처분계약의 인가로 취득한 입주자로 선정된 지위의 매매계약은 부동산 거래신고 대상이다.(26회, 28회, 30회)(   )

14 「공공주택 특별법」에 따른 공급계약에 의해 부동산을 공급받는 자로 선정된 지위를 매매하는 계약은 부동산 거래신고의 대상이 아니다.(29회, 35회)(   )

15 중개대상물의 범위에 속하는 물건의 매매계약을 체결한 때에는 모두 부동산 거래신고를 해야 한다.(25회)(   )

16 공인중개사법령상 중개대상물에 해당한다고 하여 모두 부동산 거래신고의 대상이 되는 것은 아니다.(26회)(   )

17 「주택법」에 따른 조정대상지역에 소재하는 주택의 증여계약은 부동산 거래신고 대상이다.(35회)(   )

(3) 신고기간 및 신고의무자

18 개업공인중개사가 매매계약의 거래계약서를 작성 · 교부한 경우에는 그 개업공인중개사가 신고를 해야 한다.(27회, 28회, 34회)(   )

19 개업공인중개사가 거래계약서를 작성 · 교부한 경우 거래당사자는 30일 이내에 부동산 거래신고를 하여야 한다.(30회)(   )

20 「지방공기업법」에 따른 지방공사와 개인이 매매계약을 체결한 경우 양 당사자는 공동으로 신고하여야 한다.(30회)(   )

---

11) ○
12) ○
13) ○
14) × 부동산을 공급받는 자로 선정된 지위(분양권)의 매매계약은 부동산 거래신고 대상이다.
15) × 입목, 공장재단, 광업재단은 부동산 거래신고 대상이 아니다.
16) ○
17) × 증여계약은 신고대상에 해당되지 않는다.
18) ○
19) × 개업공인중개사가 거래계약서를 작성 · 교부한 경우 거래당사자는 부동산 거래신고 의무가 없고, 개업공인중개사가 신고를 하여야 한다.
20) × 「지방공기업법」에 따른 지방공사와 개인이 매매계약을 체결한 경우에는 지방공사가 신고해야 하고, 개인은 신고의무가 없다.

21 개업공인중개사가 공동으로 중개하는 경우, 부동산 거래신고는 공동으로 중개한 개업공인중개사 중 어느 1인의 명의로 해도 된다.(25회)(　　　)

22 거래당사자 간 직접거래의 경우 매도인이 거래신고를 거부하면 매수인이 단독으로 신고할 수 있다.(34회)(　　　)

23 거래당사자 중 일방이 국가인 경우, 국가가 부동산 거래계약의 신고를 해야 한다.(28회)(　　　)

24 지방자치단체가 개업공인중개사의 중개 없이 토지를 매수하는 경우 부동산거래계약신고서에 단독으로 서명 또는 날인하여 신고관청에 제출해야 한다.(29회)(　　　)

25 개업공인중개사가 거래계약서를 작성·교부한 경우에는 거래당사자 또는 해당 개업공인중개사가 신고할 수 있다.(31회)(　　　)

⑷ 신고내용

26 거래대상 부동산의 공법상 거래규제 및 이용제한에 관한 사항은 부동산거래계약신고서의 기재사항이다.(30회)(　　　)

27 「국토의 계획 및 이용에 관한 법률」에 따른 개발제한사항은 신고사항에 포함되지 않는다.(31회)(　　　)

28 부동산거래계약신고서상 신고대상에는 부동산의 소재지, 면적, 실제 거래가격도 포함된다.(24회)(　　　)

29 개업공인중개사가 거래계약체결을 중개한 경우에는 개업공인중개사의 인적사항 및 중개사무소 개설등록에 관한 사항을 기재해야 한다.(25회)(　　　)

30 계약의 조건 또는 기한은 부동산 거래계약 내용에 계약조건이나 기한을 붙인 경우에만 적는다.(27회)(　　　)

---

21) × 공동중개한 경우에는 공동으로 신고해야 한다.
22) ○
23) ○
24) ○
25) × 개업공인중개사가 거래계약서를 작성·교부한 경우에는 개업공인중개사가 부동산 거래신고를 해야 하고, 거래당사자는 신고의무가 없다.
26) × 거래대상 부동산의 공법상 거래규제 및 이용제한에 관한 사항은 부동산거래계약신고서의 기재사항이 아니고, 확인·설명서 기재사항이다.
27) ○
28) ○
29) ○
30) ○

31 매매계약에 조건이나 기한이 있는 경우 그 조건 또는 기한도 신고해야 한다.(29회)(   )

32 「주택법」에 따라 지정된 조정대상지역에 소재하는 주택으로서 실제 거래가격이 5억원이고, 매수인이 국가인 경우 국가는 매도인과 공동으로 실제거래가격 등을 신고하여야 한다.(31회)(   )

33 거래신고할 때는 실제 거래가격을 신고해야 한다.(34회)(   )

34 개업공인중개사가 거래계약서를 작성·교부한 경우, 개업공인중개사의 인적사항과 개설등록한 중개사무소의 상호·전화번호 및 소재지도 신고사항에 포함된다.(28회)(   )

35 매매대상 토지 중 공장부지로 편입되지 아니할 부분의 토지를 매도인에게 원가로 반환한다는 조건을 당사자가 약정한 경우 그 사항은 신고사항이다.(30회)(   )

36 자연인 甲이 「주택법」상 투기과열지구에 소재하는 자연인 乙 소유의 주택을 실제 거래가격 3억원으로 매수하는 경우는 甲 본인이 그 주택에 입주할지 여부를 신고해야 한다.(32회)(   )

37 자연인 甲이 「주택법」상 '투기과열지구 또는 조정대상지역' 외의 장소에 소재하는 자연인 丙 소유의 주택을 실제 거래가격 5억원으로 매수하는 경우는 甲 본인이 그 주택에 입주할지 여부를 신고해야 한다.(32회)(   )

38 자연인 甲이 「주택법」상 투기과열지구에 소재하는 「지방공기업법」상 지방공단인 丁 소유의 주택을 실제 거래가격 10억원으로 매수하는 경우는 甲 본인이 그 주택에 입주할지 여부를 신고해야 한다.(32회)(   )

39 자연인 甲이 단독으로 「주택법」상 투기과열지구 외에 소재하는 주택을 실제 거래가격 6억원으로 매수한 경우 입주 예정 시기 등 그 주택의 이용계획은 신고사항이다.(35회)(   )

40 법인이 주택의 매수자로서 거래계약을 체결한 경우 임대 등 그 주택의 이용계획은 신고사항이다.(35회)(   )

---

31) ○
32) × 거래당사자 중 일방이 국가 등인 경우에는 국가 등이 신고해야 하고, 다른 당사자는 신고의무가 없다.
33) ○
34) ○
35) ○
36) ○
37) × 비규제지역에서는 실제거래가격이 6억원 이상인 경우에 신고해야 한다.
38) ○
39) ○
40) ○

(5) 신고관청 및 신고방법

41 부동산 거래의 신고를 하려는 개업공인중개사는 부동산거래계약신고서에 서명 또는 날인을 하여 거래 대상 부동산 소재지 관할 신고관청에 제출해야 한다.(25회)(   )

42 부동산 거래계약을 신고하려는 개업공인중개사는 부동산거래계약신고서에 서명 또는 날인하여 관할 등록관청에 제출하여야 한다.(26회, 31회)(   )

43 거래당사자 일방이 부동산 거래신고를 거부하는 경우 다른 당사자는 국토교통부령에 따라 단독으로 신고할 수 있다.(27회)(   )

44 거래당사자 간 직접거래의 경우 공동으로 신고서에 서명 또는 날인을 하여 공동으로 신고서를 제출해야 한다.(29회)(   )

45 개업공인중개사의 위임을 받은 소속공인중개사가 부동산거래계약신고서의 제출을 대행하는 경우, 소속 공인중개사는 신분증명서를 신고관청에 보여주어야 한다.(28회)(   )

46 거래의 신고를 받은 신고관청은 그 신고내용을 확인한 후 신고인에게 부동산거래계약신고필증을 지체 없이 발급해야 한다.(26회)(   )

47 권리대상인 부동산 소재지를 관할하는 특별자치도 행정시의 시장은 부동산 거래신고의 신고관청이 된다.(31회)(   )

48 개업공인중개사가 공동으로 토지의 매매를 중개하여 거래계약서를 작성·교부한 경우 해당 개업공인중개사가 공동으로 신고해야 한다.(29회)(   )

49 거래의 신고를 해야 하는 개업공인중개사의 위임을 받은 소속공인중개사는 부동산거래계약신고서의 제출을 대행할 수 있다.(26회)(   )

50 소속공인중개사 및 중개보조원은 부동산 거래신고를 할 수 있다.(30회)(   )

51 부동산거래계약신고서의 방문 제출은 당해 거래계약을 중개한 개업공인중개사의 위임을 받은 소속공인 중개사가 대행할 수 없다.(25회)(   )

---

41) ○
42) × 등록관청이 아니라 부동산 소재지 시·군·구청장(신고관청)에 신고해야 한다.
43) ○
44) × 제출하는 것은 당사자 중 1인이 해도 된다.
45) ○
46) ○
47) ○
48) ○
49) ○
50) × 소속공인중개사 및 중개보조원은 부동산 거래신고를 할 수 없다.

⑹ 정정신청 및 변경신고

52 거래지분의 변경은 부동산거래계약변경신고서 제출사유이다.(24회, 35회)(   )

53 계약의 기한 변경은 부동산거래계약변경신고서 제출사유이다.(24회)(   )

54 계약대상 면적의 변경은 부동산거래계약변경신고서 제출사유이다.(24회, 35회)(   )

55 중도금 및 지급일의 변경은 부동산거래계약변경신고서 제출사유이다.(24회)(   )

56 거래대상 건축물의 종류는 부동산거래계약 신고내용의 정정신청사항이다.(30회)(   )

57 개업공인중개사의 성명·주소는 부동산거래계약 신고내용의 정정신청사항이다.(30회)(   )

58 거래대상 부동산의 면적은 부동산거래계약 신고내용의 정정신청사항이다.(30회)(   )

59 거래지분 비율은 부동산거래계약 신고내용의 정정신청사항이다.(30회, 35회)(   )

60 거래당사자의 전화번호는 부동산거래계약 신고내용의 정정신청사항이다.(30회)(   )

61 거래가격은 부동산거래계약의 변경신고사항이다.(35회)(   )

62 공동매수의 경우 매수인의 추가는 부동산 거래계약의 변경신고사항이다.(35회)(   )

63 거래당사자 또는 개업공인중개사는 부동산 거래계약 신고내용 중 거래지분 비율이 잘못 기재된 경우 신고관청에 신고내용의 정정을 신청할 수 있다.(35회)(   )

---

51) × 소속공인중개사가 대행할 수 있다.
52) ○
53) ○
54) ○
55) ○
56) ○
57) × 개업공인중개사의 성명, 주소는 정정신청사항이 아니다.
58) ○
59) ○
60) ○
61) ○
62) × 변경신고사항에 해당되지 않는다.
63) ○

(7) 해제등의 신고

64 부동산거래계약신고서를 제출한 후 해당 부동산 거래계약이 해제된 경우, 거래당사자는 부동산거래계약 해제등 신고서에 서명 또는 날인하여 신고관청에 제출하여야 한다.(28회)(   )

65 거래신고 후에 매도인이 매매계약을 취소하면 매도인이 단독으로 취소를 신고해야 한다.(34회)(   )

66 개업공인중개사가 매매계약을 신고한 경우에 그 매매계약이 해제되면 그 개업공인중개사가 해제를 신고할 수 있다.(34회)(   )

67 개업공인중개사가 신고한 후 해당 거래계약이 해제된 경우 그 계약을 해제한 거래당사자는 해제가 확정된 날부터 30일 이내에 해당 신고관청에 단독으로 신고하여야 한다.(35회)(   )

(8) 주택 임대차계약의 신고

68 보증금이 (6)천만원을 초과하거나 월차임이 (30)만원을 초과하는 주택 임대차계약을 신규로 체결한 계약당사자는 그 보증금 또는 차임 등을 임대차계약의 체결일부터 (30)일 이내에 주택 소재지를 관할하는 신고관청에 공동으로 신고해야 한다.(32회)(   )

69 보증금이 증액되면 임차인 乙이 단독으로 신고해야 한다.(34회)(   )

70 乙이「주민등록법」에 따라 전입신고를 하는 경우 주택 임대차 계약의 신고를 한 것으로 본다.(34회)(   )

71 임대차계약서를 제출하면서 신고를 하고 접수가 완료되면「주택임대차보호법」에 따른 확정일자가 부여된 것으로 본다.(34회)(   )

72 A특별자치시 소재 주택으로서 보증금이 6천만원이고 월 차임이 30만원으로 임대차계약을 신규 체결한 경우 신고 대상이다.(35회)(   )

---

64) ○
65) × 거래당사자는 부동산 거래신고한 후 해당 거래계약이 해제, 무효 또는 취소(이하 "해제등"이라 한다)된 경우 해제등이 확정된 날부터 30일 이내에 해당 신고관청에 공동으로 신고하여야 한다(법 제3조의2 제1항).
66) ○
67) × 공동으로 신고해야 한다.
68) ○
69) × 임대차계약 당사자는 주택 임대차계약을 신고한 후 해당 주택 임대차계약의 보증금, 차임 등 임대차 가격이 변경되거나 임대차계약이 해제된 때에는 변경 또는 해제가 확정된 날부터 30일 이내에 해당 신고관청에 공동으로 신고하여야 한다(법 제6조의3).
70) ○
71) ○
72) × 보증금이 6천만원을 초과하거나 월 차임이 30만원을 초과하는 경우에 신고대상에 해당된다.

73 B소재 주택으로서 보증금이 5천만원이고 월차임이 40만원으로 임대차계약을 신규 체결한 경우 신고대상이 아니다.(35회)(   )

74 자연인 甲과 「지방공기업법」에 따른 지방공사 乙이 신고대상인 주택 임대차계약을 체결한 경우 甲과 乙은 관할 신고관청에 공동으로 신고하여야 한다.(35회)(   )

75 C광역시 D군 소재 주택으로서 보증금이 1억원이고 월차임이 100만원으로 신고된 임대차계약에서 보증금 및 차임의 증감 없이 임대차 기간만 연장하는 갱신계약은 신고대상이 아니다.(35회)(   )

76 개업공인중개사가 신고대상인 주택 임대차계약을 중개한 경우 해당 개업공인중개사가 신고하여야 한다.(35회)(   )

⑼ 부동산거래계약신고서 작성방법

77 거래당사자가 다수인 경우 매수인 또는 매도인의 주소란에 각자의 거래지분 비율을 표시한다.(25회)(   )

78 관련 필지 등 기재사항이 복잡한 경우에는 다른 용지에 작성하여 간인 처리한 후 첨부한다.(34회)(   )

79 부동산거래계약신고서 작성할 때 거래당사자가 외국인인 경우 거래당사자의 국적을 반드시 적어야 한다.(29회, 33회)(   )

80 거래대상 부동산의 종류가 건축물인 경우에는 「건축법 시행령」에 따른 용도별 건축물의 종류를 적는다.(25회)(   )

81 공급계약과 전매계약이 아닌 경우에 부동산별 '거래금액'과 '실제 거래가격(전체)'란에는 부가가치세를 제외한 금액을 적는다.(26회)(   )

82 '거래대상'의 '종류' 중 '공급계약'은 시행사 또는 건축주 등이 최초로 부동산을 공급(분양)하는 계약을 말한다.(34회)(   )

---

73) × 월세가 40만원이면 신고대상이다.
74) × 당사자 중 일방이 국가 등인 경우에는 국가 등이 단독으로 신고해야 한다.
75) ○
76) × 당사자가 신고해야 하고, 개업공인중개사는 신고의무가 없다.
77) ○
78) ○
79) ○
80) ○
81) ○
82) ○

83 계약대상 면적에는 실제 거래면적을 계산하여 적되, 건축물 면적은 집합건축물의 경우 연면적을 적는다. (26회)(   )

84 입주권이 매매의 대상인 경우, 분양금액란에는 권리가격에 부가가치세액을 포함한 금액을 적는다.(27회) (   )

85 물건별 거래금액란에는 둘 이상의 부동산을 함께 거래하는 경우 각각의 부동산별 거래금액을 적는다. (27회)(   )

86 종전 부동산란은 입주권 매매의 경우에만 종전 부동산에 대해 작성한다.(27회)(   )

87 부동산거래계약신고서 작성할 때 '종전 부동산'란은 입주권 매매의 경우에만 작성한다.(33회)(   )

88 분양금액란에는 분양권의 경우 권리가격과 추가부담금 합계금액을 적는다.(26회)(   )

89 거래대상 부동산의 공법상 거래규제 및 이용제한에 관한 사항은 신고서 기재사항이다.(28회)(   )

90 거래대상의 종류가 공급계약(분양)인 경우, 물건별 거래가격 및 총 실제 거래가격에 부가가치세를 포함한 금액을 적는다.(28회)(   )

91 부동산거래계약신고서 작성할 때 거래대상의 종류가 공급계약(분양)인 경우 물건별 거래가격 및 총 실제 거래가격에 부가가치세를 제외한 금액을 적는다.(33회)(   )

92 전매계약(분양권, 입주권)의 경우 '물건별 거래가격'란에는 분양가격, 발코니 확장 등 선택비용 및 추가지급액 등을 각각 적되, 각각의 비용에 대한 부가가치세가 있는 경우 이를 포함한 금액으로 적는다.(34회) (   )

93 거래대상 면적에는 실제 거래면적을 계산하여 적되, 집합건축물의 경우 전용면적과 공용면적을 합산하여 기재한다.(25회)(   )

94 물건별 거래금액란에는 둘 이상의 부동산을 함께 거래하는 경우 각각의 부동산별 거래금액을 적는다. (25회)(   )

---

83) × 집합건축물의 경우는 전용면적을 기재한다.
84) ○
85) ○
86) ○
87) ○
88) × 분양금액란에는 분양권의 경우 분양금액을, 입주권의 경우에 권리가격과 추가부담금의 합계금액(조합권 분양금액)을 적는다.
89) × 기재사항이 아니다.
90) ○
91) × 부가가치세를 포함한 금액을 적어야 한다.
92) ○
93) × 집합건축물의 경우는 전용면적을 기재한다.

95 계약대상 면적에는 실제 거래면적을 계산하여 적되, 건축물 면적은 집합건축물의 경우 전용면적을 적는다. (29회)(　　　)

96 부동산거래계약신고서 작성할 때 '계약대상 면적'란에는 실제 거래면적을 계산하여 적되, 건축물 면적은 집합건축물의 경우 전용면적을 적는다.(33회)(　　　)

97 '계약대상 면적'란에는 실제 거래면적을 계산하여 적되, 집합건축물이 아닌 건축물의 경우 건축물 면적은 연면적을 적는다.(28회, 34회)(　　　)

98 비규제지역에서 실제 거래가격이 6억원을 초과하는 경우에는 거래대상 주택의 취득에 필요한 자금 조달계획은 신고서 작성사항에 해당한다.(26회)(　　　)

99 자금조달 및 입주계획란은 비규제지역에 소재한 주택으로서 실제 거래가격이 6억원 미만인 주택을 거래하는 경우 해당 없음에 √표시를 한다.(29회)(　　　)

100 「주택법」에 따라 지정된 투기과열지구에 소재하는 주택의 거래계약을 체결한 경우 신고서를 제출할 때 매수인과 매도인이 공동으로 서명 및 날인한 자금조달·입주계획서를 함께 제출하여야 한다.(31회)(　　　)

101 "임대주택 분양전환"은 법인인 임대주택사업자가 임대기한이 완료되어 분양전환하는 주택인 경우에 √표시를 한다.(29회)(　　　)

102 '거래대상'의 '종류' 중 '임대주택 분양전환'은 법인이 아닌 임대주택사업자가 임대기한이 완료되어 분양전환하는 주택인 경우에 √ 표시를 한다.(34회)(　　　)

103 부동산거래계약신고서 작성할 때 '계약의 조건 및 참고사항'란은 부동산 거래계약 내용에 계약조건이나 기한을 붙인 경우, 거래와 관련한 참고내용이 있을 경우에 적는다.(33회)(　　　)

---

94) ○
95) ○
96) ○
97) ○
98) ○
99) ○
100) × 자금조달·입주계획서를 제출해야 하는 것은 매수인이고 매도인은 제출의무가 없다.
101) ○
102) × 공급계약은 시행사 또는 건축주 등이 최초로 부동산을 공급(분양)하는 계약을 말하며, 준공 전과 준공 후 계약 여부에 따라 √표시하고, "임대주택 분양전환"은 임대주택사업자(법인으로 한정)가 임대기한이 완료되어 분양전환하는 주택인 경우에 √표시한다.
103) ○

⑽ 위반에 대한 제재

104 개업공인중개사가 거짓으로 신고서를 작성하여 신고한 경우 500만원 이하의 과태료 부과사유에 해당한다. (26회)(   )

105 개업공인중개사에게 거짓으로 부동산 거래신고를 하도록 요구한 자는 과태료 부과대상자가 된다.(27회) (   )

106 개업공인중개사에게 부동산 거래신고를 하지 아니하게 한 자는 2년 이하의 징역 또는 계약 체결 당시의 개별공시지가에 따른 해당 토지가격의 100분의 30에 해당하는 금액 이하의 벌금에 처한다.(33회) (   )

107 신고관청은 거래대금 지급을 증명할 수 있는 자료를 제출하지 아니한 사실을 자진 신고한 자에 대하여 과태료를 감경 또는 면제할 수 있다.(28회)(   )

108 신고관청의 요구에도 거래대금 지급을 증명할 수 있는 자료를 제출하지 아니한 자에게는 해당 부동산에 대한 취득세의 3배 이하에 상당하는 금액의 과태료가 부과된다.(27회)(   )

109 신고관청의 관련 자료의 제출 요구에도 거래대금 지급을 증명할 수 있는 자료를 제출하지 아니한 자는 2년 이하의 징역 또는 계약 체결 당시의 개별공시지가에 따른 해당 토지가격의 100분의 30에 해당하는 금액 이하의 벌금에 처한다.(33회)(   )

110 부동산매매계약을 체결한 거래당사자가 그 실제 거래가격을 거짓으로 신고한 경우는 해당 부동산 등의 취득가액의 100분의 10 이하에 상당하는 금액의 과태료를 부과한다.(32회)(   )

111 부동산매매계약을 체결한 후 신고 의무자가 아닌 자가 거짓으로 부동산 거래신고를 한 경우는 해당 부동산 등의 취득가액의 100분의 10 이하에 상당하는 금액의 과태료를 부과한다.(32회)(   )

112 부동산의 매매계약을 체결한 후 신고 의무자가 아닌 자가 거짓으로 부동산 거래신고를 하는 자는 2년 이하의 징역 또는 계약 체결 당시의 개별공시지가에 따른 해당 토지가격의 100분의 30에 해당하는 금액 이하의 벌금에 처한다.(33회)(   )

---

104) × 거짓된 내용으로 부동산거래신고를 한 경우에는 취득가액의 10/100 이하의 과태료사유에 해당된다.
105) ○
106) × 500만원 이하의 과태료처분사유에 해당된다.
107) × 과태료 감경 또는 면제사유에 해당되지 않는다.
108) × 3천만원 이하의 과태료처분사유이다.
109) × 3천만원 이하의 과태료처분사유에 해당된다.
110) ○
111) ○
112) × 취득가액의 10/100에 해당하는 금액 이하의 과태료처분사유에 해당된다.

핵심 32 외국인 등의 부동산 취득 등에 관한 특례 : 1문제

01 대한민국의 국적을 보유하고 있지 아니한 개인은 외국인 등에 해당된다.(33회)(　　)

02 외국의 법령에 따라 설립된 법인이라도 구성원의 2분의 1이 대한민국 국민인 경우 「부동산 거래신고 등에 관한 법률」에 따른 "외국인"에 해당하지 아니한다.(26회)(　　)

03 외국의 법령에 따라 설립된 법인은 외국인 등에 해당된다.(33회)(　　)

04 전원이 외국인으로 구성된 비법인사단은 「부동산 거래신고 등에 관한 법률」에 따른 "외국인"에 해당하지 아니한다.(26회)(　　)

05 사원 또는 구성원의 2분의 1 이상이 대한민국 국적을 보유하지 않은 법인 또는 단체는 「부동산 거래신고 등에 관한 법률」상 외국인에 해당한다.(27회)(　　)

06 대한민국의 국적을 보유하고 있지 않은 개인이 이사 등 임원의 2분의 1 이상인 법인은 외국인 등에 해당한다.(32회)(　　)

07 외국인이 대한민국에 소재하는 건물에 대한 저당권을 취득하는 경우에는 「부동산 거래신고 등에 관한 법률」이 적용될 여지가 없다.(26회)(　　)

08 국제연합도 외국인 등에 포함된다.(31회)(　　)

09 국제연합의 전문기구는 외국인 등에 해당된다.(33회)(　　)

10 비정부 간 국제기구는 외국인 등에 해당된다.(33회, 35회)(　　)

11 외국 정부는 외국인 등에 해당된다.(33회)(　　)

12 외국인 등이 대한민국 안의 부동산에 대한 매매계약을 체결하였을 때에는 계약체결일부터 60일 이내에 신고관청에 신고하여야 한다.(31회)(　　)

---

01) ○
02) × 해당된다.
03) ○
04) × 해당된다.
05) ○
06) ○
07) ○
08) ○
09) ○
10) ○
11) ○
12) × 외국인 등이 대한민국 안의 부동산에 대한 매매계약을 체결하였을 때에는 30일 이내에 부동산 거래신고를 해야 한다.

13 외국인이 상속으로 대한민국 안의 부동산을 취득한 때에는 부동산을 취득한 날부터 1년 이내에 신고관청에 신고하여야 한다.(31회)(   )

14 외국인이 「수도법」에 따른 상수원보호구역에 있는 토지를 취득하려는 경우 토지취득계약을 체결하기 전에 신고관청으로부터 토지취득의 허가를 받아야 한다.(31회)(   )

15 외국의 법령에 따라 설립된 법인이 자본금의 2분의 1 이상을 가지고 있는 법인은 "외국인 등"에 해당한다.(28회)(   )

16 토지취득계약을 체결하고 「부동산 거래신고 등에 관한 법률」상 부동산 거래신고를 한 때에도 계약체결일부터 60일 이내에 시장·군수 또는 구청장에게 신고해야 한다.(24회)(   )

17 외국인은 「부동산 거래신고에 관한 법률」에 따라 부동산거래의 신고를 한 경우에도 「외국인 등의 부동산취득 등에 관한 특례」에 따른 토지취득의 신고를 해야 한다.(26회)(   )

18 「부동산 거래신고에 관한 법률」에 따라 부동산거래의 신고를 한 경우에도 「외국인 등의 부동산취득 등에 관한 특례」에 따라 매매계약일부터 60일 이내에 신고해야 한다.(27회)(   )

19 외국인이 부동산 거래신고의 대상인 계약을 체결하여 부동산 거래신고를 한 때에도 부동산 취득신고를 해야 한다.(28회)(   )

20 외국인이 대한민국 안의 부동산을 취득하는 계약(매매계약은 제외)을 체결하였을 때에는 계약체결일부터 30일 이내에 신고해야 한다.(27회)(   )

21 외국인이 토지를 매수하는 계약을 체결하면 계약체결일부터 (30)일 이내에 신고해야 한다.(34회)(   )

22 외국인이 국내 부동산을 매수하기 위하여 체결한 매매계약은 부동산 거래신고의 대상이다.(35회)(   )

23 외국인이 국내 부동산을 취득하는 교환계약을 체결하였을 때에는 계약체결일부터 60일 이내에 신고관청에 취득신고를 하여야 한다.(35회)(   )

---

13) × 상속은 계약 외의 원인으로 부동산을 취득할 날부터 6개월 이내에 신고해야 한다.
14) × 「수도법」에 따른 상수원보호구역은 허가를 받아야 하는 지역에 해당되지 않는다.
15) ○
16) × 부동산 거래신고를 한 경우에는 외국인 토지취득신고를 하지 않아도 된다.
17) × 신고하지 않아도 된다.
18) × 부동산 거래신고를 한 경우에는 외국인 부동산취득신고를 하지 않아도 된다.
19) × 부동산 거래신고를 한 경우에는 외국인 부동산취득신고를 하지 않아도 된다.
20) × 60일 이내에 신고해야 한다.
21) ○
22) ○
23) ○

24 외국인 등이 부동산(주택 제외) 임대차계약을 체결하는 경우 계약체결일로부터 6개월 이내에 신고관청에 신고하여야 한다.(30회)(   )

25 대한민국 국적을 보유하고 있지 아니한 자가 토지를 증여받은 경우 계약체결일부터 60일 이내에 취득신고를 해야 한다.(29회)(   )

26 외국인이 토지를 증여받는 계약을 체결하면 계약체결일부터 (60)일 이내에 신고해야 한다.(34회)(   )

27 경매로 취득한 때에는 그 취득일부터 60일 이내에 시장·군수 또는 구청장에게 신고해야 한다.(24회)(   )

28 외국인이 경매로 대한민국 안의 부동산을 취득한 때에는 취득한 날부터 6개월 이내에 신고관청에 신고해야 한다.(28회)(   )

29 국제연합의 전문기구가 경매로 대한민국 안의 부동산 등을 취득한 때에는 부동산 등을 취득한 날부터 3개월 이내에 신고관청에 신고하여야 한다.(30회)(   )

30 상속으로 취득한 때에 이를 신고하지 않거나 거짓으로 신고한 경우 100만원 이하의 과태료가 부과된다.(24회)(   )

31 「부동산 거래신고 등에 관한 법률」은 대한민국 영토에서 외국인이 상속·경매 등 계약 외의 원인에 의한 토지취득에는 적용되지 않는다.(26회)(   )

32 외국인이 토지를 상속받으면 취득일부터 (6)개월 이내에 신고해야 한다.(34회)(   )

33 외국인 등이 법원의 확정판결로 대한민국 안의 부동산 등을 취득한 때에는 신고하지 않아도 된다.(30회)(   )

34 외국인이 법인의 합병 등 계약 외의 원인으로 대한민국 안의 부동산을 취득한 경우 그 취득한 날부터 60일 이내에 신고해야 한다.(27회)(   )

35 외국의 법령에 의하여 설립된 법인이 합병을 통하여 부동산을 취득한 경우에는 취득한 날부터 6개월 이내에 취득신고를 해야 한다.(29회)(   )

---

24) × 임대차계약을 체결한 경우는 신고대상이 아니다.
25) ○
26) ○
27) × 6개월 이내에 신고해야 한다.
28) ○
29) × 6개월 이내에 신고해야 한다.
30) ○
31) × 적용된다.
32) ○
33) × 6개월 이내에 신고해야 한다.
34) × 6개월 이내에 신고해야 한다.
35) ○

36 외국인 등이 건축물의 개축을 원인으로 대한민국 안의 부동산을 취득한 때에도 부동산 취득신고를 해야 한다.(32회)(   )

37 외국의 법령에 따라 설립된 법인이 건축물의 신축으로 국내 부동산을 취득한 때에는 부동산을 취득한 날부터 60일 이내에 신고관청에 취득신고를 하여야 한다.(35회)(   )

38 외국인이 건축물의 신축을 원인으로 대한민국 안의 부동산을 취득한 때에는 신고관청으로부터 부동산 취득의 허가를 받아야 한다.(33회)(   )

39 대한민국 안의 부동산을 가지고 있는 대한민국 국민이 외국인으로 변경되고 그 외국인이 해당 부동산을 계속보유하려는 경우 신고의무가 없다.(27회)(   )

40 대한민국 안의 부동산을 가지고 있는 대한민국 국민이 외국인으로 변경되었음에도 해당 부동산을 계속 보유하려는 경우, 외국인으로 변경된 날부터 6개월 이내에 신고관청에 계속보유에 관한 신고를 해야 한다.(28회)(   )

41 부동산을 소유한 대한민국 국민이 대한민국 국적을 상실한 경우 부동산을 계속 보유하려면 국적을 상실한 때부터 6개월 이내에 계속보유 신고를 해야 한다.(29회)(   )

42 대한민국 안의 부동산을 가지고 있는 대한민국 국민이 외국인으로 변경된 경우 그 외국인이 해당 부동산을 계속보유하려는 경우에는 부동산 보유의 허가를 받아야 한다.(33회)(   )

43 국내 부동산을 가지고 있는 대한민국 국민이 외국인으로 변경된 경우 그 외국인이 해당 부동산을 계속보유하려는 때에는 외국인으로 변경된 날부터 6개월 이내에 신고관청에 계속보유신고를 하여야 한다.(35회)(   )

44 「자연환경보전법」상 생태·경관보전지역 내의 토지에 관하여 허가권자의 허가 없이 체결한 토지취득계약은 효력이 없다.(24회)(   )

45 국제연합의 산하기구가 허가 없이 「자연환경보전법」상 생태·경관보전지역의 토지를 취득하는 계약을 체결한 경우 그 효력은 발생하지 않는다.(29회)(   )

46 「자연환경보전법」에 따른 생태·경관보전지역에서 외국인이 토지취득의 허가를 받지 아니하고 체결한 토지취득계약은 유효하다.(33회)(   )

---

36) ○
37) × 건축물의 신축은 계약 외의 원인으로 60일이 아니라 6개월 이내에 신고해야 한다.
38) × 건축물의 신축은 허가사항이 아니라 취득일부터 6개월 이내에 신고해야 한다.
39) × 신고해야 한다.
40) ○
41) ○
42) × 허가가 아니라 국적 변경일부터 6개월 이내에 신고해야 한다.
43) ○
44) ○
45) ○
46) × 무효이다.

47 외국인이 취득하려는 토지가 「자연환경보전법」에 따른 생태·경관보전지역에 있으면, 「부동산 거래신고 등에 관한 법률」에 따라 토지거래계약에 관한 허가를 받은 경우를 제외하고는 토지취득계약을 체결하기 전에 신고관청으로부터 토지취득의 허가를 받아야 한다.(28회)(   )

48 외국인 등이 허가 없이 「자연환경보전법」에 따른 생태·경관보전지역 안의 토지를 취득하는 계약을 체결한 경우 그 계약은 효력이 발생하지 않는다.(32회)(   )

49 외국정부가 「군사기지 및 군사시설 보호법」에 따른 군사시설 보호지역 내 토지를 취득하려는 경우 계약체결 전에 국토교통부장관에게 취득허가를 받아야 한다.(29회)(   )

50 「군사기지 및 군사시설 보호법」에 따른 군사기지 및 군사시설 보호구역 안의 토지는 외국인 등이 취득할 수 없다.(32회)(   )

51 외국인이 취득하려는 토지가 토지거래허가구역과 「문화재보호법」에 따른 지정문화재와 이를 위한 보호물 또는 보호구역에 있으면 토지거래계약허가와 토지취득허가를 모두 받아야 한다.(33회)(   )

52 외국인 등의 토지거래 허가신청서(군사시설보호구역은 제외)를 받은 신고관청은 신청서를 받은 날부터 30일 이내에 허가 또는 불허가 처분을 하여야 한다.(30회)(   )

53 외국인으로부터 토지취득의 허가신청서(군사시설보호구역은 제외)를 받은 신고관청은 신청서를 받은 날부터 15일 이내에 허가 또는 불허가 처분을 해야 한다.(33회)(   )

54 특별자치시장은 외국인 등이 신고한 부동산 등의 취득·계속보유 신고내용을 매 분기 종료일부터 1개월 이내에 직접 국토교통부장관에게 제출하여야 한다.(30회)(   )

55 외국인이 부정한 방법으로 허가를 받아 토지취득계약을 체결한 경우는 2년 이하의 징역 또는 2천만원 이하의 벌금에 처한다.(32회)(   )

56 외국인이 경매로 대한민국 안의 부동산을 취득한 후 취득신고를 하지 아니한 자는 2년 이하의 징역 또는 계약 체결 당시의 개별공시지가에 따른 해당 토지가격의 100분의 30에 해당하는 금액 이하의 벌금에 처한다.(33회)(   )

---

47) ○
48) ○
49) × 국토교통부장관의 허가가 아니라 시·군·구청장의 허가를 받아야 한다.
50) × 허가를 받고 취득할 수 있다.
51) × 「부동산 거래신고 등에 관한 법률」에 의한 허가를 받은 경우에는 외국인 등의 토지취득허가는 받은 것으로 본다.
52) × 15일 이내에 허가 여부를 결정하여 통보하여야 한다.
53) ○
54) ○
55) ○
56) × 100만원 이하의 과태료처분사유에 해당된다.

01 국토교통부장관 또는 시 · 도지사는 토지의 투기적인 거래가 성행하거나 지가가 급격히 상승하는 지역과 그러한 우려가 있는 지역에 5년 내의 기간을 정하여 토지거래허가구역으로 지정할 수 있다. (　　)

02 시 · 도지사는 법령의 개정으로 인해 토지이용에 대한 행위제한이 강화되는 지역을 허가구역으로 지정할 수 있다.(32회)(　　)

03 국토교통부장관 또는 시 · 도지사가 허가구역을 지정, 해제, 축소, 확대하려는 경우에 중앙 또는 지방도시계획위원회의 심의를 거쳐야 한다.(　　)

04 국토교통부장관이 지정기간이 만료되는 허가구역을 계속하여 다시 허가구역으로 지정하려는 경우에는 중앙도시계획위원회의 심의 전에 미리 시 · 도지사의 의견을 들어야 한다.(　　)

05 허가구역의 지정 · 해제 · 축소의 경우에 5일 이상 공고하고, 공고내용을 15일간 일반이 열람할 수 있도록 하여야 한다.(　　)

06 허가구역이 둘 이상의 시 · 도의 관할구역에 걸쳐 있는 경우 해당 시 · 도지사가 공동으로 지정한다.(35회) (　　)

07 허가구역 지정에 관한 공고내용의 통지를 받은 시장 · 군수 또는 구청장은 지체 없이 그 공고내용을 관할 등기소의 장에게 통지해야 한다.(35회)(　　)

08 허가구역 지정에 이의가 있는 자는 그 지정이 공고된 날부터 1개월 내에 시장 · 군수 · 구청장에게 이의를 신청할 수 있다.(32회)(　　)

09 토지의 투기적인 거래 성행으로 지가가 급격히 상승하는 등의 특별한 사유가 있으면 5년을 넘는 기간으로 허가구역을 지정할 수 있다.(32회)(　　)

10 토지의 투기적인 거래 성행으로 지가가 급격히 상승하는 등의 특별한 사유가 있으면 7년 이내의 기간을 정하여 허가구역을 지정할 수 있다.(31회, 35회)(　　)

---

01) ○
02) × 허가구역지정 지역에 해당되지 않는다.
03) ○
04) ○
05) × 7일 이상 공고해야 한다.
06) × 국토교통부장관이 지정한다.
07) ○
08) × 이의신청 할 수 없다.
09) × 5년 이내의 기간을 정하여 지정한다.
10) × 7년이 아니라 5년 이내의 기간 안에서 지정한다.

11 시·도지사가 토지거래허가구역을 지정하려면 시·도도시계획위원회의 심의를 거쳐 인접 시·도지사의 의견을 들어야 한다.(31회)(   )

12 시·도지사가 토지거래허가구역을 지정한 때에는 이를 공고하고 그 공고내용을 국토교통부장관, 시장·군수 또는 구청장에게 통지하여야 한다.(31회)(   )

13 허가구역 지정에 관한 공고 내용의 통지를 받은 시장·군수 또는 구청장은 그 사실을 7일 이상 공고해야 하고, 그 공고 내용을 30일간 일반이 열람할 수 있도록 해야 한다.(35회)(   )

14 허가구역을 지정한 시·도지사는 지체 없이 허가구역지정에 관한 공고내용을 관할 등기소의 장에게 통지해야 한다.(32회)(   )

15 허가구역의 지정은 허가구역의 지정을 공고한 날부터 3일 후에 효력이 발생한다.(31회)(   )

16 허가구역 지정의 공고에는 허가구역에 대한 축척 5만분의 1 또는 2만 5천분의 1의 지형도가 포함되어야 한다.(32회)(   )

17 국토교통부장관 또는 시·도지사가 허가구역의 지정을 공고한 날로부터 5일 후에 그 효력이 발생한다.(   )

18 허가구역의 지정은 그 지정을 공고한 날부터 5일 후에 그 효력이 발생한다.(28회)(   )

19 허가구역의 지정은 그 지정을 공고한 날부터 7일 후에 그 효력이 발생한다.(34회)(   )

20 토지거래허가구역의 지정은 그 지정을 공고한 날부터 3일 후에 효력이 발생한다.(32회)(   )

21 허가구역의 지정은 허가구역의 지정을 공고한 날의 다음 날부터 그 효력이 발생한다.(33회)(   )

22 허가구역의 지정은 시장·군수 또는 구청장이 허가구역 지정의 통지를 받은 날부터 5일 후에 그 효력이 발생한다.(35회)(   )

---

11) × 인접 시·도지사의 의견을 청취할 필요는 없다.
12) ○
13) × 30일이 아니라 15일간 일반이 열람할 수 있도록 하여야 한다.
14) × 시·도지사는 시장·군수 또는 구청장에게 통지하고, 시장·군수 또는 구청장은 관할 등기소장에게 통지하여야 한다.
15) × 공고한 날부터 5일 후에 효력이 발생한다.
16) ○
17) ○
18) ○
19) × 5일 후에 효력이 발생한다.
20) × 5일 후에 효력이 발생한다.
21) × 허가구역의 지정을 공고한 날부터 5일 후에 효력이 발생된다.
22) × 허가구역의 지정을 공고한 날부터 5일 후에 효력이 발생한다.

23 국토교통부장관 또는 시·도지사는 허가구역의 지정사유가 없어졌다고 인정되면 지체 없이 허가구역의 지정을 해제해야 한다.(33회)(   )

24 토지거래허가신청서에는 매매의 경우 매도인과 매수인의 성명 및 주소를 기재해야 한다.(29회)(   )

25 토지거래허가신청서에는 거래를 중개한 개업공인중개사의 성명 및 주소를 기재해야 한다.(29회)
(   )

26 토지거래허가신청서에는 이전 또는 설정하려는 권리의 종류를 기재해야 한다.(29회)(   )

27 토지거래허가신청서에는 토지이용계획서를 첨부해야 한다.(29회)(   )

28 토지거래허가신청서에는 토지취득자금조달계획서를 첨부해야 한다.(29회)(   )

29 토지거래허가를 받으려는 자는 그 허가신청서에 계약내용과 그 토지의 이용계획, 취득자금 조달계획 등을 적어 시장·군수 또는 구청장에게 제출해야 한다.(33회)(   )

30 「국토의 계획 및 이용에 관한 법률」에 따른 도시지역 중 주거지역의 경우 $180m^2$ 이하의 토지에 대해서는 토지거래계약허가가 면제된다.(31회)(   )

31 토지거래허가구역의 지정 당시 국토교통부장관 또는 시·도지사가 따로 정하여 공고하지 않은 경우, 「국토의 계획 및 이용에 관한 법률」에 다른 도시지역 중 녹지지역 안의 $280m^2$ 면적의 토지거래계약에 관하여는 허가가 필요 없다.(32회)(   )

32 토지거래허가구역의 지정 당시 지정권자가 따로 정하여 공고하지 않은 경우, 도시지역 중 주거지역인 경우에 $(60)m^2$ 이하는 토지거래계약허가는 필요하지 아니하다.(33회)(   )

33 토지거래허가구역의 지정 당시 지정권자가 따로 정하여 공고하지 않은 경우, 도시지역 중 상업지역인 경우에 $(150)m^2$ 이하는 토지거래계약허가는 필요하지 아니하다.(33회)(   )

34 토지거래허가구역의 지정 당시 지정권자가 따로 정하여 공고하지 않은 경우, 도시지역 중 공업지역인 경우에 $(150)m^2$ 이하는 토지거래계약허가는 필요하지 아니하다.(33회)(   )

---

23) ○
24) ○
25) × 개업공인중개사의 성명 및 주소는 기재사항에 해당되지 않는다.
26) ○
27) ○
28) ○
29) ○
30) × 주거지역에서는 $60m^2$ 이하인 경우에 토지거래허가를 받지 않아도 된다.
31) × 녹지지역에서는 $200m^2$ 초과인 경우에 허가를 받아야 한다.
32) ○
33) ○
34) ○

35 토지거래허가구역의 지정 당시 지정권자가 따로 정하여 공고하지 않은 경우, 도시지역 중 녹지지역인 경우에 (200)㎡ 이하는 토지거래계약허가는 필요하지 아니하다.(33회)(   )

36 자기의 거주용 주택용지로 이용할 목적으로 토지거래계약을 허가받은 자는 대통령령으로 정하는 사유가 있는 경우 외에는 토지취득일부터 2년간 그 토지를 허가받은 목적대로 이용해야 한다.(28회)(   )

37 허가구역에 거주하는 농업인 등이 농업을 영위하기 위하여 필요한 경우 허가를 신청하면 허가할 수 있으며, 허가를 받은 자의 이용의무기간은 2년이다.(   )

38 토지거래계약을 허가받은 자는 대통령령으로 정하는 사유가 있는 경우 외에는 토지 취득일부터 10년간 그 토지를 허가받은 목적대로 이용해야 한다.(32회)(   )

39 「건축법 시행령」에 따른 제1종 근린생활시설인 건축물을 취득하여 실제로 이용하는 자가 해당 건축물의 일부를 임대하는 경우는 허가받은 목적대로 이용하지 않을 수 있다.(34회)(   )

40 「건축법 시행령」에 따른 단독주택 중 다중주택인 건축물을 취득하여 실제로 이용하는 자가 해당 건축물의 일부를 임대하는 경우는 허가받은 목적대로 이용하지 않을 수 있다.(34회)(   )

41 「산업집적활성화 및 공장설립에 관한 법률」에 따른 공장을 취득하여 실제로 이용하는 자가 해당 공장의 일부를 임대하는 경우는 허가받은 목적대로 이용하지 않을 수 있다.(34회)(   )

42 「건축법 시행령」에 따른 제2종 근린생활시설인 건축물을 취득하여 실제로 이용하는 자가 해당 건축물의 일부를 임대하는 경우는 허가받은 목적대로 이용하지 않을 수 있다.(34회)(   )

43 「건축법 시행령」에 따른 공동주택 중 다세대주택인 건축물을 취득하여 실제로 이용하는 자가 해당 건축물의 일부를 임대하는 경우는 허가받은 목적대로 이용하지 않을 수 있다.(34회)(   )

44 거래당사자 한쪽 또는 양쪽이 한국토지주택공사 등인 경우 토지거래계약은 사전협의하면 허가받은 것으로 본다.(   )

---

35) ○
36) ○
37) ○
38) × 10년이 아니라 5년이다.
39) ○
40) × 「건축법 시행령」[별표 1] 제1호의 단독주택[다중주택 및 공관(公館)은 제외한다]을 취득하여 실제로 이용하는 자가 해당 건축물의 일부를 임대하는 경우는 허가받은 목적대로 이용하지 않을 수 있다.
41) ○
42) ○
43) ○
44) ○

45 국유재산관리계획에 따른 국유재산의 취득·처분은 사후통보하면 협의한 것으로 본다.(   )

46 허가신청서를 받은 날부터 15일 이내에 허가증의 발급하거나 불허가처분사유의 통지가 없거나 선매협의사실의 통지가 없는 때에는 해당 기간이 만료한 날에 허가가 있는 것으로 본다.(   )

47 허가관청은 허가신청서를 받은 날부터 15일 이내에 허가 또는 불허가 처분을 하여야 한다.(34회)
(   )

48 토지거래계약에 관한 허가증을 발급 받은 경우「부동산등기 특별조치법」에 따른 검인받은 것으로 본다.
(   )

49 토지거래허가를 받은 경우「농지법」에 따른 농지취득자격증명을 받은 것으로 본다.(   )

50 농지에 대하여 토지거래계약 허가를 받은 경우에는「농지법」에 따른 농지전용허가를 받은 것으로 본다.
(33회)(   )

51 토지거래계약에 관한 허가신청에 대한 처분에 이의가 있는 자는 그 처분을 받은 날부터 1개월 이내에 이의를 신청할 수 있다.(   )

52 허가구역에 있는 토지거래에 대한 처분에 이의가 있는 자는 그 처분을 받은 날부터 1개월 이내에 시장·군수 또는 구청장에게 이의를 신청할 수 있다.(34회)(   )

53 불허가 처분을 통지를 받은 날부터 1개월 이내에 시장·군수·구청장에게 해당 토지에 관한 권리의 매수를 청구할 수 있다.(   )

54 허가신청에 대하여 불허가 처분을 받은 자는 그 통지를 받은 날부터 1개월 이내에 시장·군수 또는 구청장에게 해당 토지에 관한 권리의 매수를 청구할 수 있다.(34회)(   )

55 토지거래허가신청에 대해 불허가 처분을 받은 자는 그 통지를 받은 날부터 1개월 이내에 시장·군수·구청장에게 해당 토지에 관한 권리의 매수를 청구할 수 있다.(32회)(   )

---

45) ○
46) × 해당기간이 만료된 날의 다음날에 허가가 있는 것으로 본다.
47) ○
48) ○
49) ○
50) × 농지에 대한 토지거래허가를 받은 경우에는 농지취득자격증명을 받은 것으로 본다. 그러나 농지전용허가를 받은 것으로 보는 것은 아니다.
51) ○
52) ○
53) ○
54) ○
55) ○

56 토지거래허가신청에 대해 불허가 처분을 받은 자는 그 통지를 받은 날부터 1개월 이내에 시장·군수 또는 구청장에게 해당 토지에 관한 권리의 매수를 청구할 수 있다.(33회)(   )

57 매수청구시 매수자로 지정된 국가·지방자치단체 등은 예산의 범위에서 감정가격을 기준으로 매수하여야 한다.(   )

58 허가구역에 있는 토지에 관하여 사용대차계약을 체결하는 경우에는 토지거래허가를 받을 필요가 없다. (34회)(   )

59 시장·군수 또는 구청장은 공익사업용 토지에 대해 토지거래계약에 관한 허가신청이 있는 경우, 한국토지주택공사가 그 매수를 원하는 경우에는 한국토지주택공사를 선매자(先買者)로 지정하여 그 토지를 협의 매수하게 할 수 있다.(33회)(   )

60 토지소유자가 선매협의에 응해야 할 법적의무가 있으므로 협의가 안되면 수용대상이 된다.(   )

61 선매협의대상이 되는 토지는 토지거래계약의 허가신청이 있는 공익사업용 토지, 토지거래계약허가를 받아 취득한 토지를 이용목적대로 이용하고 있지 아니한 토지이다.(   )

62 토지거래계약허가를 받아 취득한 토지를 허가받은 목적대로 이용하고 있지 않은 경우 시장·군수·구청장은 해당 토지에 관한 토지거래계약 허가신청이 있을 때 국가, 지방자치단체, 한국토지주택공사가 그 토지의 매수를 원하면 이들 중에서 매수할 자를 지정하여 협의 매수하게 할 수 있다.(32회)(   )

63 선매협의대상은 소유권이며, 매수청구대상은 소유권·지상권이다.(   )

64 선매요건에 해당하는 토지에 대하여 토지거래계약 허가신청이 있는 경우에는 그 신청이 있는 날부터 1개월 이내에 선매자를 지정하여 토지소유자에게 알려야 하며, 선매자는 지정 통지를 받은 날부터 1개월 이내에 그 토지소유자와 선매협의를 끝내야 한다.(   )

65 선매자로 지정된 자는 지정일부터 15일 이내에 매수가격 등 선매조건을 기재한 서면을 토지소유자에게 통지하여 선매협의를 하여야 하며, 지정일부터 1개월 이내에 선매협의조서를 시장·군수·구청장에게 제출하여야 한다.(   )

---

56) ○
57) × 감정가격이 아니라 공시지가이다.
58) ○
59) ○
60) × 선매협의를 응해야 할 의무가 있는 것은 아니다.
61) ○
62) ○
63) ○
64) ○
65) ○

66 선매가격은 공시지가를 기준으로 하되, 토지거래계약허가신청서에 기재된 가격이 공시지가보다 낮은 경우에는 허가신청서에 기재된 가격으로 할 수 있다.( )

67 토지거래계약허가를 받아 취득한 토지를 허가받은 목적대로 이용하고 있지 않은 경우 시장·군수·구청장은 토지거래계약허가를 취소할 수 있다.(32회)( )

68 시장·군수 또는 구청장은 이행명령이 정하여진 기간(3개월) 내에 이행되지 아니한 경우에는 토지 취득가액의 100분의 10의 범위에서 대통령령이 정하는 금액의 이행강제금을 부과한다.( )

69 토지거래계약허가를 받아 취득한 토지를 허가받은 목적대로 이용하고 있지 않은 경우 시장·군수·구청장은 3개월 이내의 기간을 정하여 토지의 이용 의무를 이행하도록 문서로 명할 수 있다.(32회)( )

70 토지거래계약허가를 받아 토지를 취득한 자가 직접 이용하지 아니하고 임대한 경우에는 토지 취득가액의 100분의 20에 상당하는 금액을 이행강제금으로 부과한다.(30회)( )

71 토지거래계약허가를 받아 취득한 토지를 허가받은 목적대로 이용하고 있지 않은 경우 시장·군수·구청장은 해당 토지를 직접 이용하지 않고 임대하고 있다는 이유로 이행명령을 했음에도 정해진 기간에 이행되지 않은 경우, 취득가액의 100분의 7에 상당하는 금액의 이행강제금을 부과한다.(32회)( )

72 시장·군수는 토지거래계약허가를 받아 토지를 취득한 자가 당초의 목적대로 이용하지 아니하고 방치한 경우 그에 대하여 상당한 기간을 정하여 토지의 이용 의무를 이행하도록 명할 수 있다. 그 의무의 이행기간은 (3)개월 이내로 정하여야 하며, 그 정해진 기간 내에 이행되지 않은 경우, 토지 취득가액의 100분의 (10)에 상당하는 금액의 이행강제금을 부과한다.(33회)( )

73 이행명령은 구두 또는 문서로 하며 이행기간은 3개월 이내로 정하여야 한다.(31회)( )

74 토지거래계약허가를 받아 토지를 취득한 자가 당초의 목적대로 이용하지 아니하고 방치하여 이행명령을 받고도 정하여진 기간에 이를 이행하지 아니한 경우, 시장·군수 또는 구청장은 토지 취득가액의 100분의 10에 상당하는 금액의 이행강제금을 부과한다.(31회)( )

75 토지거래계약허가를 받아 취득한 토지를 허가받은 목적대로 이용하고 있지 않은 경우 시장·군수·구청장은 과태료를 부과할 수 있다.(32회)( )

---

66) × 공시지가가 아니라 감정가격이다.
67) ○
68) ○
69) ○
70) × 토지 취득가액의 100분의 10의 범위에서 대통령령이 정하는 금액의 이행강제금을 부과한다.
71) ○
72) ○
73) × 이행명령은 문서로 하여야 하며, 이행기간은 3개월 이내로 정하여야 한다.
74) ○
75) × 과태료처분사유에 해당되지 않는다.

76 이행강제금 부과처분에 불복하는 경우 이의를 제기할 수 있으나, 그에 관한 명문의 규정을 두고 있지 않다.(31회)(   )

77 허가받은 목적대로 토지를 이용하지 않았음을 이유로 이행강제금 부과처분을 받은 자가 시장·군수·구청장에게 이의를 제기하려면 그 처분을 고지받은 날부터 60일 이내에 해야 한다.(32회)(   )

78 시장·군수는 토지이용의무 기간이 지난 후에도 이행강제금을 부과할 수 있다.(33회)(   )

79 토지의 소유권자에게 부과된 토지 이용에 관한 의무는 그 토지에 관한 소유권의 변동과 동시에 그 승계인에게 이전한다.(33회)(   )

80 이행명령을 받은 자가 그 명령을 이행하는 경우 새로운 이행강제금의 부과를 즉시 중지하며, 명령을 이행하기 전에 부과된 이행강제금도 징수할 수 없다.(31회)(   )

81 최초의 이행명령이 있었던 날을 기준으로 1년에 두 번씩 그 이행명령이 이행될 때까지 반복하여 이행강제금을 부과·징수할 수 있다.(31회)(   )

82 시장·군수 또는 구청장은 최초의 이행명령이 있은 날을 기준으로 하여 1년에 1회씩 해당 이행명령이 이행될 때까지 반복하여 이행강제금을 부과·징수할 수 있다.(   )

83 군수는 최초의 의무이행위반이 있었던 날을 기준으로 1년에 한 번씩 그 이행명령이 이행될 때까지 반복하여 이행강제금을 부과·징수할 수 있다.(30회)(   )

84 이행명령을 받은 자가 이를 이행하는 경우에는 새로운 이행강제금의 부과를 즉시 중지하되, 명령을 이행하기 전에 이미 부과된 이행강제금은 이를 징수하여야 한다.(   )

85 토지의 이용의무를 이행하지 않아 이행명령을 받은 자가 그 명령을 이행하는 경우에는 새로운 이행강제금의 부과를 즉시 중지하고, 명령을 이행하기 전에 이미 부과된 이행강제금을 징수해서는 안 된다.(28회)(   )

86 시장·군수 또는 구청장은 이행명령을 받은 자가 그 명령을 이행하는 경우라도 명령을 이행하기 전에 이미 부과된 이행강제금은 징수하여야 한다.(30회)(   )

---

76) × 이의를 제기할 수 있으며, 부과처분을 받을 날부터 30일 이내에 하여야 한다.
77) × 60일이 아니라 30일 이내에 이의를 제기해야 한다.
78) × 토지이용의무 기간이 경과한 후에는 이행강제금을 부과할 수 없다.
79) ○
80) × 명령을 이행하기 전에 부과된 이행강제금은 징수하여야 한다.
81) × 1년에 한 번씩 그 이행명령이 이행될 때까지 반복하여 이행강제금을 부과·징수할 수 있다.
82) ○
83) × 최초의 의무이행위반이 있었던 날을 기준으로 하는 것이 아니라 최초의 이행명령이 있은 날을 기준으로 한다.
84) ○
85) × 명령을 이행하기 전에 이미 부과된 이행강제금은 이를 징수하여야 한다.
86) ○

87 이행강제금 부과처분을 받은 자가 국토교통부장관에게 이의를 제기하려는 경우에는 부과처분을 고지받은 날부터 14일 이내에 하여야 한다.(30회)(   )

88 이용의무기간이 경과한 후에는 이행강제금을 부과할 수 없다.(   )

89 시장은 토지의 이용의무기간이 지난 후에도 이행명령 위반에 대해서는 이행강제금을 반복하여 부과할 수 있다.(30회)(   )

90 「민사집행법」에 따른 경매의 경우에는 허가구역 내 토지거래에 대한 허가의 규정은 적용하지 아니한다.(28회)(   )

91 국제의 체납처분을 하는 경우에는 '허가구역 내 토지거래에 대한 허가'의 규정을 적용한다.(33회)(   )

92 「부동산 거래신고 등에 관한 법률」에 따라 외국인이 토지취득의 허가를 받은 경우는 '허가구역 내 토지거래에 대한 허가'의 규정이 적용되지 않는다.(35회)(   )

93 「공익사업을 위한 토지 등의 취득 및 보상에 관한 법률」에 따라 토지를 환매하는 경우는 '허가구역 내 토지거래에 대한 허가'의 규정이 적용되지 않는다.(35회)(   )

94 「한국농어촌공사 및 농지관리기금법」에 따라 한국농어촌공사가 농지의 매매를 하는 경우는 '허가구역 내 토지거래에 대한 허가'의 규정이 적용되지 않는다.(35회)(   )

95 토지거래허가구역 안에서 허가 없이 토지거래계약을 체결한 경우는 2년 이하의 징역 또는 계약 체결 당시의 개별공시지가에 따른 해당 토지가격의 100분의 30에 해당하는 금액 이하의 벌금에 처한다.(32회)(   )

96 토지거래허가구역 안에서 속임수나 그 밖의 부정한 방법으로 토지거래계약 허가를 받은 경우는 2년 이하의 징역 또는 계약 체결 당시의 개별공시지가에 따른 해당 토지가격의 100분의 30에 해당하는 금액 이하의 벌금에 처한다.(32회)(   )

---

87) × 14일이 아니라 30일 이내에 허가관청에 이의를 제기할 수 있다.
88) ○
89) × 이용의무기간이 경과한 후에는 이행강제금을 부과할 수 없다.
90) ○
91) × 압류부동산 공매로 취득하는 경우에는 허가를 받지 않아도 된다.
92) ○
93) ○
94) ○
95) ○
96) ○

97 토지거래허가구역 내에서 토지거래계약허가를 받은 사항을 변경하려는 경우 변경허가를 받지 아니하고 토지거래계약을 체결한 자는 2년 이하의 징역 또는 계약 체결 당시의 개별공시지가에 따른 해당 토지가격의 100분의 30에 해당하는 금액 이하의 벌금에 처한다.(33회)(   )

98 허가를 받지 아니하고 체결한 매매계약은 그 효력이 발생하지 않는다.(34회)(   )

99 허가를 받기 전에 당사자는 매매계약상 채무불이행을 이유로 계약을 해제할 수 있다.(34회)(   )

100 매매계약의 확정적 무효에 일부 귀책사유가 있는 당사자도 그 계약의 무효를 주장할 수 있다.(34회)(   )

---

97) ○

98) ○

99) × 토지거래허가구역 내의 토지에 관한 거래계약에 있어서 허가 전의 상태에서 채무불이행을 이유로 손해배상을 청구할 수 없다(대판 2000.1.28, 99다40524).

100) ○

01 부동산 거래신고 등에 관한 법령상 포상금의 지급에 드는 비용은 국고로 충당한다.(30회)( )

02 부동산 거래신고 등에 관한 법령상 해당 위반행위에 관여한 자가 신고한 경우라도 신고포상금은 지급하여야 한다.(30회)( )

03 부동산 거래신고 등에 관한 법령상 익명으로 고발하여 고발인을 확인할 수 없는 경우에는 당해 신고포상금은 국고로 환수한다.(30회)( )

04 가명으로 신고하여 신고인을 확인할 수 없는 경우에는 포상금을 지급하지 아니할 수 있다.(34회)( )

05 부동산 거래신고 등에 관한 법령상 부동산 등의 거래가격을 신고하지 않은 자를 수사기관이 적발하기 전에 수사기관에 1건 고발한 경우 1천 5백만원의 신고포상금을 받을 수 있다.(30회)( )

06 부동산 매매계약의 거래당사자가 부동산의 실제 거래가격을 거짓으로 신고하는 행위는 신고포상금 지급대상에 해당하는 위반행위에 해당된다.(32회)( )

07 부동산 거래신고 등에 관한 법령상 신고관청 또는 허가관청으로부터 포상금 지급 결정을 통보받은 신고인은 포상금을 받으려면 국토교통부령으로 정하는 포상금지급신청서를 작성하여 신고관청 또는 허가관청에 제출하여야 한다.(30회)( )

08 신고관청에 포상금지급신청서가 접수된 날부터 1개월 이내에 포상금을 지급하여야 한다.(34회)( )

09 부동산 매매계약에 관하여 개업공인중개사에게 신고를 하지 않도록 요구하는 행위는 신고포상금 지급대상에 해당하는 위반행위에 해당된다.(32회)( )

10 토지거래계약허가를 받아 취득한 토지를 허가받은 목적대로 이용하지 않는 행위는 신고포상금 지급대상에 해당하는 위반행위에 해당된다.(32회)( )

---

01) × 포상금의 지급에 드는 비용은 시·군 이나 구의 재원으로 충당한다(동법 제25조의2 제2항).
02) × 해당 위반행위를 하거나 위반행위에 관여한 자가 신고하거나 고발한 경우는 포상금을 지급하지 아니할 수 있다.
03) × 익명이나 가명으로 신고 또는 고발하여 신고인 또는 고발인을 확인할 수 없는 경우에는 포상금을 지급하지 아니할 수 있다.
04) ○
05) × 부동산 등의 거래가격을 거짓된 내용으로 신고한 자를 수사기관이 적발하기 전에 수사기관에 1건 고발한 경우에는 부과되는 과태료의 100분의 20에 해당하는 금액의 포상금을 지급하며, 지급한도액은 1천만원으로 한다.
06) ○
07) ○
08) × 신고관청 또는 허가관청은 포상금지급신청서가 접수된 날부터 2개월 이내에 포상금을 지급하여야 한다(영 제19조의3 제5항).
09) × 포상금 지급대상에 해당되지 않는다.
10) ○

11 부동산 매매계약에 관하여 부동산의 실제 거래가격을 거짓으로 신고하도록 조장하는 행위는 신고포상금 지급대상에 해당하는 위반행위에 해당된다.(32회)(   )

12 신고관청은 하나의 위반행위에 대하여 2명 이상이 각각 신고한 경우에는 포상금을 균등하게 배분하여 지급한다.(34회)(   )

---

11) × 포상금 지급대상에 해당되지 않는다.
12) × 신고관청 또는 허가관청은 하나의 위반행위에 대하여 2명 이상이 각각 신고 또는 고발한 경우에는 최초로 신고 또는 고발한 사람에게 포상금을 지급한다(규칙 제20조의2 제4항).

박문각 공인중개사

중개실무

01 동일한 건물에 대하여 등기부상의 면적과 건축물대장의 면적이 다른 경우 건축물대장을 기준으로 한다. (27회)(   )

02 토지의 소재지, 지목, 지형 및 경계는 토지대장을 통해 확인할 수 있다.(27회)(   )

03 지적도상의 경계와 실제경계가 일치하지 않는 경우 특별한 사정이 없는 한 실제경계를 기준으로 한다. (27회)(   )

---

01) ○
02) × 지형 및 경계는 토지대장으로 확인되지 않고, 지적도를 통하여 확인해야 한다.
03) × 지적도를 기준으로 한다.

01 Y건물에 대한 철거특약이 없는 경우, Y건물이 건물로서의 요건을 갖추었다면 무허가건물이라도 관습상의 법정지상권이 인정된다.(30회)(   )

02 관습상의 법정지상권이 성립한 후 Y건물을 증축하더라도 구 건물을 기준으로 관습상의 법정지상권은 인정된다.(30회)(   )

03 Y건물 취득시 Y건물을 위해 X대지에 대한 임대차계약을 체결하더라도 관습상의 법정지상권을 포기한 것은 아니다.(30회)(   )

04 대지소유자가 Y건물만을 매도하여 관습상의 법정지상권이 인정되면 Y건물 매수인은 대지소유자에게 지료를 지급할 의무가 없다.(30회)(   )

---

01) ○
02) ○
03) × 임대차계약을 체결하면 관습법상의 법정지상권은 인정되지 않는다.
04) × 지료를 지급해야 한다.

01 분묘기지권은 등기사항증명서를 통해 확인할 수 없다.(27회, 32회)(   )

02 분묘기지권은 분묘의 수호와 봉사에 필요한 범위 내에서 타인의 토지를 사용할 수 있는 권리이다.(24회)(   )

03 아직 사망하지 않은 사람을 위한 장래의 묘소인 경우 분묘기지권이 인정되지 않는다.(25회, 30회)(   )

04 분묘의 특성상, 타인의 승낙 없이 분묘를 설치한 경우에도 즉시 분묘기지권을 취득한다.(25회)(   )

05 자기 소유 토지에 분묘를 설치한 사람이 분묘이장의 특약 없이 토지를 양도함으로써 분묘기지권을 취득한 경우, 특별한 사정이 없는 한 분묘기지권이 성립한 때부터 지료지급의무가 있다.(33회)(   )

06 분묘기지권을 시효취득한 사람은 시효취득한 때부터 지료를 지급할 의무가 발생한다.(35회)(   )

07 특별한 사정이 없는 한 분묘기지권자가 분묘의 수호와 봉사를 계속하는 한 그 분묘가 존속하는 동안은 분묘기지권이 존속한다.(35회)(   )

08 분묘기지권을 취득한 자는 그 분묘기지권의 등기 없이도 그 분묘가 설치된 토지의 매수인에게 대항할 수 있다.(35회)(   )

09 분묘기지권을 시효로 취득한 사람은 토지소유자의 지료지급청구가 있어도 지료지급의무가 없다.(33회)(   )

10 토지소유자의 승낙에 의하여 성립하는 분묘기지권의 경우 성립 당시 토지소유자와 분묘의 수호 · 관리자가 지료지급의무의 존부에 관하여 약정을 하였다면 그 약정의 효력은 분묘기지의 승계인에게 미치지 않는다.(34회)(   )

---

01) ○
02) ○
03) ○
04) ✕ 타인의 승낙 없이 분묘를 설치한 경우에는 분묘기지권의 시효취득 외에는 인정되지 않는다.
05) ○
06) ✕ 분묘기지권을 시효취득한 사람은 토지소유자가 지료를 청구한 때부터 지료를 지급할 의무가 있다.
07) ○
08) ○
09) ✕ 토지소유자의 지료 지급청구가 있으면 장래에 대하여 지료를 지급해야 한다.
10) ✕ 승낙에 의하여 성립하는 분묘기지권의 경우 성립 당시 토지소유자와 분묘의 수호 · 관리자가 지료지급의무의 존부나 범위 등에 관하여 약정을 하였다면 그 약정의 효력은 분묘기지의 승계인에 대하여도 미친다(대판 2021.9.16, 2017다 71834, 271841).

11 분묘기지권은 권리자가 의무자에 대하여 그 권리를 포기하는 의사표시를 하는 외에 점유까지도 포기해야만 그 권리가 소멸하는 것은 아니다.(29회)(   )

12 평장되어 있어 객관적으로 인식할 수 있는 외형을 갖추고 있지 아니한 경우, 분묘기지권이 인정되지 아니한다.(25회)(   )

13 암장되어 있어 객관적으로 인식할 수 있는 외형을 갖추고 있지 않은 묘소에는 분묘기지권이 인정되지 않는다.(30회)(   )

14 분묘기지권은 지상권 유사의 관습상 물권이다.(34회)(   )

15 분묘기지권이 인정되는 경우 분묘가 멸실되었더라도 유골이 존재하여 분묘의 원상회복이 가능하고 일시적인 멸실에 불과하다면 분묘기지권은 소멸하지 않는다.(29회, 32회)(   )

16 분묘가 멸실된 경우 유골이 존재하여 분묘의 원상회복이 가능한 일시적인 멸실에 불과하여도 분묘기지권은 소멸한다.(33회)(   )

17 분묘기지권이 성립하기 위해서는 그 내부에 시신이 안장되어 있고, 봉분 등 외부에서 분묘의 존재를 인식할 수 있는 형태를 갖추고 있어야 한다.(29회)(   )

18 분묘기지권은 분묘의 기지 자체뿐만 아니라 분묘의 설치 목적인 분묘의 수호와 제사에 필요한 범위 내에서 분묘 기지 주위의 공지를 포함한 지역까지 미친다.(29회)(   )

19 분묘기지권은 분묘의 설치 목적인 분묘의 수호와 제사에 필요한 범위 내에서 분묘 기지 주위의 공지를 포함한 지역에까지 미친다.(32회)(   )

20 분묘기지권의 효력이 미치는 범위는 분묘의 기지 자체에 한정된다.(25회)(   )

21 분묘기지권의 효력이 미치는 지역의 범위 내라고 할지라도 기존의 분묘 외에 새로운 분묘를 신설할 권능을 포함되지 않는다.(30회)(   )

---

11) ○
12) ○
13) ○
14) ○
15) ○
16) × 소멸되지 않는다.
17) ○
18) ○
19) ○
20) × 분묘기지 자체에만 해당되는 것이 아니라 주변 공지까지 포함된다.
21) ○

22 분묘기지권에는 그 효력이 미치는 범위 안에서 새로운 분묘를 설치할 권능은 포함되지 않는다.(32회)
（　　）

23 분묘기지권은 특별한 사정이 없는 한, 분묘의 수호와 봉사가 계속되고 그 분묘가 존속하는 동안 인정된다.
(24회)（　　）

24 분묘기지권의 존속기간은 지상권의 존속기간에 대한 규정이 유추적용되어 30년으로 인정된다.(33회)
（　　）

25 분묘기지권이 시효취득된 경우 시효취득자는 지료를 지급할 필요가 없다.(30회)（　　）

26 甲이 자기 소유 토지에 분묘를 설치한 후 그 토지를 乙에게 양도하면서 분묘를 이장하겠다는 특약을 하지 않음으로써 甲이 분묘기지권을 취득한 경우, 특별한 사정이 없는 한 甲은 분묘의 기지에 대한 토지 사용의 대가로서 지료를 지급할 의무가 없다.(32회)（　　）

27 「장사 등에 관한 법률」의 시행에 따라 그 시행일 이전의 분묘기지권은 존립 근거를 상실하고, 그 이후에 설치된 분묘에는 분묘기지권이 인정되지 않는다.(29회)（　　）

28 「장사 등에 관한 법률」시행일(2001. 1. 13.) 이후 토지 소유자의 승낙 없이 설치한 분묘에 대해서 분묘기지권의 시효취득을 주장할 수 있다.(34회)（　　）

29 분묘가 1995년에 설치되었다 하더라도 「장사 등에 관한 법률」이 2001년에 시행되었기 때문에 분묘기지권을 시효취득할 수 없다.(30회)（　　）

30 「장사 등에 관한 법률」이 시행되기 전에 설치된 분묘의 경우 그 법의 시행 후에는 분묘기지권의 시효취득이 인정되지 않는다.(33회)（　　）

---

22) ○
23) ○
24) × 지상권에 관한 존속기간이 적용되지 않는다.
25) × 구 「장사 등에 관한 법률」의 시행일인 2001. 1. 13. 이전에 타인의 토지에 분묘를 설치하여 20년간 평온·공연하게 분묘의 기지를 점유함으로써 분묘기지권을 시효로 취득한 경우, 분묘기지권자는 토지소유자가 지료를 청구하면 그 청구한 날부터의 지료를 지급할 의무가 있다(대판 2021.4.29, 2017다228007).
26) × 지료를 지급할 의무가 있다.
27) × 「장사 등에 관한 법률」이 시행되기 이전에 분묘기지권을 취득한 경우는 그대로 인정되고, 그 이전에 설치된 분묘는 지금도 분묘기지권의 시효취득이 인정된다.
28) × 주장할 수 없다.
29) × 「장사 등에 관한 법률」이 시행되기 이전에 타인 소유의 토지에 소유자의 승낙 없이 분묘를 설치한 경우에는 20년간 평온·공연하게 그 분묘의 기지를 점유함으로써 분묘기지권을 시효로 취득한다(대판 1995.2.28, 94다37912).
30) × 「장사 등에 관한 법률」이 시행되기 전에 설치된 분묘의 경우에는 「장사 등에 관한 법률」이 적용되지 않아 분묘기지권의 시효취득이 그대로 인정된다.

31 화장한 유골을 매장하는 경우 매장 깊이는 지면으로부터 30센티미터 이상이어야 한다.(34회)(　　)

32 매장을 한 자는 매장 후 30일 이내에 매장지를 관할하는 시장 등에게 신고해야 한다.(27회)(　　)

33 가족묘지란 「민법」에 따라 친족관계였던 자의 분묘를 같은 구역 안에 설치하는 묘지를 말한다.(27회)
(　　)

34 개인묘지는 20㎡를 초과해서는 안 된다.(27회)(　　)

35 개인묘지란 1기의 분묘 또는 해당 분묘에 매장된 자와 배우자 관계였던 자의 분묘를 같은 구역 안에 설치하는 묘지를 말한다.(34회)(　　)

36 가족묘지는 가족당 1개소로 제한하되, 그 면적은 100제곱미터 이하여야 한다.(24회, 34회)(　　)

37 법인묘지에는 폭 4미터 이상의 도로와 그 도로로부터 각 분묘로 통하는 충분한 진출입로를 설치하여야 한다.(34회)(　　)

38 설치기간이 끝난 분묘의 연고자는 설치기간이 끝난 날부터 1년 이내에 해당 분묘에 설치된 시설물을 철거하고 매장된 유골을 화장하거나 봉안해야 한다.(27회)(　　)

39 문중자연장지를 조성하려는 자는 관할 시장 등의 허가를 받아야 한다.(24회)(　　)

40 남편의 분묘구역 내에 처의 분묘를 추가로 설치한 경우, 추가설치 후 30일 이내에 해당 묘지의 관할 시장 등에게 신고해야 한다.(24회)(　　)

41 시장 등은 묘지의 설치·관리를 목적으로 「민법」에 따라 설립된 재단법인에 한정하여 법인묘지의 설치·관리를 허가할 수 있다.(27회)(　　)

42 「민법」에 따라 설립된 사단법인은 법인묘지의 설치 허가를 받을 수 없다.(34회)(　　)

---

31) ○
32) ○
33) ○
34) × 30㎡를 초과해서는 안 된다.
35) ○
36) ○
37) × 법인묘지에는 폭 5미터 이상의 도로와 그 도로로부터 각 분묘로 통하는 충분한 진출입로를 설치하고, 주차장을 마련하여야 한다.
38) ○
39) × 신고사항이다.
40) ○
41) ○
42) ○

43 개인묘지를 설치하려면 그 묘지를 설치하기 전에 해당 묘지를 관할하는 시장 등에게 신고해야 한다.(35회) ( )

44 가족묘지를 설치하려면 해당 묘지를 관할하는 시장 등의 허가를 받아야 한다.(35회)( )

45 개인묘지나 가족묘지의 면적은 제한을 받지만, 분묘의 형태나 봉분의 높이는 제한을 받지 않는다.(35회) ( )

46 분묘의 설치기간은 원칙적으로 30년이지만, 개인묘지의 경우에는 3회에 한하여 그 기간을 연장할 수 있다.(35회)( )

47 설치기간이 끝난 분묘의 연고자는 그 끝난 날부터 1개월 이내에 해당 분묘에 설치된 시설물을 철거하고 매장된 유골을 화장하거나 봉안해야 한다.(35회)( )

---

43) × 개인묘지는 묘지를 설치한 후 30일 이내에 묘지를 관할하는 시장 등에게 신고해야 한다.
44) ○
45) × 봉분의 높이는 1m 이내, 평분은 50cm 이내로 해야 한다.
46) × 묘지의 설치기간은 30년으로 하고 1회에 한하여 30년을 연장할 수 있다.
47) × 1개월이 아니라 1년 이내에 유골을 화장하거나 봉안해야 한다.

01 주말·체험영농을 하려는 자는 총 1천㎡ 미만의 농지를 소유할 수 있되, 이 경우 면적 계산은 그 세대원 전부가 소유하는 총면적으로 한다.(20회)(   )

02 주말·체험영농의 목적으로 농지를 소유하는 경우 세대원 전부가 소유하는 총면적이 1천㎡ 미만이어야 한다.(22회)(   )

03 주말·체험영농을 위해 농지를 소유하는 경우 한 세대의 부부가 각각 1천㎡ 미만으로 소유할 수 있다.(27회)(   )

04 주말·체험영농을 목적으로 농지를 소유하려면 세대원 전부가 소유하는 총 면적이 1천제곱미터 미만이어야 한다.(29회)(   )

05 주말·체험영농의 목적인 경우에도 농지취득자격증명을 발급받아야 한다.(22회)(   )

06 농지소유자는 3개월 이상 국외여행 중인 경우 소유농지를 위탁경영할 수 있다.(20회)(   )

07 농지임대가 예외적으로 허용되어 농업경영을 하려는 자에게 임대하는 경우 그 임대차계약은 서면계약을 원칙으로 한다.(22회)(   )

08 농업경영을 하려는 자에게 농지를 임대하는 임대차계약은 서면계약을 원칙으로 한다.(27회)(   )

09 임대농지를 양수한 자는 「농지법」에 다른 임대인의 지위를 승계한 것으로 본다.(22회)(   )

10 5년간 농업경영을 하다가 이농(離農)하는 경우 총 1만㎡까지만 소유할 수 있다.(22회)(   )

11 농업경영이란 농업인이나 농업법인이 자기의 계산과 책임으로 농업을 영위하는 것을 말한다.(20회)(   )

---

01) ○
02) ○
03) × 세대합산 1천㎡ 미만으로 소유할 수 있다.
04) ○
05) ○
06) ○
07) ○
08) ○
09) ○
10) × 8년이다.
11) ○

12 농지소유자와 농업경영을 하려는 자 사이의 농지에 관한 임대차계약은 서면 계약을 원칙으로 한다.(20회) (   )

13 농지소유자는 6개월 이상 국외여행 중인 경우에 한하여 소유농지를 위탁경영하게 할 수 있다.(21회) (   )

14 토지거래허가구역에 있는 농지를 취득하는 경우 토지거래계약허가 외에 별도의 농지취득자격증명의 발급을 요한다.(20회)(   )

15 농지는 자기의 농업경영에 이용하거나 이용할 자가 아니면 소유하지 못함이 원칙이다.(21회)(   )

16 공유농지의 분할을 원인으로 농지를 취득하는 경우 농지취득자격증명을 요하지 않는다.(21회)(   )

17 농지에도 전세권을 설정할 수 있다.(23회)(   )

18 선거에 따른 공직취임으로 인하여 일시적으로 농업경영에 종사하지 아니하게 된 자가 소요하고 있는 농지는 임대할 수 있다.(26회)(   )

19 농업경영을 하려는 자에게 농지를 임대하는 임대차계약은 서면계약을 원칙으로 한다.(26회)(   )

20 농지이용증진사업 시행계획에 따라 농지를 임대하는 경우 임대차기간은 5년 이상으로 해야 한다.(26회) (   )

21 농지 임대차계약의 당사자는 임차료에 관하여 협의가 이루어지지 아니한 경우 농지소재지를 관할하는 시장·군수 또는 자치구구청장에게 조정을 신청할 수 있다.(26회)(   )

22 임대 농지의 양수인은 「농지법」에 따른 임대인의 지위를 승계한 것으로 본다.(26회)(   )

23 개인이 소유하는 임대 농지의 양수인은 「농지법」에 따른 임대인의 지위를 승계한 것으로 본다.(29회) (   )

---

12) ○
13) × 3개월 이상 국외여행 중인 경우에 소유농지를 위탁경영할 수 있다.
14) × 농지취득자격증명을 발급받지 않아도 된다.
15) ○
16) ○
17) × 전세권을 설정할 수 없다.
18) ○
19) ○
20) × 3년 이상
21) ○
22) ○
23) ○

24 징집으로 인하여 농지를 임대하면서 임대차기간을 정하지 않은 경우 3년으로 약정된 것으로 본다.(27회)
( )

25 농지전용협의를 마친 농지를 매수하는 경우에도 농지취득자격증명이 필요하다.(23회)( )

26 농지전용협의를 마친 농지를 취득하려는 자는 농지취득자격증명을 발급받을 필요가 없다.(29회)
( )

27 농업법인의 합병으로 농지를 취득하는 경우 농지취득자격증명을 발급받지 않고 농지를 취득할 수 있다.
(27회)( )

28 경매로 농지를 매수하려면 매수신청시 농지취득자격증명을 함께 제출해야 한다.(23회)( )

29 경매로 농지를 매수하려면 매수신청시에 농지자격취득증명서를 제출해야 한다.(29회)( )

30 농지를 취득하려는 자가 농지에 대한 매매계약을 체결하는 등으로 농지에 관한 소유권이전등기청구권
을 취득하였다면, 농지취득자격증명 발급신청권을 보유하게 된다.(29회)( )

31 농지매매가 유효하려면 농지를 구입한 후 1년안에 농지소재지로부터 20km 이내로 전가족이 이사를 와
야 한다.(23회)( )

32 농지취득자격증명은 농지취득의 원인이 되는 법률행위의 효력발생요건이 아니다.(23회)( )

33 농지전용허가를 받아 농지를 소유하는 자가 취득한 날부터 2년 이내에 그 목적사업에 착수하지 않으면
해당 농지를 처분할 의무가 있다.(27회)( )

---

24) ○
25) × 필요 없다.
26) ○
27) ○
28) × 매수신청시가 아니라 매각결정기일까지 제출하면 된다.
29) × 매수신청시가 아니라 매각결정기일까지 제출하면 된다.
30) ○
31) × 통작거리제한은 폐지
32) ○
33) ○

01 중개대상물 확인 · 설명서에서 권리관계(등기부 기재사항)에 관한 사항은 모든 확인 · 설명서 공통기재사항이다.(31회)(   )

02 소재지, 면적 등 대상물건의 표시에 관한 사항은 중개대상물 확인 · 설명서[Ⅱ](비주거용 건축물)에서 개업공인중개사의 기본 확인사항에 해당된다.(33회)(   )

03 소유권 외의 권리사항은 중개대상물 확인 · 설명서[Ⅱ](비주거용 건축물)에서 개업공인중개사의 기본 확인사항에 해당된다.(33회)(   )

04 소유권에 관한 사항은 중개대상물 확인 · 설명서[Ⅱ](비주거용 건축물)에서 개업공인중개사의 기본 확인사항에 해당된다.(33회)(   )

05 취득시 부담할 조세의 종류 및 세율은 주택의 임대차를 중개한 경우에는 확인 · 설명서에 기재해야 할 사항에 해당되지 않는다.(33회)(   )

06 개별공시지가(㎡당) 및 건물(주택)공시가격은 중개대상물 확인 · 설명서에 주택 임대차 계약을 중개한 경우에는 경우에는 생략할 수 있다.(33회)(   )

07 다가구주택 확인서류 제출 여부는 주택의 임대차를 중개하면서 중개대상물 확인 · 설명서[Ⅰ](주거용 건축물)를 작성하는 경우 제외하거나 생략할 수 있다.(33회)(   )

08 건축물의 방향은 주택의 임대차를 중개하면서 중개대상물 확인 · 설명서[Ⅰ](주거용 건축물)를 작성하는 경우 제외하거나 생략할 수 있다.(33회)(   )

09 중개대상물 확인 · 설명서에서 비선호시설은 모든 확인 · 설명서 공통기재사항이다.(31회)(   )

10 중개대상물 확인 · 설명서에서 거래예정금액은 모든 확인 · 설명서 공통기재사항이다.(31회)(   )

---

01) ○
02) ○
03) ○
04) ○
05) ○
06) ○
07) × 반드시 기재해야 할 사항에 해당된다.
08) × 반드시 기재해야 할 사항에 해당된다.
09) × 비선호시설은 주거용 건축물과 토지 확인 · 설명서에서만 기재사항에 해당된다.
10) ○

11 중개대상물 확인 · 설명서에서 환경조건(일조량 · 소음)은 모든 확인 · 설명서 공통기재사항이다.(31회) ( )

12 중개대상물 확인 · 설명서에서 실제 권리관계 또는 공시되지 않은 물건의 권리사항은 모든 확인 · 설명서 공통기재사항이다.(31회)( )

13 건축물의 내진설계 적용여부와 내진능력은 개업공인중개사 기본 확인사항이다.(28회)( )

14 중개대상물 확인 · 설명서[Ⅱ](비주거용 건축물)에서 "내진설계 적용여부"는 기본 확인사항이다.(29회) ( )

15 공원은 주거용 건축물의 입지조건에 해당된다.(27회)( )

16 대중교통은 주거용 건축물의 입지조건에 해당된다.(27회)( )

17 주차장은 주거용 건축물의 입지조건에 해당된다.(27회)( )

18 교육시설은 주거용 건축물의 입지조건에 해당된다.(27회)( )

19 도로와의 관계는 주거용 건축물의 입지조건에 해당된다.(27회)( )

20 비선호시설(1km 이내)의 유무의 토지 확인 · 설명서 기재사항이다.(27회)( )

21 비주거용 건축물에 관한 중개대상물 확인 · 설명서에는 소음에 관한 환경조건도 기재해야 한다.(24회) ( )

22 토지에 관한 중개대상물의 확인 · 설명서에는 등기된 토지임차권이 존재하더라도 이를 기재할 필요는 없다.(24회)( )

23 일조량 등 환경조건은 토지 확인 · 설명서 기재사항이다.(27회)( )

---

11) × 환경조건은 주거용 건축물 확인 · 설명서에서만 기재사항에 해당된다.
12) ○
13) ○
14) ○
15) × 입지조건에 공원은 없다.
16) ○
17) ○
18) ○
19) ○
20) ○
21) × 비주거용 건축물에서는 환경조건이 기재사항에 해당되지 않는다.
22) × 기재해야 한다.
23) × 기재사항이 아니다.

24 중개대상물 확인·설명서[Ⅱ](비주거용 건축물)에서 "환경조건(일조량·소음·진동)"은 세부 확인사항이다. (29회)(   )

25 관리주체의 유형에 관한 사항은 토지 확인·설명서 기재사항이다.(27회)(   )

26 공법상 이용제한 및 거래규제에 관한 사항은 토지 확인·설명서 기재사항이다.(27회)(   )

27 접근성 등 입지조건은 토지 확인·설명서 기재사항이다.(27회)(   )

28 권리관계의 '등기부기재사항'은 등기사항증명서를 확인하여 적는다.(24회)(   )

29 '건폐율 상한 및 용적률 상한'은 「주택법」에 따라 기재한다.(24회)(   )

30 '도시·군계획시설'과 '지구단위계획구역'은 개업공인중개사가 확인하여 적는다.(24회)(   )

31 주거용 건축물의 중개대상물 확인·설명서에서 권리관계와 승강기 유무는 개업공인중개사의 기본 확인사항이다.(24회)(   )

32 '환경조건'은 개업공인중개사의 세부 확인사항이다.(24회)(   )

33 '환경조건'은 중개대상물에 대해 개업공인중개사가 매도(임대)의뢰인에게 자료를 요구하여 확인한 사항을 적는다.(34회)(   )

34 벽면의 균열 유무는 개업공인중개사의 세부 확인사항이다.(25회)(   )

35 승강기의 유무는 개업공인중개사의 세부 확인사항이다.(25회)(   )

36 주차장의 유무는 개업공인중개사의 세부 확인사항이다.(25회)(   )

37 주택(아파트 제외)인 경우에 단독경보형감지기의 설치 여부는 개업공인중개사의 세부 확인사항이다.(25회) (   )

---

24) × 중개대상물 확인·설명서[Ⅱ](비주거용 건축물)에서 "환경조건(일조량·소음·진동)"은 기재사항이 아니다.
25) × 기재사항이 아니다.
26) ○
27) ○
28) ○
29) × 시·군조례로 조사하여 기재한다.
30) ○
31) × 승강기 유무는 세부 확인사항이다.
32) ○
33) ○
34) ○
35) ○
36) × 주차장은 기본 확인사항이다.
37) ○

38 가스(취사용)의 공급방식은 개업공인중개사의 세부 확인사항이다.(25회)(   )

39 입지조건은 개업공인중개사의 기본 확인사항이다.(26회)(   )

40 실제 권리관계 또는 공시되지 않은 물건의 권리사항은 개업공인중개사의 기본 확인사항이다.(26회)
(   )

41 중개대상물에 법정지상권이 있는지 여부는 '실제 권리관계 또는 공시되지 않은 물건의 권리사항'란에 개업공인중개사가 직접 확인한 사항을 적는다.(34회)(   )

42 중개대상물 확인·설명서[Ⅱ](비주거용 건축물)에서 "실제권리관계 또는 공시되지 않은 물건의 권리사항"은 세부 확인사항이다.(29회)(   )

43 비선호시설(1Km 이내)의 유무에 관한 사항은 중개대상물 확인·설명서[Ⅱ](비주거용 건축물)에서 개업공인중개사의 기본 확인사항에 해당된다.(33회)(   )

44 관리주체 등 관리에 관한 사항은 중개대상물 확인·설명서[Ⅱ](비주거용 건축물)에서 개업공인중개사의 기본 확인사항에 해당된다.(33회)(   )

45 거래예정금액은 개업공인중개사의 기본 확인사항이다.(26회)(   )

46 취득시 부담할 조세의 종류 및 세율은 개업공인중개사의 기본 확인사항이다.(26회)(   )

47 비선호시설(1km 이내)은 개업공인중개사의 기본 확인사항이다.(26회)(   )

48 권리관계의 '등기부기재사항'은 개업공인중개사 기본 확인사항으로, '실제권리관계 또는 공시되지 않은 물건의 권리사항'은 개업공인중개사 세부 확인사항으로 구분하여 기재한다.(25회)(   )

49 '대상물건의 표시'는 토지대장 및 건축물대장 등을 확인하여 적는다.(26회)(   )

---

38) ○
39) ○
40) × 개업공인중개사의 세부 확인사항이다.
41) × 실제 권리관계 또는 공시되지 않은 물건의 권리사항은 매도(임대)의뢰인이 고지한 사항(법정지상권, 유치권, 「주택임대차보호법」에 따른 임대차, 토지에 부착된 조각물 및 정원수, 계약 전 소유권 변동 여부, 도로의 점용허가 여부 및 권리·의무 승계 대상 여부 등)을 적는다.
42) ○
43) × 중개대상물 확인·설명서[Ⅱ](비주거용 건축물)에서는 기재사항에 해당되지 않는다.
44) ○
45) ○
46) ○
47) ○
48) ○
49) ○

50 '권리관계'의 "등기부기재사항"은 등기사항증명서를 확인하여 적는다.(26회)(   )

51 '건폐율 상한 및 용적률 상한'은 개업공인중개사 기본 확인사항으로 토지이용계획확인서의 내용을 확인하여 적는다.(25회)(   )

52 "건폐율 상한 및 용적률 상한"은 시·군의 조례에 따라 적는다.(26회)(   )

53 '거래예정금액'은 개업공인중개사 세부 확인사항으로 중개가 완성된 때의 거래금액을 기재한다.(25회)
(   )

54 주택 취득시 부담할 조세의 종류 및 세율은 개업공인중개사가 확인한 사항을 적는다.(24회)(   )

55 '취득시 부담할 조세의 종류 및 세율'은 중개대상물 유형별 모든 서식에 공통적으로 기재할 사항으로 임대차의 경우에도 기재해야 한다.(25회)(   )

56 임대차의 경우 '취득시 부담할 조세의 종류 및 세율'은 적지 않아도 된다.(34회)(   )

57 중개보수는 법령으로 정한 요율 한도에서 중개의뢰인과 개업공인중개사가 협의하여 결정하며, 중개보수에는 부가가치세가 포함된 것으로 본다.(25회)(   )

58 "중개보수"는 실제거래금액을 기준으로 계산하고, 협의가 없는 경우 부가가치세는 포함된 것으로 본다.
(26회)(   )

59 중개대상물 확인·설명서[Ⅱ](비주거용 건축물)에서 "단독경보형감지기" 설치 여부는 세부 확인사항이다.
(29회)(   )

60 공동중개시 참여한 개업공인중개사(소속공인중개사 포함)는 모두 서명 및 날인해야 한다.(26회)
(   )

61 개업공인중개사 기본 확인사항은 개업공인중개사가 확인한 사항을 적어야 한다.(28회)(   )

---

50) ○
51) × 시·군조례로 조사한다.
52) ○
53) × 거래예정금액은 개업공인중개사의 기본 확인사항이다.
54) ○
55) × 임대차의 경우에는 제외한다.
56) ○
57) × 부가가치세가 포함되지 않은 것이다.
58) × 부가가치세는 포함되지 않은 것이다.
59) × 중개대상물 확인·설명서[Ⅱ](비주거용 건축물)에서 "단독경보형감지기" 설치 여부는 기재사항이 아니다.
60) ○
61) ○

62 거래예정금액은 중개가 완성되기 전 거래예정금액을 적는다.(28회)(   )

63 벽면 및 도배상태는 매도(임대)의뢰인에게 자료를 요구하여 확인한 사항을 적는다.(28회)(   )

64 아파트를 제외한 주택의 경우, 단독경보형감지기 설치 여부는 개업공인중개사 세부 확인사항이 아니다. (28회)(   )

65 토지의 소재지, 면적 등 대상물건의 표시는 중개대상물 확인 · 설명서[Ⅱ] (비주거용 건축물)에서 개업공인중개사 기본 확인사항에 해당된다.(35회)(   )

66 소유권 외의 권리사항 등 등기부 기재사항은 중개대상물 확인 · 설명서[Ⅱ] (비주거용 건축물)에서 개업공인중개사 기본 확인사항에 해당된다.(35회)(   )

67 관리비는 중개대상물 확인 · 설명서[Ⅱ] (비주거용 건축물)에서 개업공인중개사 기본 확인사항에 해당된다. (35회)(   )

68 입지조건은 중개대상물 확인 · 설명서[Ⅱ] (비주거용 건축물)에서 개업공인중개사 기본 확인사항에 해당된다.(35회)(   )

69 거래예정금액은 중개대상물 확인 · 설명서[Ⅱ] (비주거용 건축물)에서 개업공인중개사 기본 확인사항에 해당된다.(35회)(   )

---

62) ○
63) ○
64) × 세부 확인사항에 해당된다.
65) ○
66) ○
67) × 중개대상물 확인 · 설명서[Ⅱ] (비주거용 건축물)에서는 기재사항에 해당되지 않는다.
68) ○
69) ○

01 부동산 거래계약 등 부동산거래 관련 정보는 부동산정보체계의 관리 대상 정보로 명시되어 있다.(33회)
(　　　)

02 「부동산등기 특별조치법」 제3조에 따른 검인관련 정보는 부동산정보체계의 관리 대상 정보로 명시되어 있다.(33회)(　　　)

03 중개사무소의 개설등록에 관한 정보는 부동산정보체계의 관리 대상 정보로 명시되어 있다.(33회)
(　　　)

04 토지거래계약의 허가 관련 정보는 부동산정보체계의 관리 대상 정보로 명시되어 있다.(33회)(　　　)

05 중개대상물 확인·설명서는 「전자문서 및 전자거래 기본법」에 따른 공인전자문서센터에 보관된 경우 보존해야 할 의무가 면제된다.(32회)(　　　)

06 손해배상책임보장에 관한 증서는 「전자문서 및 전자거래 기본법」에 따른 공인전자문서센터에 보관된 경우 보존해야 할 의무가 면제된다.(32회)(　　　)

07 소속공인중개사 고용신고서는 「전자문서 및 전자거래 기본법」에 따른 공인전자문서센터에 보관된 경우 보존해야 할 의무가 면제된다.(32회)(　　　)

08 거래계약서는 「전자문서 및 전자거래 기본법」에 따른 공인전자문서센터에 보관된 경우 보존해야 할 의무가 면제된다.(32회)(　　　)

---

01) ○
02) ○
03) × 명시되어 있지 않다.
04) ○
05) ○
06) × 손해배상책임보장에 관한 증서는 보존해야 할 서류에는 해당되지 않는다.
07) × 소속공인중개사 고용신고서는 개업공인중개사가 보존해야 할 서류에는 해당되지 않는다.
08) ○

01 종전 임차인이 신축한 건물을 매수한 임차인은 지상건물에 대한 매수청구권을 행사할 수 있다.(35회) ( )

02 차임연체를 이유로 계약을 해지당한 임차인은 지상건물에 대한 매수청구권을 행사할 수 있다.(35회) ( )

03 건물을 신축하였으나 행정관청의 허가를 받지 않은 임차인은 지상건물에 대한 매수청구권을 행사할 수 있다.(35회)( )

04 토지에 지상권이 설정된 경우 지상권자로부터 그 토지를 임차하여 건물을 신축한 임차인은 지상건물에 대한 매수청구권을 행사할 수 있다.(35회)( )

05 甲의 지분이 1/2, 乙의 지분이 1/2인 경우, 乙과 협의 없이 X토지 전체를 사용·수익하는 甲에 대하여 乙은 X토지의 인도를 청구할 수 있다.(35회)( )

06 甲의 지분이 2/3, 乙의 지분이 1/3인 경우, 甲이 X토지를 임대하였다면 乙은 그 임대차의 무효를 주장할 수 없다.(35회)( )

07 甲의 지분이 1/3, 乙의 지분이 2/3인 경우, 乙은 甲의 동의 없이 X토지를 타인에게 매도할 수 없다.(35회) ( )

---

01) ○
02) × 지상물 매수청구권을 행사할 수 없다.
03) ○
04) ○
05) × 과반수가 아니므로 인도를 청구할 수 없다.
06) ○
07) ○

01 전유부분이란 구분소유권의 목적인 건물부분을 말한다.(34회)(   )

02 전유부분이 속하는 1동의 건물의 설치 또는 보존의 흠으로 인하여 다른 자에게 손해를 입힌 경우, 그 흠은 공용부분에 존재하는 것으로 추정한다.(33회)(   )

03 소유자가 기존 건물에 증축을 하고 기존 건물에 마쳐진 등기를 증축한 건물의 현황과 맞추어 1동의 건물로서 증축으로 인한 건물표시변경등기를 마친 경우, 그 증축 부분에 대해서는 구분소유권이 성립하지 않는다.(34회)(   )

04 구분소유자는 건물의 관리 및 사용에 관하여 구분소유자 공동의 이익에 어긋나는 행위를 하여서는 아니 된다.(34회)(   )

05 일부의 구분소유자만이 공용하도록 제공되는 것임이 명백한 공용부분은 그들 구분소유자의 공유에 속한다.(34회)(   )

06 일부공용부분의 관리에 관한 사항 중 구분소유자 전원에게 이해관계가 있는 사항은 그것을 공용하는 구분소유자만의 집회결의로써 결정한다.(34회)(   )

07 구분소유자는 그 전유부분을 개량하기 위하여 필요한 범위에서 다른 구분소유자의 전유부분의 사용을 청구할 수 없다.(33회)(   )

08 공용부분의 공유자가 공용부분에 관하여 다른 공유자에 대하여 가지는 채권은 그 특별승계인에 대하여 행사할 수 없다.(33회)(   )

09 대지 위에 구분소유권의 목적인 건물이 속하는 1동의 건물이 있을 때에는 그 대지의 공유자는 그 건물 사용에 필요한 범위의 대지에 대하여 분할을 청구할 수 있다.(33회)(   )

---

01) ○
02) ○
03) ○
04) ○
05) ○
06) × 일부공용부분의 관리에 관한 사항 중 구분소유자 전원에게 이해관계가 있는 사항과 규약으로써 정한 사항은 구분소유자 전원의 집회결의로써 결정하고, 그 밖의 사항은 그것을 공용하는 구분소유자만의 집회결의로써 결정한다(법 제14조).
07) × 구분소유자는 그 전유부분이나 공용부분을 보존하거나 개량하기 위하여 필요한 범위에서 다른 구분소유자의 전유부분 또는 자기의 공유(共有)에 속하지 아니하는 공용부분의 사용을 청구할 수 있다. 이 경우 다른 구분소유자가 손해를 입었을 때에는 보상하여야 한다(동법 제5조 제3항).
08) × 공유자가 공용부분에 관하여 다른 공유자에 대하여 가지는 채권은 그 특별승계인에 대하여도 행사할 수 있다(동법 제18조).
09) × 대지 위에 구분소유권의 목적인 건물이 속하는 1동의 건물이 있을 때에는 그 대지의 공유자는 그 건물 사용에 필요한 범위의 대지에 대하여는 분할을 청구하지 못한다(동법 제8조).

10 공용부분에 대한 공유자의 지분은 그가 가지는 전유부분의 처분에 따르지 않는다.(33회)(   )

11 일부의 구분소유자만이 공용하도록 제공되는 것임이 명백한 공용부분도 구분소유자 전원의 공유에 속한다.(35회)(   )

12 대지의 공유자는 그 대지에 구분소유권의 목적인 1동의 건물이 있을 때에도 그 건물 사용에 필요한 범위의 대지에 대해 분할을 청구할 수 있다.(35회)(   )

13 구분소유자는 공용부분을 개량하기 위해서 필요한 범위에서 다른 구분소유자의 전유부분의 사용을 청구할 수 있다.(35회)(   )

14 전유부분이 속하는 1동의 건물의 설치 또는 보존의 흠으로 인하여 다른 자에게 손해를 입힌 경우에는 그 흠은 전유부분에 존재하는 것으로 추정한다.(35회)(   )

15 대지사용권이 없는 구분소유자는 대지사용권자에게 대지사용권을 시가(時價)로 매도할 것을 청구할 수 있다.(35회)(   )

---

10) × 공용부분에 대한 공유자의 지분은 그가 가지는 전유부분의 처분에 따른다(동법 제13조 제1항).
11) × 일부의 구분소유자만이 공용하도록 제공되는 것임이 명백한 공용부분은 그들 구분소유자의 공유에 속한다.
12) × 분할청구하지 못한다.
13) ○
14) × 그 흠은 공용부분에 존재하는 것으로 추정한다.
15) × 대지사용권을 가지지 아니한 구분소유자가 있을 때에는 구분소유자에 대하여 구분소유권을 시가로 매도할 것을 청구할 수 있다.

01 계약서를 작성한 개업공인중개사 甲 자신의 이름으로는 그 계약서의 검인을 신청할 수 없다.(24회)
( )

02 X토지의 소유권을 이전받은 丙이 매수대금의 지급을 위하여 X토지에 저당권을 설정하는 경우, 저당권
설정계약서도 검인의 대상이 된다.(24회)( )

03 丙이 X토지에 대하여 매매를 원인으로 소유권이전청구권보전을 위한 가등기에 기하여 본등기를 하는
경우, 매매계약서는 검인의 대상이 된다.(24회)( )

04 甲이 부동산거래신고필증을 교부받아도 계약서에 검인을 받지 않는 한 소유권이전등기를 신청할 수 없다.
(24회)( )

05 丙으로부터 검인신청을 받은 X토지 소재지 관할청이 검인할 때에는 계약서 내용의 진정성을 확인해야
한다.(24회)( )

---

01) ✕ 계약서를 작성한 개업공인중개사 명의로 검인신청할 수 있다.
02) ✕ 검인대상이 아니다.
03) ○
04) ✕ 부동산 거래신고를 한 경우에는 검인을 받은 것으로 본다.
05) ✕ 형식적 요건의 구비 여부를 확인하고 검인을 교부한다.

	甲은 乙과 乙 소유 부동산의 매매계약을 체결하면서 세금을 줄이기 위해 甲과 丙 간의 명의신탁약정에 따라 丙 명의로 소유권이전등기를 하기로 하였다. 丙에게 이전등기가 이루어질 경우에 대하여 옳은 것은? (다툼이 있으면 판례에 따름)
01	계약명의신탁에 해당한다.(27회)( )
02	丙 명의의 등기는 유효하다.(27회)( )
03	丙 명의로 등기가 이루어지면 소유권은 甲에게 귀속된다.(27회)( )
04	甲은 매매계약에 기하여 乙에게 소유권이전등기를 청구할 수 있다.(27회)( )
05	丙이 소유권을 취득하고 甲은 丙에게 대금 상당의 부당이득반환청구권을 행사할 수 있다.(27회)( )

01) × 중간생략형 등기명의신탁에 해당된다.
02) × 무효이다.
03) × 매도인 乙에게 귀속되고, 신탁자 甲에게 귀속되지 않는다.
04) ○
05) × 부당이득반환청구권은 계약명의신탁의 내용으로 틀린다.

	甲과 친구 乙은 乙을 명의수탁자로 하는 계약명의신탁약정을 하였고, 이에 따라 乙은 2017. 10. 17. 丙 소유 X토지를 매수하여 乙명의로 등기하였다. 이 사안에서 개업공인중개사가 「부동산 실권리자명의 등기에 관한 법률」의 적용과 관련하여 설명한 내용으로 옳은 것을 모두 고른 것은? (다툼이 있으면 판례에 따름)
06	甲과 乙의 위 약정은 무효이다.(28회)( )
07	甲과 乙의 위 약정을 丙이 알지 못한 경우라면 그 약정은 유효하다.(28회)( )
08	甲과 乙의 위 약정을 丙이 알지 못한 경우, 甲은 X토지의 소유권을 취득한다.(28회)( )
09	甲과 乙의 위 약정을 丙이 안 경우, 乙로부터 X토지를 매수하여 등기한 丁은 그 소유권을 취득하지 못한다.(28회)( )
10	위법한 명의신탁약정에 따라 수탁명의로 등기한 명의신탁자는 5년 이하의 징역 또는 2억원 이하의 벌금에 처한다.(25회)( )

	甲은 乙과 乙 소유의 X부동산의 매매계약을 체결하고, 친구 丙과의 명의신탁약정에 따라 乙로부터 바로 丙 명의로 소유권이전등기를 하였다. 이와 관련하여 개업공인중개사가 甲과 丙에게 설명한 내용으로 옳은 것을 모두 고른 것은? (다툼이 있으면 판례에 따름)
11	甲과 丙 간의 약정이 조세포탈, 강제집행의 면탈 또는 법령상 제한의 회피를 목적으로 하지 않은 경우 명의신탁약정 및 그 등기는 유효하다.(30회)( )
12	丙이 X부동산을 제3자에게 처분한 경우 丙은 甲과의 관계에서 횡령죄가 성립하지 않는다.(30회)( )
13	甲과 乙 사이의 매매계약은 유효하므로 甲은 乙을 상대로 소유권이전등기를 청구할 수 있다.(30회)( )
14	丙이 소유권을 취득하고 甲은 丙에게 대금 상당의 부당이득반환청구권을 행사할 수 있다.(30회)( )

06) ○
07) × 약정은 무효이고, 소유권이전등기가 유효이다.
08) × 소유권은 乙이 취득한다.
09) × 소유권을 취득한다.
10) ○
11) × 甲과 乙은 배우자, 종중, 종교단체가 아니므로 무효이다.
12) ○
13) ○
14) × 丙은 소유권을 취득할 수 없다.

A주식회사는 공장부지를 확보하기 위하여 그 직원 甲과 명의신탁약정을 맺고, 甲은 2020. 6. 19. 개업공인중개사 乙의 중개로 丙 소유 X토지를 매수하여 2020. 8. 20. 甲 명의로 등기하였다. 이에 관한 설명으로 틀린 것은? (다툼이 있으면 판례에 따름)

15 A와 甲 사이의 명의신탁약정은 丙의 선의, 악의를 묻지 아니하고 무효이다.(31회)(   )

16 丙이 甲에게 소유권이전등기를 할 때 비로소 A와 甲 사이의 명의신탁약정 사실을 알게 된 경우 X토지의 소유자는 丙이다.(31회)(   )

17 A는 甲에게 X토지의 소유권이전등기를 청구할 수 없다.(31회)(   )

18 甲이 X토지를 丁에게 처분하고 소유권이전등기를 한 경우 丁은 유효하게 소유권을 취득한다.(31회)(   )

19 A와 甲의 명의신탁 약정을 丙이 알지 못한 경우, 甲은 X토지의 소유권을 취득한다.(31회)(   )

2020. 10. 1. 甲과 乙은 甲 소유의 X토지에 관해 매매계약을 체결하였다. 乙과 丙은 「농지법」상 농지소유제한을 회피할 목적으로 명의신탁약정을 하였다. 그 후 甲은 乙의 요구에 따라 丙 명의로 소유권이전등기를 마쳐주었다. 그 사정을 아는 개업공인중개사가 X토지의 매수의뢰인에게 설명한 내용으로 옳은 것을 모두 고른 것은? (다툼이 있으면 판례에 따름)

20 甲이 丙 명의로 마쳐준 소유권이전등기는 유효하다.(32회)(   )

21 乙은 丙을 상대로 매매대금 상당의 부당이득 반환청구권을 행사할 수 있다.(32회)(   )

22 乙은 甲을 대위하여 丙 명의의 소유권이전등기의 말소를 청구할 수 있다.(32회)(   )

---

15) ○
16) × 소유권이전등기 신청시에 알았으면 매매계약 체결시에는 몰랐으므로 계약명의신탁에 해당되어 소유권이전등기는 유효이다. 그러므로 甲이 소유권을 취득한다.
17) ○
18) ○
19) ○
20) × 등기명의신탁에 해당되므로 甲이 丙 명의로 마쳐준 소유권이전등기는 무효이다.
21) × 없다.
22) ○

2023. 10. 7. 甲은 친구 乙과 X부동산에 대하여 乙을 명의수탁자로 하는 명의신탁약정을 체결하였다. 개업공인중개사가 이에 관하여 설명한 내용으로 옳은 것을 모두 고른 것은? (다툼이 있으면 판례에 따름)

23 甲과 乙 사이의 명의신탁약정은 무효이다.(34회)(   )

24 X부동산의 소유자가 甲이라면, 명의신탁약정에 기하여 甲에서 乙로 소유권이전등기가 마쳐졌다는 이유만으로 당연히 불법원인급여에 해당한다고 볼 수 없다.(34회)(   )

25 X부동산의 소유자가 丙이고 계약명의신탁이라면, 丙이 그 약정을 알았더라도 丙으로부터 소유권이전등기를 마친 乙은 유효하게 소유권을 취득한다.(34회)(   )

甲이 乙로부터 乙 소유의 X주택을 2020. 1. 매수하면서 그 소유권이전등기는 자신의 친구인 丙에게로 해 줄 것을 요구하였다(이에 대한 丙의 동의가 있었음). 乙로부터 X주택의 소유권이전등기를 받은 丙은 甲의 허락을 얻지 않고 X주택을 丁에게 임대하였고, 丁은 X주택을 인도받은 후 주민등록을 이전하였다. 그런데 丁은 임대차계약 체결 당시에 甲의 허락이 없었음을 알고 있었다. 이에 대하여 개업공인중개사가 丁에게 설명한 내용으로 틀린 것은? (다툼이 있으면 판례에 따름)

26 丙은 X주택의 소유권을 취득할 수 없다.(35회)(   )

27 乙은 丙을 상대로 진정명의 회복을 위한 소유권이전등기를 청구할 수 있다.(35회)(   )

28 甲은 乙과의 매매계약을 기초로 乙에게 X주택의 소유권이전등기를 청구할 수 있다.(35회)(   )

29 丁은 甲 또는 乙에 대하여 임차권을 주장할 수 있다.(35회)(   )

30 丙은 丁을 상대로 임대차계약의 무효를 주장할 수 없지만, 甲은 그 계약의 무효를 주장할 수 있다.(35회)(   )

---

23) ○
24) ○
25) × 매도인이 계약체결시에 명의신탁사실을 알았으면 등기명의신탁에 해당되어 수탁자는 소유권을 취득할 수 없다.
26) ○
27) ○
28) ○
29) ○
30) × 선의, 악의를 불문하고 제3자(丁)에게는 대항하지 못한다. 그러므로 신탁자 甲은 제3자(丁)에게 계약의 무효를 주장할 수 없다.

31 무효인 명의신탁약정에 따라 수탁자명의로 등기한 명의신탁자에게 해당 부동산 가액의 100분의 30에 해당하는 확정금액의 과징금을 부과한다.(25회)(   )

32 위법한 명의신탁의 신탁자라도 이미 실명등기를 하였을 경우에는 과징금을 부과하지 않는다.(25회) (   )

33 명의신탁을 이유로 과징금을 부과받은 자에게 과징금부과일부터 부동산평가액의 100분의 20에 해당하는 금액을 매년 이행강제금으로 부과한다.(25회)(   )

34 종교단체의 명의로 그 산하조직이 보유하나 부동산에 관한 물권을 등기한 경우, 그 등기는 언제나 무효이다.(25회)(   )

35 부동산의 위치와 면적을 특정하여 2인 이상이 구분소유하기로 하는 약정을 하고 그 구분소유자의 공유로 등기한 경우, 그 등기는 「부동산 실권리자명의 등기에 관한 법률」 위반으로 무효이다.(33회)(   )

36 배우자 명의로 부동산에 관한 물권을 등기한 경우 조세 포탈, 강제집행의 면탈 또는 법령상 제한의 회피를 목적으로 하지 아니하는 경우 그 등기는 유효하다.(33회)(   )

37 명의신탁자가 계약의 당사자가 되는 3자 간 등기명의신탁이 무효인 경우 명의신탁자는 매도인을 대위하여 명의수탁자 명의의 등기의 말소를 청구할 수 있다.(33회)(   )

---

31) × 30% 이하이고, 확정금액이 아니다.
32) × 과징금은 부과받는다.
33) × 과징금 부과일부터 1년 경과 10%, 2년 경과 20%이다.
34) × 언제나 무효는 아니다.
35) × 부동산의 위치와 면적을 특정하여 2인 이상이 구분소유하기로 하는 약정을 하고 그 구분소유자의 공유로 등기하는 경우는 명의신탁에 해당되지 않는다.
36) ○
37) ○

01 임차인 乙이 X주택의 일부를 주거 외 목적으로 사용하면 「주택임대차보호법」이 적용되지 않는다.(28회) (   )

02 「주택임대차보호법」은 주거용 건물의 임대차에 적용되며, 그 임차주택의 일부가 주거 외의 목적으로 사용되는 경우에도 적용된다.(33회)(   )

03 주거용 건물에 해당하는지 여부는 임대차목적물의 공부상의 표시만을 기준으로 정하여야 한다.(34회) (   )

04 「지방공기업법」에 따라 주택사업을 목적으로 설립된 지방공사는 「주택임대차보호법상」 대항력이 인정되는 법인이 아니다.(26회)(   )

05 주택의 등기를 하지 아니한 전세계약에 관하여는 「주택임대차보호법」을 준용한다.(29회)(   )

06 주택의 미등기 전세계약에 관하여는 「주택임대차보호법」을 준용한다.(34회)(   )

07 임차인 乙이 임대차기간 종료 2개월 전까지 갱신 거절의 통지를 하지 않은 경우, 그 기간 만료시에 전 임대차와 동일한 조건으로 묵시적 갱신이 된다.(24회)(   )

08 임차인 乙이 (2)기의 차임액을 연체한 경우에는 묵시적 갱신이 허용되지 않는다.(24회)(   )

09 임대인 甲이 임대차기간 종료 (6)개월 전부터 (2)개월 전까지의 기간에 갱신거절의 통지를 하지 않은 경우, 그 기간 만료시에 전 임대차와 동일한 조건으로 묵시적 갱신이 된다.(24회)(   )

10 계약이 묵시적으로 갱신되면 임대차의 존속기간은 2년으로 본다.(32회)(   )

11 묵시적 갱신이 된 후, 임차인 乙에 의한 계약해지의 통지는 임대인 甲이 그 통지를 받은 날로부터 (3)개월이 지나면 그 효력이 발생한다.(24회)(   )

---

01) × 일부를 주거 외의 목적으로 사용하는 경우에도 「주택임대차보호법」이 적용된다.
02) ○
03) × 공부상의 용도를 불문하고 실제 용도를 기준으로 판단한다.
04) × 대항력이 인정되는 법인이다.
05) ○
06) ○
07) ○
08) ○
09) ○
10) ○
11) ○

12 계약이 묵시적으로 갱신되면 乙은 丙에게 계약해지를 통지할 수 있고, 丙이 그 통지를 받은 날부터 3개월이 지나면 해지의 효력이 발생한다.(32회)(   )

13 주택임대차계약이 묵시적으로 갱신된 경우, 임대인은 언제든지 임차인에게 계약해지를 통지할 수 있다.(25회)(   )

14 임대차계약이 묵시적으로 갱신된 경우, 임대인 甲은 언제든지 임차인 乙에게 계약해지를 통지할 수 있다.(28회)(   )

15 乙이 丙에게 계약갱신요구권을 행사하여 계약이 갱신되면, 갱신되는 임대차의 존속기간은 2년으로 본다.(32회)(   )

16 임차인의 계약갱신요구권의 행사를 통해 갱신되는 임대차의 존속기간은 2년으로 본다.(33회)(   )

17 임차인 乙이 임대인 丙에게 계약갱신요구권을 행사하여 계약이 갱신된 경우 乙은 언제든지 丙에게 계약해지를 통지할 수 있다.(32회)(   )

18 임차인은 최초의 임대차기간을 포함한 전체 임대차기간이 10년을 초과하지 아니하는 범위에서 계약갱신요구권을 행사할 수 있다.(35회)(   )

19 임차인뿐만 아니라 임대인도 계약갱신요구권을 행사할 수 있다.(35회)(   )

20 임차인이 계약갱신요구권을 행사하여 임대차계약이 갱신된 경우 임차인은 언제든지 임대인에게 계약해지를 통지할 수 있다.(35회)(   )

21 임차인이 계약갱신요구권을 행사하여 임대차계약이 갱신된 경우 임대인은 차임을 증액할 수 없다.(35회)(   )

22 임차인이 계약갱신요구권을 행사하려는 경우 계약기간이 끝난 후 즉시 이를 행사하여야 한다.(35회)(   )

23 경제사정의 변동으로 약정한 차임이 과도하게 되어 적절하지 않은 경우, 임대차 기간 중 임차인 乙은 그 차임의 20분의 1의 금액을 초과하여 감액을 청구할 수 있다.(28회)(   )

---

12) ○
13) × 임대인은 2년을 인정해 주어야 한다.
14) × 임대인은 2년을 보장해 주어야 하며, 임차인은 언제든지 해제할 수 있다.
15) ○
16) ○
17) ○
18) × 임차인의 계약갱신요구는 1회에 한하여 행사할 수 있으며 갱신되는 임대차의 존속기간은 2년으로 본다.
19) × 계약갱신요구권은 임차인만 행사할 수 있다.
20) ○
21) × 임대인은 증액을 청구할 수 있으며, 증액청구는 약정한 차임이나 보증금의 1/20의 금액을 초과할 수 없다.
22) × 임차인의 계약갱신요구는 임대차기간이 끝나기 6개월 전부터 2개월 전까지 행사해야 한다.
23) ○

24 차임의 증액청구에 관한 규정은 임대차계약이 종료된 후 재계약을 하는 경우에는 적용되지 않는다.(26회) (   )

25 「주택임대차보호법」상 임대차기간이 끝난 경우에도 임차인이 보증금을 반환받을 때까지 임대차관계가 존속되는 것으로 본다.(25회)(   )

26 임차인이 상속인 없이 사망한 경우 그 주택에서 가정공동생활을 하던 사실상의 혼인 관계에 있는 자가 임차인의 권리와 의무를 승계한다.(29회)(   )

27 「주택임대차보호법」상 임대차의 최단존속기간은 2년이나, 임차인은 2년 미만으로 정한 기간이 유효함을 주장할 수 있다.(25회)(   )

28 임차인 乙과 임대인 丙이 임대차기간을 2년 미만으로 정한다면 임차인 乙은 그 임대차기간이 유효함을 주장할 수 없다.(32회)(   )

29 임차인이 대항력을 갖춘 경우 임차주택의 양수인은 임대인의 지위를 승계한 것으로 본다.(33회)(   )

30 「민법」상 존속기간의 약정이 없는 토지임대차에서 임차인이 계약해지의 통고를 하면, 임대인이 해지통고를 받은 날부터 6개월이 경과해야 해지의 효력이 발생한다.(25회)(   )

31 임차인이 다세대주택의 동·호수 표시 없이 그 부지 중 일부 지번으로만 주민등록을 한 경우, 대항력을 취득할 수 없다.(26회)(   )

32 다세대주택인 경우 전입신고시 지번만 기재하고 동·호수는 기재하지 않더라도 대항력을 인정받는다.(27회)(   )

33 주택임차인이 그 지위를 강화하고자 별도로 전세권설정등기를 마쳤더라도 「주택임대차보호법」상 대항요건을 상실하면 이미 취득한 「주택임대차보호법상」 대항력 및 우선변제권을 상실한다.(26회)(   )

34 소액임차인의 최우선변제권은 주택가액(대지가액 포함)의 3분의 1에 해당하는 금액까지만 인정된다.(25회) (   )

---

24) ○
25) ○
26) ○
27) ○
28) × 임차인 乙은 주장할 수 있다.
29) ○
30) × 임차인이 해지를 통고한 경우에는 임대인이 통지를 받은 날부터 1개월이 경과하면 효력이 생긴다.
31) ○
32) × 다세대주택은 동·호수를 기재해야 대항력이 인정된다.
33) ○
34) × 3분의 1이 아니라 2분의 1이다.

35 임차인 丙이 X주택을 인도받고 그 주소로 동거하는 자녀의 주민등록을 이전하면 대항력이 인정되지 않는다.(35회)(　　　)

36 임차인 丙이 부동산임대차등기를 한 때에도 X주택을 인도받고 주민등록의 이전을 하지 않으면 대항력이 인정되지 않는다.(35회)(　　　)

37 임대인 乙이 보증금반환채권을 담보하기 위하여 임차인 丙에게 전세권을 설정해 준 경우, 乙은 丙의 전세권을 양수한 선의의 제3자에게 연체차임의 공제 주장으로 대항할 수 있다.(35회)(　　　)

38 보증금이 1억 2천만원인 경우에 주택 소재지가 대구광역시인 경우 보증금 중 2천만원에 대해서는 최우선변제권이 인정된다.(27회)(　　　)

39 임차인은 임차주택에 대한 경매신청의 등기 전에 대항요건을 갖추지 않은 경우에도 보증금 중 일정액에 대해서는 다른 담보물권자보다 우선하여 변제받을 권리가 있다.(33회)(　　　)

40 임차권등기 없이 우선변제청구권이 인정되는 소액임차인의 소액보증금반환채권은 배당요구가 필요한 배당요구채권에 해당하지 않는다.(34회)(　　　)

41 임차인이 주택의 인도를 받고 주민등록을 마친 날과 제3자의 저당권설정 등기일이 같은 날이면 임차인은 저당권의 실행으로 그 주택을 취득한 매수인에게 대항하지 못한다.(25회)(　　　)

42 확정일자는 먼저 받은 후 주택의 인도와 전입신고를 하면 그 신고일이 저당권설정등기일과 같아도 임차인이 저당권자에 우선한다.(27회)(　　　)

43 대항력을 갖춘 임차인이라도 저당권설정등기 이후 증액된 임차보증금에 관하여는 저당권에 기해 주택을 경락받은 소유자에게 대항할 수 없다.(27회)(　　　)

44 임차인이 임차권등기를 통하여 대항력을 가지는 경우, 임차주택의 양수인은 임대인의 지위를 승계한 것으로 본다.(25회)(　　　)

45 임차권등기명령의 집행에 따른 임차권등기가 끝난 주택을 그 이후에 임차한 임차인은 보증금 중 일정액을 다른 담보물권자보다 우선하여 변제받을 권리가 없다.(29회)(　　　)

---

35) × 자녀의 주민등록도 대항력이 인정된다.
36) × 등기한 때에는 주민등록을 하지 않아도 대항력이 인정된다.
37) × 대항할 수 없다.
38) × 광역시는 8,500만원 이하의 소액보증금 중에서 2,800만원까지 최우선변제가 된다.
39) × 경매개시결정등기 전부터 대항력을 갖추지 못한 임차인은 최우선변제권이 인정되지 않는다.
40) × 소액임차인의 소액보증금반환채권은 등기부에 나오지 않으므로 배당요구가 필요한 채권이다.
41) ○
42) × 저당권자가 우선한다.
43) ○
44) ○
45) ○

46 임차권등기명령의 집행에 따른 임차권등기를 마친 임차인은 이후 대항요건을 상실하더라도 이미 취득한 대항력 또는 우선변제권을 상실하지 아니한다.(33회)(　　)

47 확정일자는 확정일자 번호, 확정일자 부여일 및 확정일자 부여기관을 주택임대차계약증서에 표시하는 방법으로 부여한다.(26회)(　　)

48 임차인 乙은 「공증인법」에 따른 공증인으로부터 확정일자를 받을 수 없다.(28회)(　　)

49 임대차계약을 체결하려는 자는 임차인의 동의를 받아 확정일자 부여기관에 해당 주택의 확정일자 부여일 정보의 제공을 요청할 수 있다.(29회)(　　)

50 주택을 인도받고 주민등록을 마친 때에는 확정일자를 받지 않더라도 주택의 경매시 후순위저당권자보다 우선하여 보증금을 변제받는다.(27회)(　　)

51 임차인 丙이 「주택임대차보호법」상 최우선변제권이 인정되는 소액임차인인 때에도 선순위 저당권자 甲의 저당권이 실행되면 丙의 임차권은 소멸한다.(35회)(　　)

52 임차인 丙이 임대차계약을 체결한 후 丁이 X주택에 저당권을 설정 받았는데, 丁이 채권을 변제받지 못하자 X주택을 경매한 경우 선순위 저당권자 甲의 저당권과 丙의 임차권은 매각으로 소멸하지 않는다.(35회)(　　)

53 임차인이 임차주택에 대하여 보증금반환청구소송의 확정판결에 따라 경매를 신청하는 경우 반대의무의 이행이나 이행의 제공을 집행개시의 요건으로 하지 아니한다.(29회)(　　)

54 임대차 기간에 관한 분쟁이 발생한 경우, 임대인 甲은 주택임대차분쟁조정위원회에 조정을 신청할 수 없다.(28회)(　　)

55 법원의 임차권등기명령이 소유자 甲에게 송달되어야 임차권등기명령을 집행할 수 있다.(35회)(　　)

56 임차인 乙이 임차권등기를 한 이후에 소유자 甲으로부터 X주택을 임차한 임차인은 최우선변제권을 가지지 못한다.(35회)(　　)

---

46) ○
47) ○
48) × 받을 수 있다.
49) × 임차인의 동의가 아니라 임대인의 동의를 받아야 한다.
50) × 확정일자를 받아야 후순위 저당권에 우선하는 우선변제권이 발생된다.
51) ○
52) × 경락으로 매각 부동산 위의 모든 저당권은 소멸하며, 임차권은 저당권보다 후순위이므로 경락으로 소멸된다.
53) ○
54) × 조정을 신청할 수 있다.
55) × 임대인에게 임차권등기명령이 송달되기 전에도 임차권등기명령을 집행할 수 있다.
56) ○

57 임차인 乙이 임차권등기를 한 이후 대항요건을 상실하더라도, 乙은 이미 취득한 대항력이나 우선변제권을 잃지 않는다.(35회)(   )

58 임차인 乙이 임차권등기를 한 이후에는 이행지체에 빠진 소유자 甲의 보증금반환의무가 乙의 임차권등기 말소의무보다 먼저 이행되어야 한다.(35회)(   )

甲 소유의 X주택에 대하여 임차인 乙이 주택의 인도를 받고 2019. 6. 3. 10:00에 확정일자를 받으면서 주민등록을 마쳤다. 그런데 甲의 채권자 丙이 같은 날 16:00에, 다른 채권자 丁은 다음 날 16:00에 X주택에 대해 근저당권설정등기를 마쳤다. 임차인 乙에게 개업공인중개사가 설명한 내용으로 옳은 것은? (다툼이 있으면 판례에 따름)

59 丁이 근저당권을 실행하여 X주택이 경매로 매각된 경우, 乙은 매수인에 대하여 임차권으로 대항할 수 있다.(30회)(   )

60 丙 또는 丁 누구든 근저당권을 실행하여 X주택이 경매로 매각된 경우, 매각으로 인하여 乙의 임차권은 소멸한다.(30회)(   )

61 乙은 X주택의 경매시 경매법원에 배당요구를 하면 丙과 丁보다 우선하여 보증금 전액을 배당받을 수 있다.(30회)(   )

62 X주택이 경매로 매각된 후 乙이 우선변제권 행사로 보증금을 반환받기 위해서는 X주택을 먼저 법원에 인도하여야 한다.(30회)(   )

63 X주택에 대해 乙이 집행권원을 얻어 강제경매를 신청하였더라도 우선변제권을 인정받기 위해서는 배당요구의 종기까지 별도로 배당요구를 하여야 한다.(30회)(   )

---

57) ○
58) ○
59) × 丁이 근저당권을 실행하여 X주택이 경매로 매각된 경우, 임차인 乙은 말소기준권리인 저당권자 丙보다 후순위이므로 매수인에 대하여 임차권으로 대항할 수 없다.
60) ○
61) × 乙은 X주택의 경매시 경매법원에 배당요구를 하면 丙보다는 우선할 수 없고, 丁보다 우선하여 보증금 전액을 배당받을 수 있다.
62) × X주택이 경매로 매각된 후 乙이 우선변제권 행사로 보증금을 반환받기 위해서는 X주택을 먼저 법원에 인도하는 것이 아니라 매수인에게 인도하여야 한다.
63) × X주택에 대해 乙이 집행권원을 얻어 강제경매를 신청하였다면 별도로 배당요구를 하지 않아도 배당받을 채권자에 해당된다.

개업공인중개사 甲의 중개로 丙은 2018. 10. 17. 乙 소유의 용인시 소재 X주택에 대하여 보증금 5,000만원에 2년 기간으로 乙과 임대차계약을 체결하고, 계약 당일 주택의 인도와 주민등록 이전, 임대차계약증서상의 확정일자를 받았다. 丙이 임차권등기명령을 신청하는 경우 주택임대차보호법령의 적용에 관한 甲의 설명으로 옳은 것은?

64 丙은 임차권등기명령 신청서에 신청의 취지와 이유를 적어야 하지만, 임차권등기의 원인이 된 사실을 소명할 필요는 없다.(31회)(   )

65 丙이 임차권등기와 관련하여 든 비용은 乙에게 청구할 수 있으나, 임차권등기명령 신청과 관련하여 든 비용은 乙에게 청구할 수 없다.(31회)(   )

66 임차권등기명령의 집행에 따른 임차권등기를 마치면 丙은 대항력을 유지하지만 우선변제권은 유지하지 못한다.(31회)(   )

67 임차권등기명령의 집행에 따른 임차권등기 후에 丙이 주민등록을 서울특별시로 이전한 경우 대항력을 상실한다.(31회)(   )

68 임차권등기명령의 집행에 따라 임차권등기가 끝난 X주택을 임차한 임차인 丁은 소액보증금에 관한 최우선변제를 받을 권리가 없다.(31회)(   )

---

64) × 신청의 이유와 임차권등기의 원인이 된 사실을 소명(疏明)하여야 한다.
65) × 임차인은 임차권등기명령의 신청과 그에 따른 임차권등기와 관련하여 든 비용을 임대인에게 청구할 수 있다.
66) × 종전에 취득한 우선변제권의 효력을 그대로 유지한다.
67) × 임차권등기 후에는 임차인이 주민등록을 이전해도 대항력과 우선변제권이 상실되지 않는다.
68) ○

핵심 46 「상가건물 임대차보호법」: 1문제

01 임대차는 그 등기가 없는 경우에도 임차인이 건물의 인도와 법령에 따른 사업자등록을 신청하면 그 다음 날부터 제3자에 대하여 효력이 생긴다.(29회)(   )

02 임차인 甲이 건물을 인도 받고 「부가가치세법」에 따른 사업자등록을 신청하면 그 다음 날부터 대항력이 생긴다.(35회)(   )

03 확정일자는 건물의 소재지 관할 세무서장이 부여한다.(35회)(   )

04 임대차계약을 체결하려는 임차인 甲은 임대인의 동의를 받아 관할 세무서장에게 건물의 확정일자 부여일 등 관련 정보의 제공을 요청할 수 있다.(35회)(   )

05 서울특별시에서 보증금 5억에 월차임이 500만원인 경우에 임대인 甲과 임차인 乙이 계약기간을 정하지 않은 경우 그 기간을 1년으로 본다.(28회)(   )

06 서울특별시에서 보증금 5천만원, 월차임 1백만원인 경우에 상가건물이 서울특별시에 있을 경우 그 건물의 경매시 임차인은 2천 5백만원을 다른 담보권자보다 우선하여 변제받을 수 있다.(27회)(   )

07 서울특별시에서 보증금 5천만원, 월차임 1백만원인 경우에 임대인의 차임증액청구가 인정되더라도 10만원까지만 인정된다.(27회)(   )

08 차임이 경제사정의 침체로 상당하지 않게 된 경우 당사자는 장래의 차임 감액을 청구할 수 있다.(29회)(   )

09 임차인은 임차권등기명령의 신청과 관련하여 든 비용을 임대인에게 청구할 수 없다.(29회)(   )

10 서울특별시에서 보증금 5천만원, 월차임 1백만원인 경우에 임차인의 계약갱신요구권은 전체 임대차기간이 2년을 초과하지 아니하는 범위에서만 행사할 수 있다.(27회)(   )

---

01) ○
02) ○
03) ○
04) ○
05) × 환산보증금이 10억으로 9억을 초과하므로 존속기간보장이 적용되지 않는다.
06) × 최우선변제권은 인정되지 않는다.
07) × 차임증액청구는 5%까지만 인정된다.
08) ○
09) × 임대인에게 청구할 수 있다.
10) × 10년

11 상가건물의 임대차를 등기한 때에는 그 다음날부터 제3자에 대하여 효력이 생긴다.(25회)(   )

12 서울특별시에서 보증금 5억에 월차임이 500만원인 경우에 임대인 甲으로부터 X건물을 양수한 丙은 임대인 甲의 지위를 승계한 것으로 본다.(28회)(   )

13 임차인은 대항력과 확정일자를 갖춘 경우, 경매에 의해 매각된 임차건물을 양수인에게 인도하지 않더라도 배당에서 보증금을 수령할 수 있다.(25회)(   )

14 임대차계약의 당사자가 아닌 이해관계인은 관할 세무서장에게 임대인·임차인의 인적사항이 기재된 서면의 열람을 요청할 수 없다.(29회)(   )

15 임대차 기간을 6개월로 정한 경우, 임차인은 그 유효함을 주장할 수 없다.(25회)(   )

개업공인중개사 甲의 중개로 乙은 丙 소유의 서울특별시 소재 X상가건물에 대하여 보증금 10억원에 1년 기간으로 丙과 임대차계약을 체결하였다. 乙은 X건물을 인도받아 2020. 3. 10. 사업자등록을 신청하였으며 2020. 3. 13. 임대차계약서상의 확정일자를 받았다. 이 사례에서 상가건물 임대차 보호법령의 적용에 관한 甲의 설명으로 틀린 것은?

16 乙은 2020. 3. 11. 대항력을 취득한다.(31회)(   )

17 乙은 2020. 3. 13. 보증금에 대한 우선변제권을 취득한다.(31회)(   )

18 丙은 乙이 임대차기간 만료되기 6개월 전부터 1개월 전까지 사이에 계약갱신을 요구할 경우, 정당한 사유 없이 거절하지 못한다.(31회)(   )

19 乙의 계약갱신요구권은 최초의 임대차기간을 포함한 전체 임대차기간이 10년을 초과하지 아니하는 범위에서만 행사할 수 있다.(31회)(   )

20 乙의 계약갱신요구권에 의하여 갱신되는 임대차는 전 임대차와 동일한 조건으로 다시 계약된 것으로 본다.(31회)(   )

---

11) × 등기는 그날부터 대항력이 생긴다.
12) ○
13) × 양수인에게 인도해야 보증금을 수령할 수 있다.
14) ○
15) × 있다.
16) ○
17) × 서울특별시는 환산보증금이 9억을 초과하는 경우에는 보증금 보장(최우선, 우선변제권)이 인정되지 않는다.
18) ○
19) ○
20) ○

21 서울특별시에서 보증금 5억에 월차임이 500만원인 경우에 임차인 乙은 사업자등록 신청 후 X건물에 대하여 저당권을 취득한 丁보다 경매절차에서 우선하여 보증금을 변제받을 권리가 있다.(28회)(   )

22 대통령령으로 정하는 보증금액을 초과하는 임대차인 경우에도 「상가건물 임대차보호법」상 권리금에 관한 규정이 적용된다.(33회)(   )

23 임대차가 묵시적으로 갱신된 경우, 그 존속기간은 임대인이 그 사실을 안 때로부터 1년으로 본다.(25회) (   )

24 임차인 甲이 거짓이나 그 밖의 부정한 방법으로 임차한 경우 임대인은 甲의 계약갱신요구를 거절할 수 있다.(35회)(   )

25 건물의 경매시 임차인 甲은 환가대금에서 우선변제권에 따른 보증금을 지급받은 이후에 건물을 양수인에게 인도하면 된다.(35회)(   )

26 임대인의 동의를 받고 전대차계약을 체결한 전차인은 임차인의 계약갱신요구권 행사기간 이내에 임차인을 대위하여 임대인에게 계약갱신요구권을 행사할 수 있다.(25회)(   )

27 임대인의 동의를 받고 전대차계약을 체결한 전차인은 임차인의 계약갱신요구권 행사기간 이내에 임차인을 대위하여 임대인에게 계약갱신요구권을 행사할 수 있다.(29회)(   )

28 임대인의 동의를 받고 전대차계약을 체결한 전차인은 임차인의 계약갱신요구권 행사기간 이내에 임차인을 대위하여 임대인에게 계약갱신요구권을 행사할 수 있다.(33회)(   )

29 서울특별시에서 보증금 5천만원, 월차임 1백만원인 경우에 임차인이 임대인의 동의 없이 건물의 전부를 전대한 경우 임대인은 임차인의 계약갱신요구를 거절할 수 있다.(27회)(   )

30 권리금 계약이란 신규임차인이 되려는 자가 임차인에게 권리금을 지급하기로 하는 계약을 말한다.(26회) (   )

31 임차인의 차임연체액이 3기의 차임액에 달하는 때에는 임대인은 계약을 해지할 수 있다.(26회) (   )

---

21) × 환산보증금이 10억으로 9억을 초과하므로 우선변제권은 인정되지 않는다.
22) ○
23) × 임대차가 종료된 시점부터 1년이다.
24) ○
25) × 임차인이 배당에서 보증금을 수령하기 위하여는 임차건물을 양수인에게 인도해야 한다.
26) ○
27) ○
28) ○
29) ○
30) ○
31) ○

32 임차인이 2기의 차임액에 해당하는 금액에 이르도록 차임을 연체한 사실이 있는 경우, 임대인은 임차인의 계약갱신요구를 거절할 수 있다.(33회)(   )

33 서울특별시에서 보증금 5억에 월차임이 500만원인 경우에 임차인 乙의 차임연체액이 2기의 차임액에 달하는 경우 임대인 甲은 임대차계약을 해지할 수 있다.(28회)(   )

34 서울특별시에서 보증금 5천만원, 월차임 1백만원인 경우에 임차인의 차임연체액이 2백만원에 이르는 경우 임대인은 계약을 해지할 수 있다.(27회)(   )

35 국토교통부장관은 권리금에 대한 감정평가의 절차와 방법 등에 관한 기준을 고시할 수 있다.(26회)(   )

36 국토교통부장관은 권리금 계약을 체결하기 위한 표준권리금계약서를 정하여 그 사용을 권장할 수 있다. (26회)(   )

37 보증금이 전액 변제되지 아니한 대항력이 있는 임차권은 임차건물에 대하여 「민사집행법」에 따른 경매가 실시된 경우에 그 임차건물이 매각되면 소멸한다.(26회)(   )

---

32) × 「상가건물 임대차보호법」은 임차인이 3기의 차임액에 달하도록 차임을 연체한 사실이 있는 경우에 임대인은 임차인의 계약갱신요구를 거절할 수 있다.
33) × 3기의 차임액을 연체한 경우에 계약을 해지할 수 있다.
34) × 월차임이 100만원이므로 300만원을 연체한 경우에 계약을 해지할 수 있다.
35) ○
36) ○
37) × 보증금이 전액 변제되지 않은 대항력 있는 임차권은 소멸되지 않는다.

개업공인중개사가 선순위 저당권이 설정되어 있는 서울시 소재 상가건물(「상가건물 임대차보호법」이 적용됨)에 대해 임대차기간 2018. 10. 1.부터 1년, 보증금 5천만원, 월차임 100만원으로 임대차를 중개하면서 임대인 甲과 임차인 乙에게 설명한 내용으로 옳은 것은?

38 乙의 연체차임액이 200만원에 이르는 경우 甲은 계약을 해지할 수 있다.(30회)(   )

39 차임 또는 보증금의 감액이 있은 후 1년 이내에는 다시 감액을 하지 못한다.(30회)(   )

40 甲이 2019. 4. 1.부터 2019. 8. 31. 사이에 乙에게 갱신거절 또는 조건 변경의 통지를 하지 않은 경우, 2019. 10. 1. 임대차계약이 해지된 것으로 본다.(30회)(   )

41 상가건물에 대한 경매개시 결정등기 전에 乙이 건물의 인도와 「부가가치세법」에 따른 사업자등록을 신청한 때에는, 보증금 5천만원을 선순위 저당권자보다 우선변제 받을 수 있다.(30회)(   )

42 乙이 임대차의 등기 및 사업자등록을 마치지 못한 상태에서 2019. 1. 5. 甲이 상가건물을 丙에게 매도한 경우, 丙의 상가건물 인도청구에 대하여 乙은 대항할 수 없다.(30회)(   )

---

38) × 乙의 연체차임액이 300만원에 이르는 경우 甲은 계약을 해지할 수 있다.
39) × 차임 또는 보증금의 증감액이 있은 후 1년 이내에는 다시 증액을 청구할 수는 없지만 감액을 청구할 수는 있다.
40) × 甲이 2019. 4. 1.부터 2019. 8. 31. 사이에 乙에게 갱신거절 또는 조건 변경의 통지를 하지 않은 경우, 2019. 10. 1. 임대차계약이 전임대차와 동일한 조건으로 묵시적 갱신이 된 것으로 본다.
41) × 환산보증금이 1억 5천만원이므로 상가건물에 대한 경매개시 결정등기 전에 乙이 건물의 인도와 「부가가치세법」에 따른 사업자등록을 신청한 때에도 최우선변제권은 인정되지 않는다.
42) ○

01 매수신청대리인은 입찰표의 작성 및 제출하는 행위를 할 수 있다.(24회)(   )

02 개업공인중개사 甲은 위임인 乙을 대리하여 입찰표를 작성·제출할 수 있다.(32회)(   )

03 매수신청대리인은 매각기일변경신청 하는 행위를 할 수 있다.(24회)(   )

04 매수신청대리인은 「민사집행법」에 따른 차순위매수신고하는 행위를 할 수 있다.(24회)(   )

05 乙은 「민사집행법」에 따른 차순위매수신고를 할 수 있다.(28회)(   )

06 매수신청대리인은 「민사집행법」에 따른 매수신청 보증의 제공하는 행위를 할 수 있다.(24회)(   )

07 개업공인중개사 甲의 입찰로 위임인 乙이 최고가매수신고인이나 차순위매수신고인이 되지 않은 경우, 甲은 「민사집행법」에 따라 매수신청의 보증을 돌려 줄 것을 신청할 수 있다.(32회)(   )

08 매수신청대리의 위임을 받은 甲은 「민사집행법」에 따른 공유자의 우선매수신고를 할 수 있다.(24회, 29회) (   )

09 공유자의 우선매수신고에 따라 차순위매수신고인으로 보게 되는 경우 그 차순위매수신고인의 지위를 포기하는 행위는 매수신청대리권의 범위에 속하지 않는다.(34회)(   )

10 매수신청대리인으로 등록된 개업공인중개사는 매수신청대리의 위임을 받은 경우 법원의 부당한 매각허가결정에 대하여 항고할 수 있다.(27회)(   )

11 甲은 「공장 및 광업재단 저당법」에 따른 광업재단에 대한 매수신청대리를 할 수 있다.(33회)(   )

12 미등기건물은 매수신청대리의 대상물이 될 수 없다.(34회)(   )

---

01) ○
02) ○
03) × 매각기일변경신청 하는 행위는 매수신청대리인이 할 수 없다.
04) ○
05) ○
06) ○
07) ○
08) ○
09) × 대리권의 범위에 포함된다.
10) × 항고신청의 대리는 대리권의 범위에 해당되지 않는다.
11) ○
12) × 미등기건물도 매수신청대리의 대상물이 될 수 있다.

13 매수신청대리인이 되고자 하는 법인인 개업공인중개사는 주된 중개사무소가 있는 곳을 관할하는 지방법원장에게 매수신청대리인 등록을 해야 한다.(27회)(   )

14 매수신청대리인이 되려면 관할 지방자치단체의 장에게 매수신청대리인 등록을 하여야 한다.(34회)(   )

15 명의를 대여하는 행위는 금지행위에 해당된다.(24회)(   )

16 매수신청대리인 등록증을 대여하는 행위는 금지행위에 해당된다.(24회)(   )

17 다른 개업공인중개사의 명의를 사용하는 행위는 금지행위에 해당된다.(24회)(   )

18 이중으로 매수신청대리인 등록신청을 하는 행위는 금지행위에 해당된다.(24회)(   )

19 「임대주택법」에 따른 임차인의 임대주택 우선매수신고를 하는 행위는 금지행위에 해당된다.(24회)(   )

20 공인중개사는 중개사무소 개설등록을 하지 않으면 매수신청대리인 등록을 할 수 없다.(25회)(   )

21 중개사무소의 개설등록을 하지 않은 공인중개사라도 매수신청대리인으로 등록할 수 있다.(27회)(   )

22 매수신청대리인 등록을 할 수 있는 甲은 공인중개사인 개업공인중개사이거나 법인인 개업공인중개사이다.(29회)(   )

23 소속공인중개사도 매수신청대리인으로 등록할 수 있다.(34회)(   )

24 개업공인중개사가 매수신청대리를 위임받은 경우 당해 매수신청대리 대상물의 경제적 가치에 대하여는 위임인에게 설명하지 않아도 된다.(25회)(   )

---

13) ○
14) × 관할 지방자치단체의 장이 아니라 관할 지방법원장에게 매수신청대리인 등록을 하여야 한다.
15) ○
16) ○
17) ○
18) ○
19) × 금지행위에 해당되지 않는다.
20) ○
21) × 중개사무소 개설등록을 해야 매수신청대리인 등록을 할 수 있다.
22) ○
23) × 소속공인중개사도 매수신청대리인으로 등록할 수 없다.
24) × 경제적 가치도 확인·설명사항에 해당된다.

25 개업공인중개사는 매수신청대리에 관한 수수료표와 수수료에 대하여 위임인에게 위임계약 전에 설명해야 한다.(25회)(   )

26 개업공인중개사 甲이 법인이고 분사무소를 1개 둔 경우 매수신청대리에 따른 손해배상책임을 보장하기 위하여 설정해야 하는 보증의 금액은 6억원 이상이다.(35회)(   )

27 개업공인중개사 甲은 매수신청대리 사건카드에 위임인 乙에게서 위임받은 사건에 관한 사항을 기재하고 서명 · 날인 한 후 이를 3년간 보존해야 한다.(35회)(   )

28 개업공인중개사 甲은 매수신청대리 대상물에 대한 확인 · 설명사항을 서면으로 작성하여 사건카드에 철하여 3년간 보존해야 하며 위임인 乙에게 교부할 필요는 없다.(35회)(   )

29 등기사항증명서는 개업공인중개사 甲이 위임인 乙에게 제시할 수 있는 매수신청대리 대상물에 대한 설명의 근거자료에 해당하지 않는다.(35회)(   )

30 개업공인중개사 甲이 중개사무소를 이전한 경우 14일 이내에 위임인 乙에게 통지하고 지방법원장에게 그 사실을 신고해야 한다.(35회)(   )

31 개업공인중개사 甲은 기일입찰의 방법에 의한 매각기일에 매수신청대리행위를 할 때 집행법원이 정한 매각장소 또는 집행법원에 직접 출석해야 한다.(25회, 29회, 32회)(   )

32 매수신청대리인으로 등록된 개업공인중개사는 매수신청대리행위를 함에 있어 매각장소 또는 집행법원에 중개보조원을 대리출석하게 할 수 있다.(27회)(   )

33 개업공인중개사는 매수신청대리행위를 함에 있어서 매각장소 또는 집행법원에 직접 출석하여야 한다.(34회)(   )

34 매수신청대리인으로 등록된 개업공인중개사는 본인의 인감증명서가 첨부된 위임장과 매수신청대리인등록증 사본을 한 번 제출하면 그 다음부터는 대리행위마다 대리권을 증명할 필요가 없다.(27회)(   )

35 乙이 중개업을 휴업한 경우 관할 지방법원장은 乙의 매수신청대리인 등록을 취소해야 한다.(28회)(   )

---

25) ○
26) ○
27) × 5년간 보관해야 한다.
28) × 위임인에게 교부하고 5년간 보관해야 한다.
29) × 등기사항증명서는 근거자료에 해당된다.
30) × 10일 이내에 지방법원장에게 신고해야 한다.
31) ○
32) × 개업공인중개사는 직접 출석해야 한다.
33) ○
34) × 대리행위마다 대리권을 증명해야 한다.
35) × 중개업을 휴업한 경우에 매수신청대리인 등록의 업무정지처분사유에 해당된다.

36 乙은 매수신청대리인 등록증을 자신의 중개사무소 안의 보기 쉬운 곳에 게시해야 한다.(28회)(　　)

37 개업공인중개사가 매수신청대리 업무정지처분을 받은 때에는 업무정지사실을 당해 중개사사무소의 출입문에 표시해야 한다.(25회)(　　)

38 甲의 공인중개사 자격이 취소된 경우 지방법원장은 매수신청대리인 등록을 취소해야 한다.(29회)(　　)

39 甲의 중개사무소 개설등록이 취소된 경우 시·도지사는 매수신청대리인 등록을 취소해야 한다.(33회)(　　)

40 개업공인중개사의 중개업 폐업신고에 따라 매수신청대리인 등록이 취소된 경우는 그 등록이 취소된 후 3년이 지나지 않더라도 등록의 결격사유에 해당하지 않는다.(26회)(　　)

41 폐업신고를 하여 매수신청대리인 등록이 취소된 후 3년이 지나지 않은 甲은 매수신청대리인 등록을 할 수 없다.(29회)(　　)

42 중개사무소 폐업신고로 甲의 매수신청대리인 등록이 취소된 경우 3년이 지나지 아니하면 甲은 다시 매수신청대리인 등록을 할 수 없다.(33회)(　　)

43 개업공인중개사는 매수신청대리인이 된 사건에 있어서 매수신청인으로서 매수신청을 하는 행위를 해서는 아니 된다.(26회)(　　)

44 개업공인중개사는 매수신청대리에 관하여 위임으로부터 수수료를 받은 경우, 그 영수증에는 중개행위에 사용하기 위해 등록한 인장을 사용해야 한다.(26회)(　　)

45 乙은 매수신청대리 사건카드에 중개행위에 사용하기 위해 등록한 인장을 사용하여 서명·날인해야 한다.(28회)(　　)

46 소속공인중개사는 매수신청대리인 등록을 할 수 있다.(26회)(　　)

47 매수신청대리인 등록을 한 개업공인중개사는 법원행정처장이 인정하는 특별한 경우 그 사무소의 간판에 "법원"의 휘장 등을 표시할 수 있다.(26회)(　　)

---

36) ○
37) ○
38) ○
39) × 시·도지사가 아니라 지방법원장이다.
40) ○
41) × 중개업 폐업신고에 따라 매수신청대리인 등록이 취소된 경우에는 3년간 결격사유에 해당되는 것은 아니다.
42) × 중개사무소 폐업신고로 매수신청대리인 등록이 취소된 경우에는 3년간 결격사유에 해당되는 것은 아니다.
43) ○
44) ○
45) ○
46) × 소속공인중개사는 할 수 없다.
47) ○

48 보수의 지급시기에 관하여 甲과 乙의 약정이 없을 때에는 매각대금의 지급기한일로 한다.(28회) ( )

49 위임인 乙의 개업공인중개사 甲에 대한 보수의 지급시기는 당사자 간 약정이 없으면 매각허가결정일로 한다.(32회)( )

50 매수신청대리인으로 등록한 甲이 매수신청대리의 위임을 받은 경우 「민사집행법」의 규정에 따라 차순위매수신고를 할 수 있다.(31회)( )

51 매수신청대리인으로 등록한 甲은 매수신청대리권의 범위에 해당하는 대리행위를 할 때 매각장소 또는 집행법원에 직접 출석해야 한다.(31회)( )

52 매수신청대리 보수의 지급시기는 매수신청대리인으로 등록한 甲과 매수신청인의 약정이 없을 때에는 매각대금의 지급기한일로 한다.(31회)( )

53 매수신청대리인으로 등록한 甲이 중개사무소를 이전한 경우 그 날부터 10일 이내에 관할 지방법원장에게 그 사실을 신고하여야 한다.(31회)( )

54 매수신청대리인으로 등록한 甲이 매수신청대리 업무의 정지처분을 받을 수 있는 기간은 1개월 이상 6개월 이하이다.(31회)( )

---

48) ○
49) × 매각대금 지급기한일이다.
50) ○
51) ○
52) ○
53) ○
54) × 업무정지처분 기간은 1개월 이상 2년 이하이다.

01 경매신청이 취하되면 압류의 효력은 소멸된다.(28회)(　　)

02 법원이 경매절차를 개시하는 결정을 할 때에는 동시에 그 부동산의 압류를 명하여야 한다.(35회)(　　)

03 압류는 부동산에 대한 채무자의 관리 · 이용에 영향을 미치지 아니한다.(35회)(　　)

04 제3자는 권리를 취득할 때에 경매신청 또는 압류가 있다는 것을 알았을 경우에도 압류에 대항할 수 있다. (35회)(　　)

05 경매개시결정이 등기된 뒤에 가압류를 한 채권자는 배당요구를 할 수 있다.(35회)(　　)

06 이해관계인은 매각대금이 모두 지급될 때까지 법원에 경매개시결정에 대한 이의신청을 할 수 있다. (35회)(　　)

07 부동산의 매각은 호가경매(呼價競賣), 기일입찰 또는 기간입찰의 세 가지 방법 중 집행법원이 정한 방법에 따른다.(28회)(　　)

08 강제경매신청을 기각하거나 각하하는 재판에 대하여는 즉시항고를 할 수 있다.(28회)(　　)

09 집행법원은 배당요구의 종기를 첫 매각기일 이전으로 정한다.(34회)(　　)

10 기일입찰에서 매수신청의 보증금액은 매수신고가격의 10분의 1로 한다.(25회)(　　)

11 기일입찰에서 매수신청인은 보증으로 매수가격의 10분의 1에 해당하는 금액을 집행관에게 제공해야 한다. (26회)(　　)

12 경매개시결정을 한 부동산에 대하여 다른 강제경매의 신청이 있는 때에는 법원은 뒤의 경매신청을 각하해야 한다.(28회)(　　)

---

01) ○
02) ○
03) ○
04) × 제3자는 압류에 대항할 수 없다.
05) ○
06) ○
07) ○
08) ○
09) ○
10) × 최저매각가격의 1/10이다.
11) × 입찰보증금은 최저매각가격의 10%이다.
12) × 다시 경매개시결정을 하고 처음 경매개시결정을 한 절차에 의하여 경매절차를 진행한다.

13 매각허가결정에 대하여 항고를 하고자 하는 사람은 보증으로 매각대금의 10분의 1에 해당하는 금전 또는 법원이 인정한 유가증권을 공탁해야 한다.(28회)(　　　)

14 매수인은 매각대금을 다 낸 때에 매각의 목적인 권리를 취득한다.(25회)(　　　)

15 매수인은 매각대금을 다 낸 후 소유권이전등기를 촉탁한 때 매각의 목적인 권리를 취득한다.(29회) (　　　)

16 매수인은 매각대금을 다 낸 때에 매각의 목적인 권리를 취득한다.(33회)(　　　)

17 재매각절차에서 전(前)의 매수인은 매수신청을 할 수 없으며, 매수신청의 보증을 돌려줄 것을 요구하지 못한다.(25회)(　　　)

18 매각허가결정이 확정되어 대금지급기한의 통지를 받으면 매수인은 그 기한까지 매각대금을 지급해야 한다.(29회)(　　　)

19 매각허가결정이 확정되면 법원은 대금지급기일을 정하여 매수인에게 통지해야 하고 매수인은 그 대금지급기일에 매각대금을 지급해야 한다.(26회)(　　　)

20 차순위매수신고는 그 신고액이 최고가매수신고액에서 그 보증액을 뺀 금액을 넘는 때에만 할 수 있다. (25회)(　　　)

21 차순위매수신고는 그 신고액이 최고가매수신고액에서 그 보증금을 뺀 금액을 넘지 않는 때에만 할 수 있다.(29회)(　　　)

22 개업공인중개사 甲의 매수신고액이 차순위이고 최고가매수신고액에서 그 보증액을 뺀 금액을 넘는 때에만 甲은 차순위매수신고를 할 수 있다.(32회)(　　　)

23 법원에 매수신청대리인으로 등록된 개업공인중개사 甲은 乙로부터 매수신청대리의 위임을 받았다. 甲은 법원에서 정한 최저매각가격 2억원의 부동산 입찰(보증금액은 최저매각가격의 10분의 1)에 참여하였다. 최고가매수신고인의 신고액이 2억 5천만원인 경우, 甲이 乙의 차순위매수신고를 대리하려면 그 신고액이 (2억 3천만)원을 넘어야 한다.(27회)(　　　)

---

13) ○
14) ○
15) × 매각대금 완납으로 소유권을 취득한다.
16) ○
17) ○
18) ○
19) × 대금지급기일이 아니라 대금지급기한으로 주어진다.
20) ○
21) × 그 신고액이 최고가매수신고액에서 그 보증금을 뺀 금액을 넘는 때에만 할 수 있다.
22) ○
23) ○

24 가압류채권에 대항할 수 있는 전세권은 그 전세권자가 배당요구를 하면 매각으로 소멸된다.(25회)
( )

25 매각부동산의 후순위저당권자가 경매신청을 하여 매각되어도 선순위저당권은 매각으로 소멸되지 않는다.
(29회)( )

26 후순위 저당권자의 신청에 의한 경매라 하여도 선순위 저당권자의 저당권은 매각으로 소멸한다.(34회)
( )

27 매각부동산 위의 전세권은 저당권에 대항할 수 있는 경우라도 전세권자가 배당요구를 하면 매각으로 소멸된다.(26회)( )

28 최선순위 전세권은 그 전세권자가 배당요구를 하면 매각으로 소멸된다.(33회)( )

29 최선순위의 전세권자는 배당요구 없이도 우선변제를 받을 수 있으며, 이때 전세권은 매각으로 소멸한다.
(34회)( )

30 전세권 및 등기된 임차권은 저당권 · 압류채권 · 가압류채권에 대항할 수 없는 경우에는 매각으로 소멸된다.(33회)( )

31 후순위 저당권자가 경매신청을 하면 매각부동산 위의 모든 저당권은 매각으로 소멸된다.(33회)( )

32 최선순위의 지상권은 경매절차의 매수인이 인수한다.(34회)( )

33 매수인은 매각부동산 위의 유치권자에게 그 유치권으로 담보하는 채권을 변제할 책임이 없다.(26회)
( )

34 유치권자는 유치권이 성립된 목적물을 경매로 매수한 자에 대하여 그 피담보채권의 변제를 청구할 수 있다.(33회)( )

35 X부동산에 대한 경매개시결정의 기입등기 전에 유치원을 취득한 자는 경매절차의 매수인에게 자기의 유치권으로 대항할 수 있다.(34회)( )

---

24) ○
25) × 모든 저당권은 매각으로 소멸된다.
26) ○
27) ○
28) ○
29) × 저당권 · 압류채권 · 가압류채권에 대항할 수 있는 지상권 · 지역권 · 전세권 및 등기된 임차권은 매수인이 인수한다.
다만, 그중 전세권의 경우에는 전세권자가 배당요구를 하면 매각으로 소멸된다(법 제91조 제4항).
30) ○
31) ○
32) ○
33) × 변제해야 부동산을 인도받을 수 있다. 즉, 책임은 있으나, 의무는 없다.
34) × 유치권자는 유치권이 성립된 목적물을 경매로 매수한 자에 대하여 그 피담보채권의 변제를 청구할 수 없다.

> 법원은 X부동산에 대하여 담보권 실행을 위한 경매절차를 개시하는 결정을 내렸고, 최저매각가격을 1억원으로 정하였다. 기일입찰로 진행되는 이 경매에서 매수신청을 하고자 하는 중개의뢰인 甲에게 개업공인중개사가 설명한 내용으로 옳은 것은?

36 甲이 1억 2천만원에 매수신청을 하려는 경우, 법원에서 달리 정함이 없으면 1천 2백만원을 보증금액으로 제공하여야 한다.(30회)(   )

37 최고가매수신고를 한 사람이 2명인 때에는 법원은 그 2명뿐만 아니라 모든 사람에게 다시 입찰하게 하여야 한다.(30회)(   )

38 甲이 다른 사람과 동일한 금액으로 최고가매수신고를 하여 다시 입찰하는 경우, 전의 입찰가격에 못 미치는 가격으로 입찰하여 매수할 수 있다.(30회)(   )

39 1억 5천만원의 최고가매수신고인이 있는 경우, 법원에서 보증금액을 달리 정하지 않았다면 甲이 차순위매수신고를 하기 위해서는 신고액이 1억 4천만원을 넘어야 한다.(30회)(   )

40 甲이 차순위매수신고인인 경우 매각기일이 종결되면 즉시 매수신청의 보증을 돌려줄 것을 신청할 수 있다.(30회)(   )

41 매수인은 매각 대상 부동산에 경매개시결정의 기입등기가 마쳐진 후 유치권을 취득한 자에게 그 유치권으로 담보하는 채권을 변제할 책임이 있다.(31회)(   )

42 차순위매수신고는 그 신고액이 최고가매수신고액에서 그 보증액을 뺀 금액을 넘는 때에만 할 수 있다.(31회)(   )

43 매수인은 매각대금을 다 낸 때에 매각의 목적인 권리를 취득한다.(31회)(   )

44 재매각절차에서는 전(前)의 매수인은 매수신청을 할 수 없으며 매수신청의 보증을 돌려 줄 것을 요구하지 못한다.(31회)(   )

45 후순위 저당권자가 경매신청을 하였더라도 매각부동산 위의 모든 저당권은 매각으로 소멸된다.(31회)(   )

---

35) ○
36) × 甲이 1억 2천만원에 매수신청을 하려는 경우, 법원에서 달리 정함이 없으면 입찰보증금은 최저매각가격의 10%이므로 1천만원을 보증금액으로 제공하여야 한다.
37) × 최고가매수신고를 한 사람이 2명인 때에는 법원은 그 2명에게 다시 입찰하게 하여야 한다.
38) × 甲이 다른 사람과 동일한 금액으로 최고가매수신고를 하여 다시 입찰하는 경우, 전의 입찰가격에 못미치는 가격으로 입찰하여 매수할 수 없다.
39) ○
40) × 甲이 차순위매수신고인인 경우 매각기일이 종결되더라도 매수신청의 보증을 돌려줄 것을 요구할 수 없다.
41) × 경매개시결정등기 후에 유치권을 취득하였으므로 매수인에게 대항할 수 없으므로 변제할 책임이 없다.
42) ○
43) ○
44) ○
45) ○

제36회 공인중개사 시험대비 **전면개정판**

2025 **박문각** 공인중개사
신정환 기출지문집 2차 공인중개사법·중개실무

초판인쇄 │ 2025. 2. 10.   **초판발행** │ 2025. 2. 15.   **편저** │ 신정환 편저

발행인 │ 박 용   **발행처** │ (주)박문각출판   **등록** │ 2015년 4월 29일 제2019-000137호

주소 │ 06654 서울시 서초구 효령로 283 서경 B/D 4층   **팩스** │ (02)584-2927

전화 │ 교재 주문 (02)6466-7202, 동영상문의 (02)6466-7201

저자와의
협의하에
인지생략

정가 22,000원

ISBN 979-11-7262-579-5